빅데이터 부동산 투자

빅데이터 부동산투자

현명한 투자자를 위한 대한민국 부동산 팩트 체크

김기원(리치톡톡) 지음

다산북스

"데이터를 이해하는 능력, 처리하는 능력, 가치를 뽑아내는 능력, 시각화하는 능력, 전달하는 능력이야말로 앞으로 10년간 가장 중요한 능력이 될 것이다."

- 할 베리언(구글 수석 경제학자)

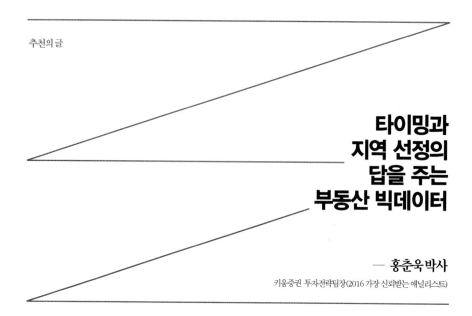

타이밍과 지역 선정의 답을 주는 부동산 빅데이터

— 홍춘욱 박사
키움증권 투자전략팀장(2016 가장 신뢰받는 애널리스트)

『빅데이터 부동산 투자』는 놀랍고도 흥미로운 책이다. 책의 서두에서 아래 두 가지 의문에 답하기 위해 책을 썼다고 명확하게 밝힌 게 특히 시선을 끌었다.

첫째, 지금 부동산 시장은 어디쯤 와 있는가? 혹시 지금이 끝물은 아닌가?
둘째, 투자를 해도 괜찮은 시점이라면 과연 어디에 하는 것이 좋은가?

사실 나도 25년째 경제 전문가로 활동하고 있지만, 부동산에 대해서는 잘 모른다. 물론 첫 번째 질문에 대해서는 그럭저럭 대답할 준비가 되어 있다. 그러나 두 번째 질문에 대답하는 것은 대단히 어려운 일이다.

왜냐하면 부동산에서 가장 중요한 것은 입지(Location)이기 때문이다. 같은 아파트 단지라고 하더라도 동의 위치와 층수에 따라 가격은 천차만별이며, 공원이 보이느냐 안 보이느냐에 따라 가격이 수억 원 차이가 나기도 한다. 더 크게 보면 같은 충청권이라고 해도 각 도시가 처한 상황에 따라 아파트 시세는 하늘과 땅 차이로 벌어진다.

상황이 이러하다 보니, 부동산 관련 질문을 받을 때면 땀을 삘삘 흘리곤 한다. "앞으로 부동산 경기가 어떨 것 같으세요?"라는 질문은 상대적으로 쉽다. 일단 중요한 것은 경기다. 한국 경제는 경기변동이 무척 심하며, 경기에 따라 주식뿐만 아니라 부동산 시장도 출렁거리는 것이 예삿일이다.

가장 대표적인 예가 '분가(分家)'다. 예를 들어, 경기가 좋아지고 직장을 구하는 게 수월해지면 새로 집을 얻어 나가는 사람이 늘어난다. 부모님이 해주는 따뜻한 밥은 참 좋지만 밥상머리 앞에서의 잔소리를 견디는 일은 누구에게나 힘들 테니 말이다. 따라서 경기가 좋아지면 집을 떠나 자취하려는 직장인이 늘어나는 것은 당연한 일이라 할 수 있다.

반대로 경기가 나빠지고 좋은 일자리가 줄어든다면? 더 나아가 결혼을 약속했던 애인이 직장을 잡지 못하고 취업 장수생이 된다면? 아무리 밥상머리 잔소리가 듣기 싫어도 섣불리 나가겠다는 이야기를 할 수 없다. 따라서 경기가 나빠지면 부동산 시장의 신규 수요는 줄어들기 마련이다.

이 같은 흐름을 가장 잘 보여주는 것이 **[경기동행지수와 주택 가격 상승률 변동**

데이터 출처 : 통계청, KB부동산

경기동행지수와 주택 가격 상승률 변동 추이

추이] 차트다. 참고로 경기동행지수란 통계청이 매달 말 작성하는 경기종합지수 중 하나로 현재 대한민국의 경제가 어떤 환경에 있는지를 보여준다. 경기동행지수가 기준선(100)을 상회할 때는 호황으로 볼 수 있고, 반대로 기준선을 밑돌 때는 평균 수준에 비해 부진하다고 볼 수 있다. 그런데 지금 어떤가?

2015년까지는 경기가 별로 좋지 않은데 2016년을 기점으로 본격적으로 좋아지는 것을 확인할 수 있다. 경기가 좋아지면 소득이 늘어날 가능성이 높아지고 실수요도 증가하기 마련이니 집값이 오르는 것은 당연한 일이다.

물론 경기만 가지고 주택 가격의 변화를 설명할 수는 없다. 확인해야 할 요소가 몇 가지 더 있는데, 그 대표적인 것이 주택 공급이다. 다음 차트는 미국의 신규 주택

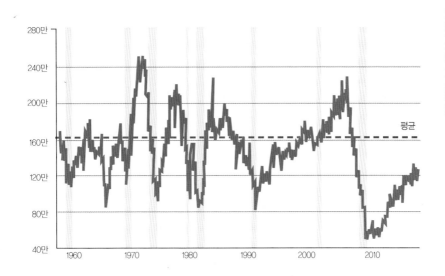

데이터 출처: 미국 세인트루이스 연방준비은행

미국 신규 주택 착공 건수 변동 추이

착공 건수를 1958년부터 이어 그린 것이다. 한눈에 알 수 있듯 주택 착공 건수가 과거 평균 주택 공급 호수(160만 호)를 크게 넘어선 다음에는 강력한 건설 경기 불황이 찾아온다. 반대로 주택 착공 건수가 160만 호에 크게 못 미치면 그때부터 건설 붐이 시작된다.

조금만 생각해보면 이런 흐름이 자연스러운 현상임을 알 수 있다. 예를 들어, 정부가 금리를 내리는 등 경기 부양을 위해 노력하면 건설 붐이 일어나 주택 공급이 늘어나게 된다. 그리고 이러한 공급 과잉은 착공 후 2~3년이 지나 실제 입주 물량으로 돌아와 주택 가격을 약세로 바꿔놓는다. 그러면 건설 경기는 빠르게 식어버리고,

그에 따라 자연스레 공급이 줄어든다. 주택 공급이 감소하면 주택 가격은 다시 강세로 돌아선다. 이처럼 주택 공급은 주택 가격에 큰 영향을 미치는 요인 중 하나이므로, 주택 공급 수준을 잘 파악하는 것만으로도 얼마든지 주택 시장의 흐름을 짐작해 볼 수 있다.

그런데 안타깝게도 우리나라에는 미국처럼 장기간에 걸친 신규 주택 착공 데이터가 존재하지 않는다. 경제개발을 최우선 정책으로 내세우던 개발 연대에 그런 통계를 제대로 구비하기 어려웠으리라 짐작한다. 하지만 다행히 이를 대신할 만한 통계로 주거용 건축물 착공 데이터가 있다.

아래의 차트는 주거용 건축물 착공과 주택 가격 상승률의 관계를 보여주는데 미국과 비슷한 모습을 보인다. 착공이 급증한 뒤 약 2년의 터울을 두고 주택 가격이 하

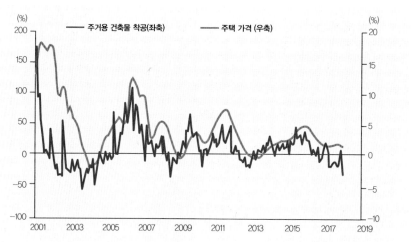

한국 주거용 건축물 착공과 주택 가격 상승률 변동 추이

락하고, 반대로 착공이 급감하면 주택 가격이 급등한다.

특히 2016년 말부터 시작된 정부의 강력한 부동산 관련 규제 대책으로 사실상 '분양가 상한제'가 시행되었다. 더 나아가 입주권과 분양권 전매 등을 제한함에 따라 신규 주택 착공 건수가 감소하고 있다. 당장은 문제가 되지 않겠지만, 지금 주택 착공이 감소하면 2~3년 뒤 신규 주택 입주 물량이 감소해 부동산 가격 상승으로 이어질 가능성이 높다.

이상의 요소를 종합했을 때 한국 부동산 시장은 앞으로 어떤 모습을 보일까?

일단 경기 여건은 괜찮은 편이다. 수출이 잘되고 있고 소득도 늘고 있으며, 그 덕에 내수 경기도 조금씩 풀릴 가능성이 높다. 그리고 공급 여건도 우호적이다. 2017년부터 시작된 가파른 주택 착공 감소의 영향으로, 2~3년 뒤인 2019~2020년에는 신규 주택의 입주가 줄어들 가능성이 높기 때문이다.

하지만 지역마다 다른 흐름을 보일 가능성이 상당히 높다. 그러니 "어디를 사야 하나?"라고 묻는 질문이 진짜 답하기 어려운 문제다. 왜냐하면 주택이라고 해도 아파트부터 단독, 다세대, 빌라까지 다양할 뿐만 아니라 서울이나 부산 같은 대도시 부동산 시장과 춘천이나 원주 같은 지방 부동산 시장은 전혀 방향이 다를 가능성이 높기 때문이다.

이때 부동산 빅데이터가 큰 도움을 준다. 가장 집중해야 할 부분은 이 책의 28쪽에 소개된 지역별 거래량 빅데이터다. "거래량은 시세에 선행한다"는 주식시장의 격언은 부동산 시장에도 마찬가지로 적용된다. 특히 과거 평균 수준보다 거래량이 폭발한 것은 그 지역에 뭔가 일이 생겼다는 징후로 볼 수 있다. 지역 주민뿐만 아니라 외지인까지 몰려들어서 매수세가 늘었다면 그 지역엔 각별한 관심을 갖고 임장을 가봐야 한다.

참고로 임장이란, 주식시장에서의 '기업 탐방'에 해당하는 중요한 과정이다. 주식 투자를 할 때 직접 그 회사를 찾아가서 각종 정보를 취합하고 분위기를 느끼듯, 해당 지역을 방문하고 주변 시설 등을 파악하는 임장은 부동산 투자에서 없어서는 안 될 핵심 과제다. 물론 임장을 많이 한다고 부동산 투자에 100% 성공하는 것은 아니지만, 임장 없는 부동산 투자는 '깜깜이 투자'로 이어질 가능성이 높다는 사실을 잊어서는 안 된다.

거래량 다음으로 주목해야 할 빅데이터는 바로 전세가와 매매가의 흐름이다. 일단 전세가는 주택의 '사용가치'를 측정하는 데 매우 중요한 지표라는 점을 잊어서는 안 된다. 다시 말해 지난 10년간 전세가가 100% 상승한 지역을 상상해보자. 그런데 만일 동일 주택의 매매가가 50% 상승했다면 매매가의 상승 여력이 아직 남아 있는 것으로 볼 수 있지 않을까?

이런 취지에 부합하는 게 바로 이 책에서 소개하고 있는 '플라워차트'다. 플라워차트는 특정 기간의 전세가와 매매가의 변화를 알기 쉽게 표시한 차트다(34쪽의 설명을 참고하라). 예를 들어 전세가가 급등했는데 매매가가 하락한다면 플라워차트의 좌상단(2사분면)에 위치하게 된다. 금방 짐작했겠지만, 이런 지역은 크게 저평가된 곳이라고 판단할 수 있다. 그런 지역의 거래 동향을 더 면밀하게 살펴볼 필요가 있는 것이다. 그리고 전세가 50% 상승했는데, 매매가가 30%도 상승하지 않은 경우에는 플라워차트의 우상단(1사분면)에 표시된다. 이 경우 2사분면에서 움직이는 지역보다는 덜 매력적이지만, 모멘텀이 살아 있으면서도 저평가되어 있다는 측면에서 단기적으로는 더 매력적인 지역으로 판단할 수 있다.

이 같은 방식으로 전세가 및 매매가 데이터를 하나씩 확인하다 보면 전체 부동산 시장의 흐름은 물론 각 시도별, 그리고 시군구별로 투자 대상을 좁혀갈 수 있다. 특히 이 방법은 실수요자에게 아주 유용할 것으로 기대된다. 살고 있는 동네에 어떤 곳이 전세가에 비해 저평가되어 있는지, 더 나아가 전세가에 비교한 주택 가격의 변동 추이는 어떠한지 파악할 수 있다면 훨씬 더 안전한 자가 구입이 가능할 것이니 말이다.

물론 이 책에 장점만 있는 것은 아니다. 몇 가지 아쉬운 면도 있는데, 가장 대표적인 것이 '주택버블 인덱스'다(설명은 책 84쪽을 참고하라). 통화량과 주택 시가총액을 조합해서 만든 것으로 보이는데, 자세한 공식을 공개하지 않으니 독자 입장에서 답답한 마음을 느낄 가능성이 높다.

저자의 블로그(https://blog.naver.com/kkim115)에 글이 끊임없이 올라오고 있으니 업데이트의 걱정은 없다. 다만, 경제 분석을 업으로 삼고 또 부동산에 대해 관심이 있는 사람의 입장에서 어떻게 주택버블 인덱스를 만들었는지 궁금해 밤에 잠을 자기 어려울 지경이었음을 고백한다.

위에서 소개한 내용 외에도 이 책은 귀한 정보로 가득 차 있다. 소득 데이터, 대출 데이터, 입주 물량 데이터, 미분양 데이터, 수급 동향 데이터, 금리 데이터, 통화량 데이터, 신용경색 데이터 등 없는 통계가 없는 일종의 부동산 데이터 백과사전이라 부를 수 있다. 따라서 부동산을 전문적으로 투자하는 사람부터 실수요자까지 큰 도움을 얻을 수 있으리라 기대된다.

　부디 많은 독자들이 이 책을 통해 한 치 앞도 보이지 않는 부동산 시장에서 귀한 불빛 하나를 얻길 바란다.

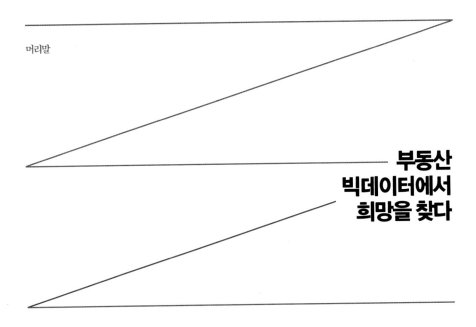

**부동산
빅데이터에서
희망을 찾다**

꾸준히 독서하는 습관을 이어온 지도 벌써 15년째입니다. 책은 읽기만 했는데 이렇게 제 책을 쓰게 되다니 아직도 신기하고 얼떨떨합니다. 더구나 계속 금융권에서 일해온 터라 다른 책도 아니고 부동산 책을 출간하리라곤 몇 년 전까지만 해도 상상하지 못했습니다. 무엇보다 저 역시 한때는 부동산에 관해 강한 부정적인 인식을 가지고 있었기 때문입니다.

지금은 시장이 활황이라 부동산에 대해 부정적인 의견이 그리 많지 않지만 2011~2013년까지만 해도 부정적인 전망이 더 많았습니다. 인구 감소, 고령화, 저성장 등을 근거로 부동산 시장의 폭락을 예견하고 사람들의 두려움을 자극하던 책들이 베스트셀러에 오르던 시절이었으니 말입니다. 대부분 사람이 그랬듯 저도 그런 분위기에 휩쓸린 사람 중 하나였습니다.

그런데 시간이 지나면서 부동산에 관한 잘못된 생각들이 하나씩 부서져갔습니다. 소위 부동산 전문가가 말하는 이론과 실제 현실 사이에서 괴리감을 느꼈기 때문이죠. 국내외 전문가들이 내놓았던 부정적인 의견들은 들을 때는 꽤 그럴싸했지만 결론적으로는 현실과 동떨어진 얘기들이 너무나 많았습니다.

반면에 진짜 부동산 고수들은 말로 떠들기보다 행동으로 보여주었습니다. 그들은 폭락론이 우세하던 시절에도 부동산을 통해 계속 자산을 키워나갔습니다. 언론에서 말하는 투기꾼들을 이야기하는 게 아닙니다. 그저 본인 앞으로 제대로 된 집 한 채를 가지고 싶어 부동산을 공부하는 사람도 많았고, 전세로 살던 집이 경매로 넘어가면서 자연스럽게 부동산 경매를 시작하게 된 사람도 있었습니다. 부유하지는 않더라도 경제적으로 불편함이 없는 삶을 꿈꾸며 부동산에 관심을 갖게 되는 평범한 사람들! 그분들이 꾸준한 노력으로 부동산을 통해 자산을 늘려나가는 것을 보면서 저 역시 부동산에 대해 깊은 관심을 갖게 되었습니다.

부동산 공부를 하면서 확실히 깨달은 점이 하나 있습니다. 제대로 공부한다면 부동산 투자가 평범한 사람들에게 가장 성공 가능성이 높은 재테크 수단이라는 것 말입니다. 우리 주변의 부자들 중 상당수가 부동산 투자 고수라는 것이 이를 증명해줍니다. 부자들 대부분이 부동산 자산 비중이 높고 실제로 부동산을 통해 자산 증식을 해왔던 것이지요.

여기서 강조하고 싶은 것은 부동산에도 반드시 공부가 필요하다는 것입니다. 다른 사람들이 부동산으로 큰돈을 버는 것 같다고 분위기에 휩쓸려 무턱대고 덤벼드는 건 굉장히 위험한 일입니다.

저 역시 과거에 묻지마 투자를 해본 뼈아픈 경험이 있었기 때문에 두 번 다시 그러한 실수를 되풀이하지 않기 위해 지난 5년 동안 주말과 평일 저녁을 가리지 않고 수많은 부동산 책을 읽고 강의를 들으면서 부동산 공부에 매진했습니다. 아마 이 책을 선택한 독자 분들 역시 부동산 공부에 큰 열정을 가지고 계실 겁니다. 그리고 그만큼 제가 부동산 공부를 하면서 늘 품고 있었던 두 가지 핵심 질문에 대해서도 절실히 공감하실 거라고 생각합니다.

첫째, 지금 부동산 시장은 어디쯤 와 있는가? 혹시 지금이 끝물은 아닌가?
둘째, 투자를 해도 괜찮은 시점이라면 과연 어디에 하는 것이 좋은가?

우리가 부동산을 공부하는 이유는 사실 이 두 질문에 대한 답을 찾기 위한 것이라고 해도 과언이 아닙니다. 그런데 아무리 뛰어난 성공을 거둔 부동산 고수라고 해도 개인의 경험은 한정적일 수밖에 없어서 이 질문에 완벽한 답을 해주기 어렵습니다. 그렇기 때문에 책이나 강의를 통해 인사이트나 노하우를 배워도 답은 결국 스스로 찾아야 합니다.

바로 이것이 제가 부동산 빅데이터 작업을 시작하게 된 계기입니다. 지금 부동산 투자를 해도 되는지, 해도 된다면 어디에 해야 하는지 그 답을 찾기 위해 주관적인 경험이나 의견이 아닌 객관적인 통계와 빅데이터를 들여다보기로 마음먹었습니다. 물론 빅데이터가 만능이라는 말은 아닙니다. 빅데이터로 큰 흐름을 확인하고 투자 지역에 대해 판단을 내린 후에는 반드시 현장에 가서 직접 발품을 팔며 꼼꼼히 따져봐야 합니다. 결론부터 말하자면 저는 빅데이터를 통해 답을 찾았고, 그 답을 찾기까지의 과정과 결과를 공유하기 위해 이 책을 썼습니다.

부동산 빅데이터가 의미 있는 이유 중 하나는 지금까지 부동산 시장에 대해 막연하게 추측했던 것들이 실제와 크게 다를 수도 있음을 확인시켜 주는 데 있습니다. 아마 독자 분들 역시 이 책을 읽으면서 대한민국 부동산 시장의 팩트를 체크하고 편견을 하나씩 깨나갈 수 있을 것입니다.

이 책에서 활용하고 있는 데이터는 통계청, 한국감정원, 한국은행, KB부동산, OECD 등에서 제공하는 것으로 모두 누구나 쉽게 접근할 수 있는 데이터입니다. 전부 신뢰할 만한 기관이기 때문에 데이터에 대한 신뢰성 부분은 담보되어 있다고 생각합니다.

그러나 데이터를 그저 수집하는 것에 그쳐서는 아무것도 할 수 없습니다. 구글의 수석 이코노미스트인 할 베리언(Hal Varian)이 지적한 것처럼 '데이터를 이해하는 능력, 처리하는 능력, 가치를 뽑아내는 능력, 시각화하는 능력, 전달하는 능력'이 모두 필요합니다. 저는 빅데이터를 다루는 작업을 하면서 이 말을 잊은 적이 한시도 없습니다.

여러 곳에서 수집한 데이터들 중에서 부동산 시장에 접근할 때 반드시 고려해야 하는 중요한 데이터들을 모아 저만의 인덱스(index)도 여럿 만들었습니다. 제가 직접 고민하고 연구해서 만든 것들로 당연히 그 어디에서도 볼 수 없는 지표들입니다.

직접 만든 인덱스에 대해 간단히 소개하겠습니다.

- 주택버블 인덱스 : 현재 주택 시장의 버블 정도를 보여주는 지표
- 대출위험 인덱스 : 현재 대출 수준이 얼마나 위험한지를 보여주는 지표
- 신용경색 인덱스 : 경제에 심각한 위험이 오는 것을 알아낼 수 있는 지표

빅데이터에서는 데이터를 처리하는 것만큼 시각화 작업도 굉장히 중요합니다. 아무리 대단한 정보라도 쉽게 알아볼 수 없다면 그 데이터의 가치는 반감되기 때문이죠. 그래서 각 시도별 매매가와 전세가의 흐름을 한눈에 파악할 수 있는 '부동산 플라워차트'라는 것을 직접 만들었습니다. 이 차트를 보면 관심 지역이 현재 어떤 흐름 속에 있는지를 단번에 알아볼 수 있습니다.

제가 직접 만든 여러 인덱스와 플라워차트는 부동산 투자에 큰 도움이 될 만한 중요한 개념들이지만, 사실 따지고 보면 아주 새로운 것은 아닙니다. 하늘 아래 새로운 것은 없다는 말처럼 저의 작업도 그와 같습니다. 기존의 것들을 익혀서 재조합하고 업그레이드하면서 새로워 보이는 것을 창출했을 뿐이죠. 많은 분들이 이뤄놓았던 성과가 있었기에 가능했던 일입니다. 게다가 저는 통계 전문가도 아니고 프로그램 개발자도 아닙니다. 아마 해당 분야 전문가들이 보시기에 부족한 측면도 있을 겁니다. 하지만 이 만큼의 작업을 하기까지 쏟아부었던 노력과 진정성만큼은 알아주시길 바랍니다. 엄청난 시간과 노력이 필요한 일이었지만 너무도 제 가슴을 뛰게 만드는 분야를 만났다는 설렘과 행복에 한 번도 힘들다고 생각하지 않았습니다. 그

만큼 더 치열하게 고민하고 공부했으나 혹시 부족한 부분이 있다면 가감 없는 조언을 부탁드립니다. 겸허히, 또 감사히 받아들이고 발전의 기반으로 삼겠습니다. 자, 그럼 다시 우리에게 가장 중요한 두 가지 질문으로 돌아가보겠습니다. 중요한 만큼 한 번 더 반복해도 좋겠습니다.

첫째, 지금 부동산 시장은 어디쯤 와 있는가? 혹시 지금이 끝물은 아닌가?
둘째, 투자를 해도 괜찮은 시점이라면 과연 어디에 하는 것이 좋은가?

이 책은 위의 두 가지 핵심 질문에 대해 제가 빅데이터로 찾은 답이라고 할 수 있습니다. 물론 세상은 데이터대로만 움직이지 않기 때문에 100% 확신이란 있을 수 없습니다. 하지만 온갖 썰들이 넘쳐나는 대한민국 부동산 시장에 객관적인 통계와 데이터로 그 중심을 굳건히 잡아줄 수 있는 무언가가 꼭 필요하다고 생각했습니다. 이 책의 의미도 바로 거기에 있을 것입니다.

저는 빅데이터 작업으로 대한민국 부동산 시장에 대한 의심과 불안을 최소화했다고 믿습니다. 여러분도 이 책을 통해 객관적인 통계와 데이터를 바탕으로 과학적으로 분석해가면서 부동산 시장에 대한 의심과 불안을 최소화할 수 있기를 바랍니다. 이것만으로도 이 책은 충분히 읽을 만한 가치가 있습니다.

이 책의 분석 방법에 대해서도 간단히 언급해야 할 것 같습니다. '어디에 투자해야 하는가?'에 관한 분석은 지면 관계상 시도 단위까지로 제한했습니다. 독자 반응이 좋다면 다음 책에서 시군구에 대해 구체적으로 다룰 수 있을지도 모르겠습니다.

그리고 아파트, 연립/다세대, 단독/다가구, 오피스텔, 분양/입주권, 상업/업무용, 토지 등 여러 분야 중에서 아파트 데이터를 중심으로 논의를 풀어가고 있다는 사실도 미리 밝혀둡니다. 또 하나 주의해야 할 점은 각종 개발 호재와 교통 호재 등은 제외하고 지역 분석을 했다는 점입니다. 호재는 숫자 데이터가 아니기 때문에 데이터 분석에 적합하지 않습니다. 각종 호재를 확인하며 미래의 입지를 예측하는 좋은 책은 이미 시중에 여럿 나와 있으니 서로 보완재 삼아 살펴보면 좋을 것 같습니다.

산 정상까지 가는 데 여러 코스가 있는 것처럼 성공적인 부동산 투자에도 다양한 방법이 존재합니다. 제가 찾은 빅데이터 투자 역시 성공으로 가는 여러 코스 중 하나일 뿐입니다. 그러니 이것을 전부라 생각하지 말고 이 책을 발판 삼아 부동산을 더 깊이 공부할 수 있기를 바랍니다. 첫 책이기에 서툴렀던 부분도 있겠지만 처음이기에 첫사랑의 마음으로 더 많은 열정을 쏟았습니다. 제 열정이 독자들에게 전해져 조금이라도 도움을 줄 수 있다면 더 바랄 것이 없겠습니다.

자, 이제 본격적으로 부동산 빅데이터의 세계로 들어가보시죠.

목차

:: 추천의글 :: 타이밍과 지역 선정의 답을 주는 부동산 빅데이터　6

:: 머리말 :: 부동산 빅데이터에서 희망을 찾다　15

제1장

**부동산
투자의 미래
빅데이터**

:: 부동산 빅데이터란 무엇인가　26

:: 빅데이터에서 부동산의 미래를 보다　37

:: 의미 있는 데이터를 수집하는 방법　41

:: 복잡한 데이터도 한눈에 파악하는 최적의 시각화　52

| 현명한 투자자를 위한 체크 포인트 | 투자의 기본은 통제력과 영향력　55

제2장

**2018년
대한민국
부동산 시장
팩트 체크**

:: 자산 시장의 현주소는 금리 사이클에서 확인하라　60

:: 금리 인상은 부동산 시장의 적신호인가　77

:: 인플레이션은 주택 시장에 어떤 영향을 미치는가　81

:: 사상 최대 규모의 대출, 과연 안전한가　88

:: 소득이 빨리 늘까, 집값이 빨리 오를까　93

:: 주택구입능력지수로 보는 최적의 투자 타이밍　103

:: 리스크 관리 시점을 알려주는 신용경색 인덱스   112

:: 정부 정책의 영향력은 어느 정도인가   118

:: 종합 정리 : 현재 부동산 시장은 어디쯤에 왔는가?   123

| 현명한 투자자를 위한 체크 포인트 | 자산 시장에도 계절이 있다   126

제3장

**어디에
투자해야
하는가**

:: 플라워차트로 전국 시세 흐름을 파악하라   134

:: 지역별로 알아본 단기·중기·장기 집값의 변화   139

:: 지역의 시세 흐름을 예측하는 수급 동향 차트   148

:: 대출 위험과 아파트버블을 확인해 투자 안전 지역을 찾아라   174

:: 미분양 및 입주 물량 데이터가 말하는 집값의 미래   188

:: 종합 정리 : 그래서 어디에 투자해야 하는가?   212

| 현명한 투자자를 위한 체크 포인트 | 부동산 절세를 위한 법인 운영   220

제4장

**부동산
빅데이터
인사이트**

:: 전 세계 부동산 시장에서 대한민국은 어디쯤에 있는가   226

:: 부동산 시장의 빅 트렌드, 아파트 재건축   258

:: 역전세난과 갭투자의 미래   268

:: 자산 시장의 다음 위기는 언제일까   274

| 현명한 투자자를 위한 체크 포인트 | 4차 산업혁명이 부동산에 미치는 영향   278

:: 맺음말 :: 리치고! 부동산 알파고를 꿈꾸며   282

제1장

부동산
투자의 미래
빅데이터

Big Data in Real Estate

빅데이터
부동산 투자

부동산 빅데이터란
무엇인가

언제부턴가 여기저기에서 연일 4차 산업혁명에 관해 떠든다. 빅데이터를 향한 관심도 나날이 높아지고 있다. 하지만 부동산 투자는 여전히 경험과 감이 지배하는 영역처럼 보인다. 그래서인지 부동산 공부를 할수록 의문은 더 커졌다.

아무리 많은 책을 읽고, 많은 전문가를 만나고, 많은 중개사를 찾아가도 현재 부동산 시장에서 어떤 일이 일어나고 있는지 객관적 데이터를 통해 제시해주는 사람은 만나기 힘들었다. 말은 많았다. 무조건 서울이다, 서울 어디가 좋다, 어디가 개발이 된다, 어디에 새로운 역이 들어서고 어디에 고속도로가 뚫린다……

하지만 그런 말들은 전체가 아닌 부분에 불과했다. 드러나지 않은 정보가 더 많을 것이 분명했고, 일부 정보에 기대어 투자한다는 건 그저 운에 맡기는 것과 다름 없었다. 그리고 사실 크든 작든 호재가 없는 지역은 드물었다. 지하철은 계속 연장되고, 길도 끊임없이 새로 뚫리고, 굵직한 국책 사업도 예정된 곳이 많았다. 남의 말만 듣고 투자를 결정했다가 쓴맛을 본 경험도 있고 더는 젊은 나이도 아닌지라 잘못된 결정을 반복해서는 안 되었다. 내게 필요한 건 말이 아닌 객관적인 정보였다.

투자를 결정하는 데 기준이 될 만한 무언가가 필요했다. 언론에서 접할 수 있는 데이터는 이미 가격이 많이 오른 지역에 대한 것뿐이었다. 일반인들은 이미 가격이 많이 오르고 나서야 비로소 관심을 가진다. 하지만 부동산 투자자에게 진짜 필요한 데이터는 가격이 오를 곳을 미리 알 수 있는 데이터다. 부동산 투자에도 빅데이터가 필요한 시대가 왔다는 것을 직감했다.

이쯤에서 부동산 빅데이터가 무엇인지 간단한 사례를 들어 설명해야겠다. 2017년 3월과 4월, '속초와 강릉 바닷가 아파트 웃돈 1억 주고도 못 산다'는 식의 기사가 계속 나왔다. 한국감정원 기준으로 실제 2017년 1월부터 7월까지 아파트 가격이 가장 많이 오른 곳이 바로 속초시다. 많은 사람이 속초와 강릉에 관심을 가지게 된 것도 기사가 쏟아져 나오던 이 시기였다.

2017년 4월 속초 아파트 관련 기사

그런데 나는 그보다 1년 전인 2016년 5월쯤에 속초가 뜰 것을 예견할 수 있었다. 내가 직접 만든 부동산 빅데이터 시스템인 리치고(RichGo)가 그 사실을 말해주었기 때문이다. 리치고는 수많은 데이터를 다루는데, 그중에서도 거래량 데이터를 보고 속초가 뜰 것을 알아차렸다. 리치고로 만든 부동산 거래량 관련 빅데이터 차트는 다음과 같다.

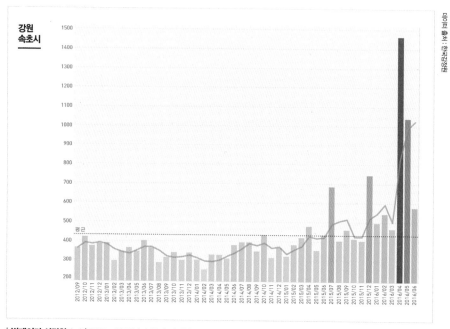

| **빅데이터 시각화 1-1** | 2012~2016년 속초시 거래량

리치고의 부동산 거래량 빅데이터를 보면 확인할 수 있는 게 많다. 우선 시도별, 시군구별 거래량의 추이를 월 단위로 알 수가 있고 거래 원인이 무엇인지, 거래된 부동산의 건물 유형이 무엇인지, 매수자가 사는 곳이 어디인지, 외국인이 얼마나 구입하는지 등의 데이터가 들어 있다. 대한민국에서 어디가 거래량이 늘고 있는지를

알 수 있는 것은 물론, 지금 서울 사람들 혹은 외국인이 많이 투자하는 지역도 파악할 수 있는 것이다. 나는 이를 단순한 거래량 데이터가 아닌 '의미 있는 거래량 데이터'라고 부른다.

왼쪽의 [빅데이터 시각화 1-1] 차트를 좀 더 자세히 들여다보자. 참고로 부동산 거래량과 관련한 모든 차트는 면적이 아닌 필지수 기준이다. 막대그래프는 거래량의 크기다. 거래량이 클수록 막대가 길고 색깔이 진하다. 그리고 빨간 선은 거래량의 이동평균선을 의미한다.

차트에서 볼 수 있는 것처럼 속초시의 부동산 거래량은 수년째 거의 변화가 없다가 2015년 7월과 12월에 눈에 띄게 증가했다. 그러다 2016년 4월에 폭발적인 거래량 증가가 있었다.

부동산에서 거래량은 어떤 의미를 가지고 있을까? 왜 이런 폭발적인 거래량 증가가 나타나는 걸까?

거래량은 절대 거짓말을 하지 않는다. 거래량이 늘어난다는 얘기는 결국 사고 싶은 사람이 많아진다는 얘기다. 부동산 시장에서 굉장히 좋은 신호라 할 수 있다. 그러니 5년 만에 처음으로 거래량이 증가한 것만 봐도 지금 속초 부동산 시장에 뭔가 엄청난 일이 일어나고 있다는 것을 알 수 있다.

이번에는 거래 원인이 무엇인지 파악해보자. [빅데이터 시각화 1-2] 차트는 2012년 7월부터 2016년 6월까지 속초시의 '부동산 거래 원인별 거래량'을 그래프로 나타낸 것이다. 이 그래프를 보면 거래량이 갑자기 폭발한 이유를 파악할 수 있다.

2015년 7월, 2015년 12월, 2016년 4월 등 거래량이 증가한 시기에는 항상 분양권 거래가 활발히 이뤄졌다는 걸 알 수 있다. 빅데이터는 이미 2015년 7월부터 신호를 보내고 있었던 것이다. 또한, 2016년 4월에 터진 엄청난 거래량의 대다수는 매매를 통한 거래였음을 차트를 통해서 확인할 수 있다.

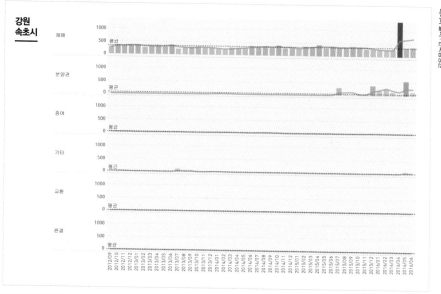

| 빅데이터 시각화 1-2 | 2012~2016년 속초시 거래 원인별 거래량

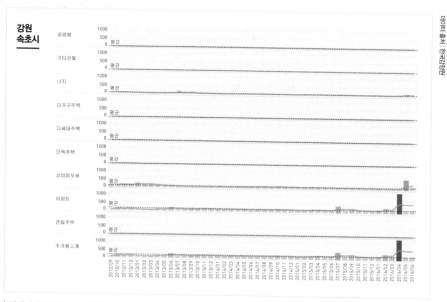

| 빅데이터 시각화 1-3 | 2012~2016년 속초시 부동산 건물 유형별 거래량

[빅데이터 시각화 1-3] 차트는 속초시의 '부동산 건물 유형별 거래량' 데이터다. 2016년 4월에 속초에서 터진 거래량의 대부분이 아파트에서 발생한 것을 차트를 통해 알 수 있다. 또한 상업업무용은 2016년 5월에 주목할 만한 거래량이 발생한 것을 확인할 수 있다. 즉, 이 시기에 엄청나게 많은 사람이 속초시의 아파트와 상업업무용 부동산을 산 것이다.

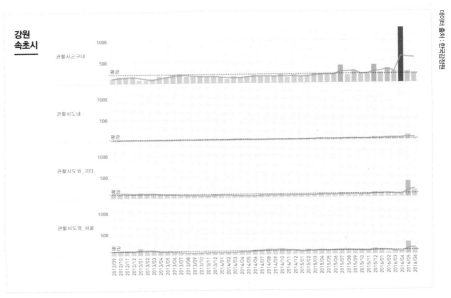

데이터 출처 : 한국감정원

| 빅데이터 시각화 1-4 | 2012~2016년 속초시 부동산 매입자 거주지별 거래량

이번에는 속초시의 '부동산 매입자 거주지별 거래량' 그래프다. 매입자가 누구인지를 알려주는 데이터인데 관할시군구내, 관할시도내, 관할시도외_기타, 관할시도외_서울 이렇게 네 개의 주체로 매입자를 구분했다. 각각 무엇을 의미하는지 간단히 설명하겠다.

◆ **관할시군구내** : 해당 시군구에 거주하는 사람이 매입한 거래량을 보여준다. 이 그래프의 경우 속초시에 사는 사람이 매입하는 거래량을 의미한다.

◆ **관할시도내** : 해당 시군구가 속한 광역시나 도에 거주하는 사람이 매입한 거래량을 보여준다. 속초는 강원도에 속해 있으므로, 이 그래프에서 관할시도내가 의미하는 바는 강원도에 사는 사람이 매입하는 거래량을 의미한다.

◆ **관할시도외_기타** : 강원도와 서울을 제외하고 다른 시도 지역에서 매입한 거래량을 보여준다. 즉, 해당 시군구와 서울을 제외한 지역에 사는 사람이 얼마나 매입하는지를 보여준다.

◆ **관할시도외_서울** : 서울에 거주하는 사람이 매입한 거래량을 보여준다. 통상적으로 돈도 제일 많고, 정보가 제일 빠른 사람이 사는 곳이 서울이므로 '관할시도외_서울'의 거래량이 늘어난다면 그 지역은 주목해서 볼 필요가 있다.

[빅데이터 시각화 1-4] 차트를 보면 거래의 대다수는 속초에 사는 사람이 매입한 것임을 알 수 있다. 그리고 2016년 4~5월 서울을 포함하여 관할시도외 지역에 사는 사람이 매입한 양도 엄청나게 늘어났음을 알 수 있다. 속초시민들뿐만 아니라 타 지역에서도 많은 수요가 들어왔다는 얘기다.

마지막으로 볼 것은 속초시의 외국인 거래량 차트다. **[빅데이터 시각화 1-5]** 차트를 보면 마찬가지로 2016년 5월에 외국인의 매수가 급등하는 것을 알 수 있다.

이제 지금까지 함께 본 데이터들을 정리해보자. 속초에서 2015년 7월과 12월에 거래량이 갑자기 늘었고, 2016년 4월과 5월에 평상시의 두 배가 넘는 엄청난 거래량이 터졌다. 거래의 대부분은 매매를 통한 거래였고, 분양권 거래가 평균 대비 많았다. 거래 대상은 아파트가 대다수였고, 2016년 5월에는 상업업무용 부동산 거래도 활발했다. 속초 사람들이 많이 사긴 했지만 서울을 포함한 타 지역 사람들도 예

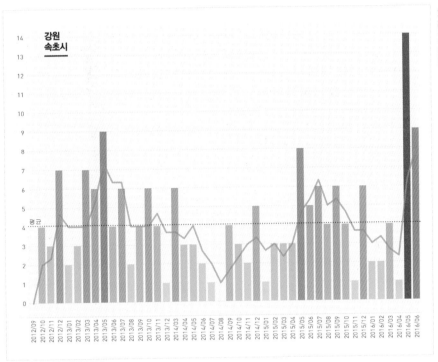

데이터 출처: 한국감정원

| 빅데이터 시각화 1-5 | 2012~2016 속초시 부동산 외국인 거래량

전에 비해 거래에 많이 참여하고 있다.

정리한 내용에는 나의 주관적 견해가 하나도 들어가 있지 않다. 그저 객관적인 데이터가 말해주는 그대로를 가지고 설명한 것이다. 속초와 관련한 거래량 데이터들을 보니 어떤 생각이 드는가?

2016년 당시 저 데이터를 확인했던 나는 이런 생각이 들었다. '아, 속초에 무슨 일이 있구나! 정보와 돈이 많은 서울 사람들, 그리고 외국인들까지 부동산을 매입하고 있다면 앞으로 속초가 엄청 좋아지겠구나.' 이 책을 읽는 독자들도 마찬가지 생각을 하고 있지 않은가?

이 데이터들을 보고 2016년 5월에 속초시에 부동산 투자를 하기로 결정했다면 결과가 어땠을까? [빅데이터 시각화 1-6]은 2016년 5월 이후 속초 아파트의 가격을 플라워차트로 나타낸 것이다.

플라워차트는 내가 직접 만든 부동산 차트로 매매와 전세의 흐름을 한눈에 볼 수 있다. 가로축은 매매가, 세로축은 전세가의 변동 추이를 나타낸다. 점 하나가 1주를 의미하고, 특정일을 기준으로 매매와 전세가 모두 0%에서 시작해 한 주씩 시간이 흐르면서 어떻게 변동하는지를 보여준다.

위의 플라워차트를 보면 속초시의 전세가와 매매가의 흐름을 한눈에 알 수 있다. 1년 2개월 동안 속초시 아파트의 매매가는 7.9%, 전세가는 3.6% 상승했다. 매매가와 전세가가 동반으로 고공 행진하고 있다.

2017년 들어 전국에서 가장 크게 상승한 지역이 바로 속초시다. [빅데이터 시각

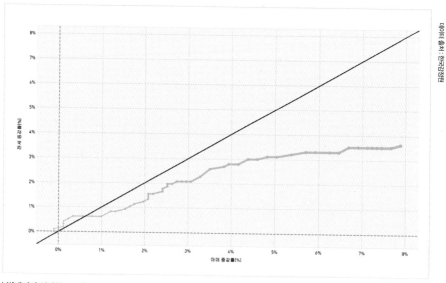

데이터 출처: 한국감정원

| **빅데이터 시각화 1-6** | 2016년 5월~2017년 3월 속초시 아파트 플라워차트

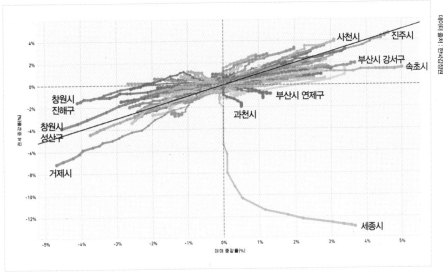

데이터 출처 : 한국감정원

| 빅데이터 시각화 1-7 | 2017년 1월~2017년 7월 전국 시군구 아파트 플라워차트

화 1-7은 2017년 1월 1일부터 2017년 7월 3일까지 전국의 모든 시군구 매매가, 전세가 시세 흐름을 보여주는 플라워차트다. 지면 관계상 일부 시군구 이름만 표기했다. 선이 위로 갈수록 전세가가 높이 상승한 것이고 오른쪽으로 갈수록 매매가가 크게 상승한 것인데, 보는 바와 같이 속초시의 매매가가 가장 많이 상승했다.

이처럼 부동산 빅데이터 시스템인 리치고는 대한민국을 시도 단위, 시군구 단위로 분석한 최신 데이터를 보여줌으로써 투자 시기와 지역에 대한 판단을 돕는다. 데이터의 양이 방대하기 때문에 사람의 힘으로는 절대 할 수 없는 일이다. 부동산 빅데이터 시스템만이 이를 가능하게 한다.

여기에서는 쉬운 사례로 거래량 하나만을 제시했지만, 실제 리치고가 다루는 데이터는 훨씬 더 방대하다. 부동산 시장에 영향을 미치는 주요 요소인 금리, 통화량, 대출, 소득, 공급 물량 등을 모두 포함한다. 특정 요소 하나만 보고 판단하는 게 아니라 다양한 요소를 종합적으로 고려하여 판단하게끔 돕는 것이다.

여러 데이터를 보지 않고 특정 호재 하나에 혹해서 지역을 선정하는 건 굉장히 위험한 일이다. 그런데도 여전히 많은 사람이 이런 뉴스에 기대 투자를 하고 있다. 사실 투자자만을 탓할 수도 없는 노릇이다. 객관적인 데이터를 얻고 싶어도 제대로 된 데이터를 얻기 힘든 것이 현실이기 때문이다. 정확히 말하면 데이터는 많지만 처리되지 않은 온갖 숫자와 문자 형태로 되어 있어 그것만 보고서는 의미 있는 통찰을 얻기가 힘들다. 이 책에 담은 부동산 빅데이터 분석이 의미 있는 이유도 바로 여기에 있을 것이다.

빅데이터
부동산 투자

빅데이터에서
부동산의 미래를 보다

내가 빅데이터에 절실히 매달린 이유는 아픈 투자 경험이 많기 때문이다. "여기에 투자하면 돈 돼.", "이거 대박이야!", "이 주식에 이런 호재가 있는데, 앞으로 몇 배는 오른대." 이런 세상 달콤한 말에 내 귀는 쉽게 무장해제되었다. 부자가 되는 쉽고 빠르고 편한 길이 있다는데 냉정한 판단을 하기 힘들었다.

그렇다고 사기에 걸려든 것은 아니었다. 모두 어느 정도 근거 있는 말이었다. 하지만 그런 부분적인 정보가 대박으로 이어진 경우는 극히 드물었다. 오히려 쪽박인 경우가 훨씬 더 많았다. 객관적인 근거를 확인하지 않고 막연한 말에 기대 투자한 결과였다. 최종 판단을 한 나를 탓해야지 누구를 탓할 수 있을까.

부동산 투자에서는 그런 실수를 반복하고 싶지 않았다. 그래서인지 공부를 할수록 객관적인 데이터에 대한 갈증은 더 커졌다. 일부 스타트업이나 부동산 전문가가 만든 빅데이터 시스템이 있긴 했지만 다양한 부동산 관련 데이터를 보기 쉽게 만들어놓은 곳은 없었다. 전체가 아닌 일부 데이터만 다루거나 다양한 데이터를 다루지만 쉽게 알아보기 힘든 식이었다.

그래서 직접 만들어보기로 했다. 2016년부터 지금까지 주말도 없이 고군분투하면서 빅데이터 시스템을 만들어가기 시작했다. 내가 궁금하고 알고 싶은 것들 위주로 접근했으니 힘들지만 재미있었다. 내가 궁금해했던 걸 소개하면 다음과 같다.

◆ 금리가 앞으로 올라갈 것이고 그래서 부동산 시장에 안 좋은 영향을 미친다는데 실제로 그러할까?

◆ 사상 최대의 대출 규모라는데 지금의 대출 규모는 정말 위험한 건가?

◆ 대한민국의 시도 또는 시군구 단위별로 매매·전세의 흐름은 어떻게 움직여왔는가?

◆ 2018년에 입주 폭탄이 쏟아진다는데, 각 시도별 시군구별 입주 물량은 얼마나 되고 실제로 입주 물량이 매매·전세 가격에 미치는 영향은 어느 정도인가?

◆ 최근 부동산 시장이 너무 뜨거운데, 혹시 내가 막차 타는 건 아닐까?

◆ 부동산 시장은 지금 어디쯤 온 건가? 발목? 허리? 어깨?

보면 알겠지만 내가 특별한 것을 궁금해한 것이 아니다. 부동산에 관심 있는 사람이라면 누구나 궁금해할 법한 것들을 알고 싶었다. 결국 이 질문들에 답을 해줄 수 있는 데이터를 하나씩 모으고 분석하고 시각화하면서 스스로 궁금증을 해결해왔다. 그리고 마침내 부동산 빅데이터에서 내가 원하던 답을 찾았다. 판도라의 상자를 여는 기분이었다고나 할까.

이 책을 통해 그 답을 공유하고 싶다. 빅데이터가 말하는 대한민국 부동산 시장의 현재와 미래를 소개하고 싶다. 주식 종목을 찍어주듯 특정 부동산 상품을 찍어줄 순 없겠지만, 최소한 항상 궁금해왔던 질문들에 대해서는 함께 얘기할 수 있을 것 같았다. 아마 이 책을 다 읽을 때쯤이면 독자들이 궁금해했던 많은 것들이 명쾌하게 해결되리라 믿는다.

빅데이터 작업을 하다 보면 떠오르는 영화 제목이 하나 있다. 바로 〈나는 네가 지난여름에 한 일을 알고 있다〉라는 15년도 더 된 영화다. 이제는 일상의 대부분이 데이터로 저장되어 우리가 어디에서 누구와 무엇을 했는지 다 아는 세상이 되었다. 빅데이터야말로 우리가 과거에 한 일을 알고 있다는 뜻이다. 과거를 알면 미래에 대한 예측도 쉬워진다. 요즘 온라인 쇼핑몰들은 우유를 다 마실 때를 예측해 자동으로 우유를 주문하고, 심지어 구매 패턴을 파악해 부모도 몰랐던 여고생의 임신까지 알아차려 임신부에게 필요한 쿠폰도 보낸다.

편할 것 같지만 사실 섬뜩한 이야기다. 우리가 알지 못하는 사이에 이미 나의 구매 패턴, 이동 경로, 페이스북에서 '좋아요'를 클릭한 페이지 등 모든 중요한 데이터가 하나둘 각종 기업에 저장되고 있는 것이다. 빅데이터가 어디까지 활용될지는 지금으로선 섣불리 예측할 수 없지만 결국 언젠가는 빅데이터가 사람의 거의 모든 것을 파악하고 예측하게 되지 않을까. 빅데이터를 21세기의 원유라고 일컫는 것도 이런 이유 때문이다.

부동산 분야도 예외는 아니다. 어디에 유동 인구가 많은지, 어디가 인구가 줄고 어디가 늘어나는지, 어디에 아파트가 얼마나 생기는지 등 시장에 영향을 주는 수많은 데이터를 투자 판단에 활용할 수 있다.

빅데이터라는 무기가 생기면 운칠기삼이라는 말에도 반론하고 싶어진다. 물론 어떤 것도 인간이 모든 요소를 통제할 수는 없다. 운에 영향을 받을 수밖에 없다는 것도 잘 알고 있다. 하지만 운에 7을 맡겨서는 원하는 삶을 살 수 없다. 운칠기삼이 아니라 운삼기칠이 될 수 있도록 노력해야 한다. 나는 부동산 빅데이터가 그 일을 도와줄 것이라고 믿는다. 운의 영역을 7에서 3으로 줄이는 힘이 분명 빅데이터에 있다.

아직은 시작에 불과하지만 앞으로 부동산 관련 데이터는 더욱 많아지고, 정확해질 것이다. 원 데이터의 양과 질이 달라지면 빅데이터 시스템 역시 더 정교해지는 것은 시간 문제다. 게다가 머신러닝을 활용한 인공지능 기술까지 부동산 빅데이터 시스템에 도입된다면 부동산 시장의 패러다임이 완전히 바뀔 것이다. 바둑기사 이세돌 9단을 이긴 알파고의 충격을 잊지 못한다. 많은 사람이 이세돌의 압승을 점쳤지만, 결과는 정반대였다. 다섯 판 중 겨우 한 판을 이겼으니까. 그런데 어쩌면 이 한 판이 인간이 알파고를 이긴 처음이자 마지막 한 판이 될 가능성이 높다. 지금의 알파고는 그때보다 훨씬 더 강해졌다. 이제 인간이 알파고를 이기는 건 불가능에 가까워 보인다.

부동산 투자에서도 빅데이터와 인공지능이 결합한다면 타인의 말이나 감을 믿고 투자한 인간이 과연 이길 수 있을까? 이미 금융시장에서는 로보어드바이저(robo-advisor, 인공지능 금융상담사)가 등장해 인간 펀드매니저의 자리를 위협하고 있다. 어쩌면 생각보다 가까운 미래에 부동산 시장에서도 마찬가지 일이 벌어질지 모른다.

물론 부동산은 데이터가 예측한 대로만 움직이지 않는다. 하지만 미래에 모든 투자 판단이 빅데이터 분석을 통한 인공지능에 의해 이뤄진다면, 그리고 그런 서비스를 모든 부동산 투자자가 이용한다면 그때의 부동산 시장은 데이터대로 움직일 가능성이 높다. 실제로 그렇게 되면 투자 기회는 현저히 줄어들 것이다. 이런 세상에서는 결국 돈 많은 사람이 계속 이길 수밖에 없을 테니까. 추격과 역전의 기회는 갈수록 찾기 어려워질 것이다. 안타깝지만 이런 흐름은 막고 싶어도 막을 수가 없다.

하지만 아직은 그런 세상이 아니다. 다행이면 다행인 것이 부동산 빅데이터를 알고 이를 활용하는 사람은 극소수에 불과하다. 이 책을 통해 부동산 빅데이터에 대해 남들보다 빨리 알게 되었다면, 그것만으로도 기회를 선점한 것이다. 이를 활용하는 사람이 늘어나기 전에 지금 잡은 이 기회를 잘 활용하길 바란다.

빅데이터
부동산 투자

의미 있는 데이터를
수집하는 방법

과거와 비교하면 부동산 통계와 데이터에 대한 관심은 확실히 늘어난 것 같다. 이러한 흐름을 앞으로도 계속 이어질 텐데, 스스로 각종 자료를 찾아보고 싶은 독자를 위해 어떤 사이트를 보는 게 좋은지 간단히 정리하고 넘어가겠다.

1 | KB부동산

KB부동산 사이트에는 정말 볼만한 자료가 많다. PDF 파일로 볼 수 있는 주간 보고서와 월간 보고서도 있는데 엑셀에 익숙하지 않고 데이터를 직접 다루기 힘든 분들은 이 보고서들만 봐도 많은 도

KB부동산 홈페이지

움이 될 것이다.

엑셀 활용에 능숙하다면 다음 두 가지 자료를 활용하면 좋다. 바로 KB 월간 통계와 주간 통계 자료다. KB부동산 사이트에서 다음의 순서대로 들어가 파일을 받으면 된다.

1) 월간 통계 자료

2) 주간 통계 자료

월간 KB주택가격동향 시계열 자료에는 총 68개의 엑셀 시트가 있다. 엄청나게 많은데, 나도 이 자료를 다 보지는 않는다. 이 중 핵심 자료 몇 개만 봐도 충분하다. 내가 주로 보는 대분류는 주택가격지수, 주택가격대비소득비율, 주택구입능력지수, 주택구입잠재력지수, 오피스텔통계, 시장동향 등이다. 이와 관련한 내용은 다시 자세하게 말할 것이다.

대분류	중분류	SHEET 이름
주택가격지수	매매가격지수	매매종합, 매매APT, 매매단독, 매매연립
	전세가격지수	전세종합, 전세APT, 전세단독, 전세연립
	월세가격지수	KB아파트 월세지수
계절조정지수	매매계절조정지수	매매종합(SA), 매매APT(SA)
	전세계절조정지수	전세종합(SA), 전세APT(SA)
주택가격대비소득비율		PIR(월별), J-PIR(월별), KB아파트PIR
주택구입능력지수		NEW_HAI
주택구입잠재력지수		KB-HOI
오피스텔통계		KB오피스텔
전월세전환율		전월세전환율(수도권)
KB선도아파트50지수		선도50
시장동향	매매시장동향	매수우위, 매매거래
	전세시장동향	전세수급, 전세거래
	중개업자전망지수	KB부동산 매매가격 전망지수, KB부동산 전세가격 전망지수
매매대비 전세비		종합매매전세비, 아파트매매전세비, 단독매매전세비, 연립매매전세비
규모별 지수	규모별매매지수	규모별매매, 규모별매매종합, 규모별APT매매, 규모별단독매매, 규모별연립매매
	규모별전세지수	규모별전세, 규모별전세종합, 규모별APT전세, 규모별단독전세, 규모별연립전세
	청약규모별지수	청약규모별매매, 청약규모별전세
규모별 가격		규모별APT매매평균, 규모별APT전세평균, 규모별APT매매중위, 규모별APT전세중위, 청약규모별APT매매평균, 청약규모별APT전세평균, 청약규모별APT매매중위, 청약규모별APT전세중위
가격		평균매매, 평균전세, 중위매매, 중위전세, ㎡당 평균매매, ㎡당 평균전세, ㎡당 아파트평균매매, ㎡당 아파트평균전세, ㎡당 아파트5분위 아파트매매, ㎡당 아파트5분위 아파트전세, 5분위(종합매매), 5분위(아파트매매), 5분위(종합전세), 5분위(아파트전세)

KB부동산 통계 종류

그리고 주간 KB주택시장동향 자료에는 다음과 같은 12개의 시트가 들어 있는데 이 주간 데이터는 거의 다 보는 것이 좋다. 참고로 월간 통계는 매월 1일, 주간 통계는 매주 금요일에 발표한다.

대분류	SHEET 이름
주택 가격 증감률	매매증감, 전세 증감
주택가격지수	매매지수, 전세지수
규모별 지수	매매_규모(5규모), 전세_규모(5규모), 매매_규모(청약5규모), 전세_규모(청약5규모)
시장동향	매수매도, 매매거래, 전세수급, 전세거래

2 | 한국감정원 부동산통계정보 (http://www.r-one.co.kr/rone/)

KB부동산이 주택 위주의 통계인 반면 한국감정원에는 주택뿐만 아니라 상업용부동산, 지가변동률 등 매우 다양하고 방대한 통계 자료가 있다. 사이트 첫 화면의 왼쪽 중간쯤에 있는 '부동산 통계 돋보기'를 클릭하면 다음과 같은 화면이 나온다.

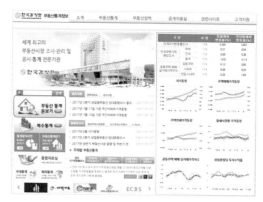

한국감정원 부동산통계정보 홈페이지

부동산 통계 돋보기

언뜻 봐도 알 수 있듯이 매우 다양한 통계 정보가 담겨 있다. 궁금한 항목을 클릭하면 바로 해당 항목의 통계 자료를 확인할 수 있다. 예를 들어 〈주택거래/공급/재고/기타〉 항목에 있는 '주택건설인허가'를 클릭하면 오른쪽과 같은 창이 나타난다.

오른쪽 상단에 '전체받기'를 클릭하면 엑셀로 된 통계 데이터를 받을 수 있다.

한국감정원의 주택건설인허가실적 상세페이지

이 자료가 분석의 대상인 원 데이터가 되는 것이다. 이밖에도 왼쪽 메뉴에 보면 온갖 통계 리스트가 있음을 알 수 있다. 나머지 통계 역시 마찬가지 방법으로 데이터를 확보할 수 있다. '한국감정원 부동산 시장정보'라는 애플리케이션도 있으니 스마트폰으로도 각종 데이터 확인이 가능하다.

3 | 국토교통부 실거래가 공개시스템 (http://rt.molit.go.kr/)

국토교통부에서는 거래되는 부동산 종류별로 실제로 거래된 가격, 즉 실거래가를 공개하고 있다. 같은 단지라도 동의 위치, 향, 층수 등에 따라 가격 차이가 나겠지만 매매를 생각하고 있는 단지의 실거래가를 바로 알 수 있다는 건 다행한 일이다. 층수 정보 또한 포함되어 있으므로 참고하면 된다.

국토교통부 실거래가 공개시스템 홈페이지

부동산 중개업자 말만 믿고 실거래가를 확인하지 않아 가끔 터무니없는 가격에 매매를 하는 경우도 있는데 정말 안타까운 일이다. 특히 간단한 검색만으로도 매매가를 파악할 수 있는 아파트와 달리 연립/다세대, 단독/다가구, 상업/업무용, 토지와 같은 부동산의 경우 그런 일이 더 빈번하다. 실거래가 정보가 없다면 부르는 게 값이 될지도 모르니 더 조심해야 한다. 실제 국토교통부 실거래가 공개시스템이 다루고 있는 부동산도 아파트만이 아니다. 오피스텔, 분양/입주권은 물론, 연립/다세대,

단독/다가구, 상업/업무용, 토지 등 대부분의 실거래가 정보를 공개하고 있다(단, 오피스텔 분양권은 확인할 수 없다). 예를 들어 연립/다세대의 경우 단지 이름, 지번, 전용 면적, 대지권 면적, 계약 월, 거래 금액, 층수, 건축 연도 등의 중요한 정보를 한꺼번에 확인할 수 있다. 그러므로 부동산 거래를 할 때 국토교통부 실거래가 사이트에서 최근 거래된 물건의 가격을 확인하는 건 기본 중의 기본이다. 반드시 객관적인 정보를 확인해 터무니없는 호가에 거래하는 실수를 범하지 말자.

실거래가 조회 사이트 외에 국토교통부에서 직접 운영하는 부동산 정보 사이트도 있다. 바로 온나라부동산정보 통합포털(www.onnara.go.kr)이다. 전국의 토지, 주택 등의 부동산 가격(실거래가, 공시지가, 주택공시가격), 분양 정보, 토지이용규제 정보를 필지별로 제공하는 부동산 정보 포털 서비스인데 특히 분양 정보와 부동산 정책을 파악하는 데 용이하다.

위에서 소개한 모든 사이트는 스마트폰 애플리케이션으로도 접근할 수 있으니 수시로 확인하며 데이터와 친해지기를 권한다.

온나라부동산정보 통합포털 홈페이지

발표된 통계 자료는 충분히 믿을 만한가

대한민국의 주택 통계 자료를 발표하는 곳으로는 KB부동산과 한국감정원이라는 쌍두마차가 있다. KB부동산(과거에는 주택은행)과 한국감정원은 1986년부터 주택 통계 자료를 발표해왔다. 30년이 넘는 긴 세월 동안 자료를 발표해온 것이다.

이 두 기관의 부동산 통계 방식을 비교하면 통계 지역, 표본 수, 조사 방법, 산출 방법 등에 약간씩의 차이가 있다. 그 차이점은 다음과 같다.

항목	KB부동산	한국감정원
통계 자료 종류	주택 통계 자료만 취급	주택 통계뿐만 아니라 상업용 부동산, 토지, 거래량 등 다양한 데이터 취급
통계 대상 및 시군구 숫자	아파트 146개 시군구 / 단독·연립 133개 시군구	261개 시군구
아파트 표본 수	30,327호	월간 15,588호 주간 7,192호
연립 표본 수	1,786호	5,950호
단독주택 표본 수	2,382호	4,805호
조사 주체	제휴 공인중개소	전문 조사원(직원)
통계 방법	중개업소에서 조사된 시장 표준 가격을 대상으로 작성한 '조사 통계' * 실거래가 + 매매(임대) 사례 비교법	계약 체결된 거래 주택에 대해 신고된 거래 가격을 토대로 한 '보고 통계' * 실거래가 + 매매(임대) 사례 비교법
아파트 세대 영향력	개별 아파트 세대의 영향력 동일. 개별 표본에 대한 가격변동률의 평균 산출	개별 아파트 세대의 영향력 동일. 단, 세대수가 더 많은 경우 더 많은 가중치를 둠
최초 자료 발표	1986년	1986년

위 내용을 참고해서 각 데이터의 장단점을 봐야 한다. 우선 한국감정원에는 주택 통계뿐만 아니라 상업용 부동산, 토지, 부동산 거래량, 기타 부동산 관련 통계 자료들이 매우 방대하게 존재하는 한편 KB부동산은 주택 통계로 한정되어 있다.

또한 한국감정원에는 KB부동산보다 훨씬 더 많은 지역이 포함되어 있다. 강원도를 예로 들면 KB부동산에는 춘천, 원주, 강릉의 시군구 아파트 통계만 있지만 한국감정원에는 위의 세 도시를 포함해 태백, 삼척, 동해, 속초의 시군구 데이터도 포함되어 있다. 그러니 더 다양한 지역에 대한 통계 자료를 보고 싶으면 한국감정원의 통계 데이터를 봐야 한다.

반면에 통계를 내는 아파트 표본 수는 KB부동산이 훨씬 많다. 통계 표본 수가 많은 만큼 통계가 더 정확할 가능성이 높다. 하지만 단독주택과 연립주택의 표본 수는 한국감정원이 더 많다. 아마 통계를 내는 시군구 지역이 KB부동산보다 훨씬 많기 때문일 것이다. 참고로 한국감정원에서 다루는 조사 지역 및 통계 표본 수는 계속 더 늘어나고 있다.

한국감정원은 전문 조사원들이 실거래가를 토대로 조사해 자료 입력을 한다. 그러나 KB부동산은 제휴된 공인중개소에서 시장 표준 가격을 가지고 자료 입력을 하기 때문에 아무래도 사심이나 사견이 좀 들어갈 수도 있고, 호가 위주의 자료를 입력할 가능성도 완전히 배제할 수는 없다. 그렇지만 설사 일부 위와 같은 가능성이 있다 하더라도 방대한 양의 자료를 취급하기 때문에 큰 흐름에 영향을 미칠 정도는 아니므로 신뢰하고 봐도 된다.

KB부동산의 통계는 개별 아파트 세대의 영향력이 동일한 반면, 한국감정원은 세대수가 많을 경우 가중치를 줬다. 세대수가 적으나 많으나 똑같은 가중치를 적용한 통계가 KB부동산 통계고, 세대수가 많은 아파트에게 세대수가 적은 아파트보다 더 많은 가중치를 적용한 통계가 한국감정원 통계다. 아무래도 세대수에 따른 가중치를 적용한 한국감정원 데이터가 좀 더 현실을 반영한 것이 아닐까 한다.

이처럼 각각의 통계에는 장단점이 있다. 이런 부분까지 감안하여 통계 자료를 확인해야 좀 더 정확한 분석이 가능하다. KB부동산과 한국감정원의 통계를 함께 보는 것도 좋은 방법이다. 사람이 하는 일이다 보니 오류가 완전히 없을 수는 없겠지만, 통계청에서 통계 자료에 대한 품질관리도 하고 있을 정도로 신뢰할 만한 통계 자료임에는 틀림이 없다.

이번에는 한국감정원의 거래량 자료와 국토교통부의 실거래가 자료를 비교해 보자. 두 통계 모두 부동산 거래 자료인데 다음과 같은 차이점이 있다.

	한국감정원 거래량	국토교통부 실거래가
구분	부동산거래현황통계(R-ONE)	실거래가 공개(RTMS)
활용 목적	부동산 거래량 공표	실거래 참고자료 제공
집계 기준	신고일 기준(계약일과 최대 60일 차이)	계약일 기준
관리 범위	매매, 판결, 교환, 증여 등 전체 거래	매매 거래
공표 기준	매월 말 기준 취합 공표	실거래 취합 후 익일 공개

가장 크게 차이가 나는 점은 집계 기준과 관리 범위다. 한국감정원의 부동산 거래량 통계 데이터는 신고일 기준으로 집계된다. 부동산 중개소에서는 부동산 계약 직후에 바로 신고하지 않는다. 거래가 취소될 수도 있고 여러 이유로 대부분 실제 계약일보다 조금 늦게 신고한다. 참고로 신고는 계약일로부터 60일 이내에는 무조건 해야 한다. 반면, 국토교통부 실거래가는 신고일이 아닌 계약일 기준으로 집계한다. 그리고 국토교통부 실거래가에는 거래 원인이 매매인 데이터만 있지만, 한국감정원의 부동산 거래량은 매매뿐 아니라 판결, 교환, 증여 등 모든 거래 원인에 대한 데이터를 다룬다.

이렇게 많은 데이터를 다루다 보니 오류 가능성을 최소화하기 위해 굉장히 많은 노력을 기울였음에도 데이터에 일부 오류가 있을 수 있다. 원 데이터에 오류가 있을 수도 있고, 데이터를 처리하거나 시각화하는 과정에서 발생할 수도 있다. 따라서 이 책에 나오는 모든 데이터 및 차트에 대해서는 어떤 보증도 할 수 없다. 이 책에서 제공하는 데이터에 대한 신뢰 여부는 전적으로 독자 여러분의 판단에 맡기며, 실제 투자 여부에 대한 판단 역시 독자 여러분이 직접 하셔야 한다. 그리고 노파심에 거듭 강조하지만 세부적인 사항은 반드시 현장에서 직접 확인을 해야 한다.

또 하나 염두에 두어야 할 것은 똑같은 데이터라도 보는 사람에 따라 해석이 다를 수 있다는 것이다. 각자가 가지고 있는 다양한 배경과 성향, 배경지식이 모두 다르기 때문이다. 나라고 여기에서 자유로울 수 없다. 이 책에서 분석하고 해석한 모든 이야기는 온전히 나의 지식과 견해에 한정된 것이다.

그렇기 때문에 이 책에 나오는 다양한 데이터를 보면서 어쩌면 내가 해석한 내용과 다른 방향으로 해석하는 독자들도 있을 것이다. 모든 견해를 존중하고, 혹시 내가 보지 못했던 부분이 있다면 겸허히 받아들인다. 나 역시 내 해석이 꼭 맞다고 생각하지 않는다. 여전히 배워나가는 중이며, 빅데이터 작업을 하여 많은 분들과 공유하고자 한 것 역시 다른 해석과 의견에 귀를 기울이기 위함이다. 그러니 무슨 의견이든 적극적으로 얘기해주면 좋겠다. 블로그에서건 강연 자리에서건 기회가 있을 때마다 독자 여러분과 소통하며 시야를 넓혀갈 생각이다.

빅데이터
부동산 투자

복잡한 데이터도
한눈에 파악하는 최적의 시각화

한국감정원과 KB부동산에서 제공하는 엑셀 데이터를 열어본 사람은 알 것이다. 엄청난 숫자 데이터만으로는 어떤 흐름도 읽을 수 없다는 것을. 온갖 숫자로 가득한 표로는 아무것도 할 수가 없다. 그러므로 이를 시각화해야 한다. 그래야 그 안에 숨어 있는 진짜 내용을 볼 수 있다. 시각화되지 않은 빅데이터는 사실 무의미한 것이나 다름없다.

예를 들어 오른쪽 위의 자료는 KB부동산 주간 주택시장동향 엑셀 자료 중 매매 증감 데이터를 다룬 시트다. 그중에서 서울시의 행정구만 따로 캡처했다.

한눈에 파악이 가능한가? 어떤 의미를 발견할 수 있는가? 제대로 된 시세 흐름을 보려면 매매 증감률뿐만 아니라 전세 증감률 데이터까지 확인해야 하는데, 이 같은 숫자만 보고 흐름을 읽어낼 수 있겠는가? 만약 범위를 서울이 아니라 전국으로까지 확대해야 한다면?

아파트 매매가격증감률 Changing Rate of Apartment Purchase Price　(0.00%, 0.25%, 0.45% 이상 상승한 경우 구간별로 음영 처리함)

구분	강북구	광진구	노원구	도봉구	동대문구	마포구	서대문구	성동구	성북구	용산구	은평구	종로구	중구	중랑구	강남	강남구	강동구	강서구	관악구	구로구	금천구	동작구	서초구	송파구	양천구	영등포구
Jasufv...or	Gangbuk-gu	Gwangjin-gu	Nowon-gu	Dobong-gu	Dongdaemun-gu	Mapo-gu	Seodaemun-gu	Seongdong-gu	Seongbuk-gu	Yongsan-gu	Eunpyeong-gu	Jongno-gu	Jung-gu	Jungnang-gu	Southern Seoul	Gangnam-gu	Gangdong-gu	Gangseo-gu	Gwanak-gu	Guro-gu	Geumcheon-gu	Dongjak-gu	Seocho-gu	Songpa-gu	Yangcheon-gu	Yeongdeungpo-gu
3.6	0.01	0.00	0.06	0.00	0.02	0.02	0.03	0.03	-0.01	0.01	0.00	0.06	0.02	0.00	0.01	0.03	0.10	-0.01	0.02	0.02	0.02	0.04	0.02	0.02	0.01	0.02
3.13	0.00	0.00	0.02	0.01	0.04	0.02	0.04	0.03	0.00	0.03	0.02	0.01	0.00	0.00	0.03	0.04	0.00	0.05	0.02	0.04	0.06	0.04	0.09	0.03	-0.03	0.02
3.20	0.03	0.00	0.04	0.05	0.00	0.03	0.04	0.05	0.02	0.05	0.03	0.01	0.01	0.01	0.03	0.06	0.00	0.04	0.04	0.04	0.00	0.06	0.04	0.00	0.04	
3.27	0.00	0.01	0.04	0.04	0.00	0.03	0.01	0.04	0.03	0.02	0.05	0.00	0.02	0.64	0.05	0.00	0.06	0.12	0.04	0.03	0.04	0.06	0.00	0.04	
4.3	0.04	0.00	0.03	0.02	0.00	0.06	0.03	0.01	0.00	0.10	0.05	0.04	0.00	0.03	0.07	-0.01	0.01	0.00	0.05	0.04	0.01	0.06	0.05	-0.01	0.05
4.10	0.02	0.05	0.04	0.04	0.03	0.07	0.03	0.00	0.00	0.03	0.01	0.00	0.02	0.05	0.07	0.03	0.05	0.02	0.06	0.03	0.07	0.07	0.04	0.05	
4.17	0.03	0.04	0.02	0.04	0.03	0.06	0.03	0.03	0.00	0.07	0.05	0.02	0.00	0.06	0.06	0.07	0.06	0.07	0.03	0.05	0.00	0.05	0.07	0.04	
4.24	0.01	0.06	0.05	0.00	0.06	0.06	0.02	0.03	0.04	0.05	0.04	0.05	0.03	0.05	0.87	0.09	0.05	0.07	0.00	0.06	0.08	0.07	0.03	0.05
5.8	0.03	0.09	0.05	0.06	0.06	0.06	0.03	0.04	0.04	0.07	0.00	0.05	0.03	0.06	0.88	0.10	0.10	0.09	0.03	0.08	0.03	0.04	0.10	0.10	0.09
5.15	0.02	0.10	0.03	0.03	0.03	0.09	0.04	0.04	0.04	0.07	0.00	0.05	0.05	0.09	0.81	0.04	0.08	0.02	0.06	0.08	0.08	0.10	0.09
5.22	0.04	0.10	0.08	0.05	0.12	0.06	0.07	0.04	0.11	0.04	0.11	0.18	0.12	0.08	0.06	0.10	0.04	0.09	0.11	0.11	0.11	0.09
5.29	0.09	0.09	0.08	0.04	0.04	0.16	0.12	0.12	0.09	0.13	0.07	0.11	0.03	0.11	0.17	0.22	0.19	0.13	0.09	0.13	0.10	0.11	0.23	0.18	0.19	0.18
6.5	0.16	0.39	0.34	0.18	0.02	0.35	0.06	0.31	0.04	0.35	0.12	0.06	0.19	0.13	0.38	0.39	0.57	0.33	0.11	0.26	0.19	0.20	0.51	0.30	0.17	0.31
6.12	0.09	0.90	0.59	0.36	0.30	0.26	0.01	1.09	0.09	0.39	0.21	0.04	0.09	0.27	0.15	0.66	0.41	0.32	0.05	0.44	0.64	0.06	0.11	0.36	0.22
6.19	0.04	0.09	0.45	0.25	0.25	0.25	0.12	0.15	0.17	0.23	0.15	0.00	0.04	0.09	0.23	0.11	0.20	0.33	0.16	0.33	0.39	0.54	0.20	0.09	0.21	0.31
6.26	0.00	0.09	0.45	0.28	0.29	0.25	0.15	0.14	0.18	0.07	0.10	0.07	0.25	0.22	0.24	0.35	0.33	0.26	0.21	0.23	0.08	0.17	0.20
7.3	0.20	0.19	0.27	0.24	0.02	0.24	0.19	0.32	0.05	0.15	0.00	0.04	0.02	0.15	0.15	0.17	0.13	0.17	0.19	0.02	0.20	0.19	0.12	0.09	0.17
7.10	0.01	0.22	0.33	0.34	0.11	0.25	0.20	0.19	0.21	0.04	0.10	0.18	0.24	0.25	0.31	0.30	0.22	0.23	0.15	0.27	0.25	0.20	0.19
7.17	0.21	0.25	0.35	0.37	0.19	0.18	0.24	0.21	0.04	0.27	0.22	0.23	0.14	0.19	0.27	0.27	0.27	0.29	0.25	0.28	0.13	0.30	0.28	0.24	0.25	0.32
7.24	0.22	0.32	0.36	0.31	0.17	0.25	0.20	0.30	0.12	0.13	0.22	0.01	0.32	0.28	0.30	0.30	0.35	0.22	0.12	0.36	0.36	0.34	0.37

아파트 매매 증감 데이터

사람은 기본적으로 이런 데이터를 보는 것에 적합하지 않다. 인식과 동시에 데이터를 처리할 수 없기 때문이다. 한눈에 딱 봐도 흐름을 이해할 수 있어야 데이터는 비로소 가치를 획득한다. 시각화되지 않은 데이터는 다만 하나의 몸짓에 지나지 않는 것이다. 위의 매매 및 전세 증감률 데이터를 시각화하기 위해 직접 만든 것이 바로 '부동산 플라워차트'다.

[빅데이터 시각화 1-8]에서 X축이 매매 증감률, Y축이 전세 증감률이다. 이 차트를 보면 서울 대부분의 구에서 전세가와 매매가가 모두 오르고 있음을 알 수 있다. 또 강동구가 다른 지역과 비교해 독보적으로 매매가와 전세가가 오르고 있음을 알 수 있고, 노원구의 매매가 상승률이 강하다는 것도 알 수 있다. 시간에 따라 시세의 흐름이 어떻게 움직이고 있는지 등을 보는 즉시 알아챌 수 있다. 제대로 시각화가 된 빅데이터 자료만이 의미 있는 정보가 될 수 있는 것이다.

부동산 빅데이터를 시각화하는 것은 맛있는 요리를 만드는 것과 비슷하다. 맛있는 재료는 원천 데이터 소스, 재료를 손질하는 작업은 데이터를 전처리하는 작업, 어떤 재료와 섞을지 고민하는 과정은 데이터 간의 상관관계를 고민하는 과정, 마지

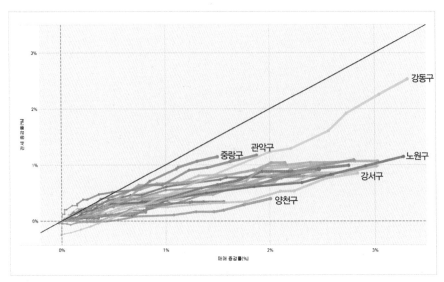

| 빅데이터 시각화1-8 | 2017년 3월~7월 서울시 행정구별 플라워차트

막으로 조리하여 맛있는 음식을 식탁에 내놓는 작업이 바로 시각화 작업이다.

지금까지 여러 데이터를 재료 삼아 매우 다양한 요리를 시도해보았다. 재료를 손질하는 전처리 작업부터 완성된 음식을 내놓는 시각화 작업까지 쉬운 건 하나도 없었지만, 맛있는 요리가 완성되었을 때의 보람은 다른 어떤 것과도 비교할 수 없었다. 더 흥미로운 건 아직도 내가 발견하지 못한 정말 맛있는 부동산 빅데이터 요리가 더 있을 것이라는 사실이다. 이러한 것들을 하나씩 발견해나가는 과정 자체가 너무 흥미진진하고 가슴 두근거린다.

부동산 빅데이터에 대한 소개는 이쯤에서 마쳐도 될 것 같다. 이제 본격적으로 내가 만든 요리의 맛을 보여드리겠다.

투자의 기본은 통제력과 영향력

어쩌면 대박은 세상에서 가장 달콤한 말일지도 모른다. 그래서인지 사업이나 투자의 영역을 넘어 일상생활에서도 최상급의 의미로 자주 쓰인다. 실제로 투자에 처음으로 관심을 갖게 되면 쉽고 빠르게 부자가 될 수 있다는 달콤한 말에 귀를 쫑긋하게 된다. 나름 경계를 한다고 해도 워낙 유혹이 많고 강하기 때문에 우리 마음은 쉽게 흔들린다.

"이건 정말 너만 알고 있어. A라는 주식이 이런저런 호재가 있는데 지금 사두면 몇 년 안에 다섯 배는 올라."

신뢰할 수 있는 사람의 이런 한마디는 우리를 가슴 뛰게 한다. 그리고 얘기대로 사자마자 주식이 갑자기 오르는 경우도 있다. 하지만 시간이 좀 지나면? 대박이 아니라 쪽박이었던 것으로 판명 난 경우가 우리 주변에 얼마나 많은가. 정확한 정보였다 하더라도, 특정 주식에 대한 평가는 시시각각 달라질 수 있다. 상황 변화에 따른 대응과 리스크 관리가 그래서 필수적인 것이다. 기본적인 일은 하지도 않은 채 누군가의 말 한마디만 믿고 대박을 꿈꾼다는 건 그야말로 도박에 불과하다.

부동산도 마찬가지다. 개발 호재 하나만 믿고 투자를 하는 경우도 많고, 갭투자 등 특정 투자법이 유행하면 묻지도 따지지도 않고 뒤늦게 따라나서는 경우도 많다. 결국, 많은 경우 비자발적 장기투자를 하게 된다. 다른 사람의 말에 의지하거나 누군가가 제시한 방향을 맹목적으로 따르게 되면, 단순히 금전적인 손해를 입는 것을 넘어 인간관계까지도 망가진다. 내가 운이 없었던 것일까? 아니면 유독 내 주변에 안 좋은 사례만 내 눈에 띈 걸까? 그렇지는 않을 것이다. 이런 경험을 한 사람들을 우리는 주변에서 얼마든지 쉽게 찾을 수 있다.

나 역시 이런 경험을 한 적이 있는데, 여러 일을 겪으면서 내가 절실히 깨달은 것이 하나 있다. 바로 통제력과 영향력을 절대 다른 사람에게 빼앗기면 안 된다는 것이다. 바꿔 말하면 투자는 결국 내 통제력과 영향력 안에 있는 것만 해야 한다는 말이다. 이해를 돕기 위해 간단한 예를 들어보겠다.

누가 대박이라고 하면서 A라는 주식을 추천한다고 해보자. 그 말만 믿고 A주식에 투자한다면, 거기에 나의 통제력과 영향력은 조금도 끼어들 틈이 없다. 내가 열심히 무언가를 한다고 주식이 오르는 것도 아니니까. 누가 돈을 빌려달라고 해서 빌려준 경우도 마찬가지다. 그 사람 계좌로 돈을 보내는 순간 그 돈에 대한 통제력은 나에게서 사라진다. 그러니 아무리 가까운 사이라도 돈 거래는 하지 않는 것이 좋다. 부득이하게 꼭 해야만 하는 경우라면 부담이 안 되는 선에서 아예 주거나, 아니면 향후 법적 조치를 취할 수 있는 서류를 반드시 써놓아야 한다. 그래야 그 돈에 대한 통제력이 나한테 있는 것이다. 명의를 빌려주거나 연대보증을 서는 것도 마찬가지 의미에서 위험하다. 통제력을 빼앗기는 순간 내 인생은 더 이상 내 인생이 아니라 남의 인생이 된다.

그러므로 투자에 임할 때도 대박이냐 아니냐를 판단 기준으로 두면 안 된다. 그보다는 내가 통제할 수 있고 내 영향력 안에 있는지 없는지를 판단 기준으로 삼아야 한다. 절대 통제력과 영향력을 타인에게 주어선 안 된다. 대박이 가능하다는 달콤한 말일수록 통제력과 영향력을 타인에게 빼앗길 가능성이 많으니 더 조심해야 한다.

한 방 심리는 우리 인생을 단번에 나락으로 빠트리는 위험한 놈이다. 꾸준하고 묵묵하게 스스로의 힘으로 한 발, 한 발 앞으로 나아가는 것만이 우리 인생을 진정한 대박으로 이끈다. 달콤하게 들리는 쉽고 편한 방법이 우리를 병들게 한다는 사실을 절대 잊지 말자.

주식 투자 vs 부동산 투자

평범한 사람이 똑같은 노력을 들인다고 가정했을 때, 주식보다는 부동산이 성공할 가능성이 더 높다. 우선 주식은 부동산보다 변동성이 훨씬 크다. 공부를 열심히 해 좋은 종목을 골랐다고 해도 중간중간 전혀 예상하지 못한 지정학적 리스크 때문에 급락하는 경우도 있다. 무엇보다 실시간으로 움직이는 가격을 보면 아무리 강심장이라도 버텨내기가 쉽지 않다. 그래서 많은 개미 투자자들이 조금 벌고 크게 잃는 식의 패턴을 반복한다.

하지만 부동산은 변동성이 낮다. 북한이 미사일을 쐈다고 해서 가격이 급락하지 않는다. 실물 자산이기 때문에 통화량이 늘어남에 따라 중장기적으로 꾸준히 가격이 올라가게 되어 있다. 주식처럼 매일 계좌를 들여다볼 필요도 없기에 본업에 지장을 줄 일도 없다. 아무리 좋은 투자처였다 하더라도 본업에 방해가 되면 결코 좋은 투자였다고 말할 수 없다.

무엇보다 부동산은 주식에 비해 훨씬 더 큰 통제력과 영향력을 가질 수 있다. 예를 들어 삼성전자 주식을 사고, 삼성전자 제품으로 집 안 모든 가전을 바꾼다고 해도 내가 삼성전자 주가에 미치는 영향은 거의 없다. 투자한 주식의 가치를 끌어올리기 위해 내가 할 수 있는 일이 거의 없는 것이다. 하지만 부동산은 소유자가 가치를 만들어낼 수 있다. 리모델링을 해서 가치를 높일 수도 있고, 지역민들과 힘을 모아 호재를 유치할 수도 악재를 막을 수도 있다. 내 마음대로 뭐든 할 수 있는 건 아니지만, 주식에 비하면 통제력과 영향력이 훨씬 더 큰 편이다.

주변에 주식으로 돈을 번 사람보다 부동산으로 돈을 번 사람이 많은 것도 이런 특성 때문이다. 커다란 변동성을 이기는 강심장을 갖기도 쉽지 않을 뿐더러 통제력과 영향력도 거의 없기 때문에 결국 주식 투자에 실패하고 마는 것이다.

아마 주식 100%나 부동산 100%로 자산 포트폴리오를 극단적으로 운용하는 사람은 거의 없을 것이다. 모두 저마다의 성향과 가치에 따라 포트폴리오를 구성해 자산을 관리하고 있을 것이다. 제일 좋은 방법은 자산 시장의 큰 흐름과 자산 규모 등에 따라 적절히 포트폴리오를 구성하고 리밸런싱하는 것이다. 그리고 가능하다면 실물 자산인 부동산의 비중을 많이 가져가는 것이 안전하다. 큰 자산은 부동산으로 구성하고, 부동산에서 나오는 수입의 일정 부분은 현금으로 가지고 있는 것을 추천한다.

제2장

2018년 대한민국 부동산 시장 팩트 체크

Big Data in Real Estate

자산 시장의 현주소는
금리 사이클에서 확인하라

금리 인상 때문에 부동산 가격이 떨어질 것이라는 주장은 2015년 말 미국이 기준금리를 7년 만에 0.25% 포인트 올린 시점부터 본격적으로 시작됐다. 미국이 금리를 올리면 한국도 따라서 금리를 올릴 것이고, 그러면 대출 이자 비용이 높아져 시장에 매물이 쏟아져 나오기 때문에 부동산 가격이 폭락하게 될 거라는 논리였다. 신문 기사는 물론 많은 전문가가 지속적으로 같은 말을 반복하고 있어서 이런 식으로 믿고 있는 사람이 굉장히 많다.

2016년 말에도 신한은행, 국민은행, 하나은행, 우리은행, 농협은행 등 5대 은행장은 하나같이 2017년 부동산 시장의 폭락을 경고했다.◆ 역시 미국 금리 인상과 가계 부채를 뇌관으로 파악했는데, 1997년 IMF 외환위기 수준의 급락 가능성까지 거

◆ 「5대 은행장 "내년 집값 15% 떨어질 수도"」, 한국경제, 2016-12-12.

론했다. 하지만 실제 집값은 어떻게 되었나? 서울, 수도권, 부산 등을 중심으로 굉장히 많이 올랐다. 5대 은행장들의 예측과는 정반대의 결과가 나온 셈이다.

금융에 관해선 누구보다 잘 아는 은행장이, 그것도 한두 명이 아니라 다섯 명이 같은 미래를 예견했는데 쉽게 무시하고 지나갈 수 있는 사람이 얼마나 될까. 그러나 최고의 금융 전문가들조차 금리 인상과 관련해서는 잘못된 견해를 갖고 있는 경우가 많다. 실제로 내가 15년 이상 금융 및 경제 공부를 하며 알게 된 금리 인상의 실체는 완전히 달랐다. 금리와 자산 시장의 관계에 관한 진실을 확인해보자.

만약 누가 내게 부동산 투자의 타이밍을 결정할 때 가장 중요한 한 가지를 꼽으라고 하면 주저하지 않고 금리를 고를 것이다. 금리의 흐름, 수준, 방향성 등으로 자산 시장 변화에 관한 많은 것을 알 수 있기 때문이다. 그러므로 '지금 부동산 투자를 해도 되는가?'라는 질문에 답하기 위해서는, 그러니까 지금 부동산 시장이 어디까지 왔는지를 파악하기 위해서는 먼저 금리 변화와 자산 시장의 큰 흐름에 대해 이해하고 있어야 한다.

밀물과 썰물이 해안의 모든 것에 영향을 미치는 것처럼 자산 시장의 바로미터라고 할 수 있는 금리도 오르락내리락을 반복하며 자산 시장에 엄청난 영향을 미친다. 10년 주기설을 포함해 온갖 주기설이 등장하는 까닭도 여기에 있다. 어쨌건 금리로 인해 자산 시장의 주기가 만들어지는 것이다.

조금 더 구체적으로 알아보기 위해 1954년부터 현재까지의 미국 기준금리 추이를 한번 살펴보자. 금리가 오르내리는 아주 큰 흐름을 보여주기 위해 다음 페이지에 차트를 준비했다. 보이는 것처럼 금리는 오르락내리락을 반복한다. 그 안에 짧은 파동도 있고, 1954~1980년까지의 금리 대세 상승 시기와 그 이후의 금리 대세 하락 시기를 그리는 큰 파동도 있다.

한국을 포함한 다른 많은 나라들은 시차를 두긴 하지만 결국 전 세계 경제의 대

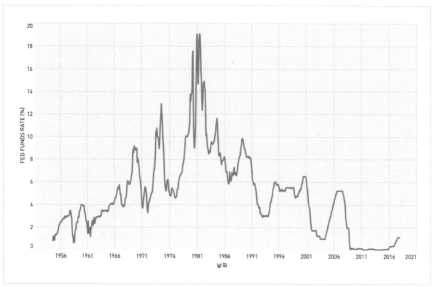

데이터 출처 : 미국 연방준비제도 이사회

1954~2017년 미국 기준금리 변동 추이

장격인 미국의 금리 흐름을 따르는 경우가 많다. 사실 과거의 고금리 시절만 기억하는 사람이 많은데, 더 먼 과거인 1950~1960년대 초중반까지만 거슬러 올라가면 지금과 같은 저금리 시대였다. 그러니 지금의 초저금리도 언제까지 지속될지는 아무도 속단할 수 없다. 아주 오랫동안 저금리 시대에 살게 될지, 금리의 대세 상승이 시작될지 섣불리 예측할 수 없다. 다만 작은 파동은 계속 오르락내리락을 반복할 것이고, 큰 파동 또한 대세의 흐름이 바뀔 가능성이 있다.

쉽게 설명하면 금리는 사람의 혈압과 비슷하다. 저금리 시기에는 돈이 잘 돈다. 즉, 혈관에 막힌 곳이 별로 없어서 피가 잘 도는 상황과 비슷하다. 이렇게 돈이 잘 돌면 경제도 조금씩 좋아지고 저평가되어 있던 주식과 부동산 등의 가격 역시 본래 가치를 찾아가며 점점 오른다. 하지만 돈이 잘 도는 시기가 길어지면 자산 시장에 버블이 쌓인다. 정부가 금리를 올리는 이유 역시 속도를 조절해서 버블이 쌓이는 것을 막기 위함이다. 금리 인상은 금리 인상을 견딜 만큼 경기가 좋아졌을 때 시작한다. 미국의 경기는 확실히 좋아지고 있고, 최근 미국이 금리를 조금씩 올리는 이유도 바로 여기에 있다.

주식 투자에도 관심이 있는 사람이라면 앙드레 코스톨라니(Andre Kostolany)라는 전설의 투자자를 들어봤을 것이다. 『돈, 뜨겁게 사랑하고 차갑게 다루어라』를 비롯하여 국내에도 그의 책이 여러 권 번역 출간되었는데, 금리와 자산 시장의 관계를 이해하기 위해서는 그가 만든 이론을 자세히 들여다볼 필요가 있다.

지금부터 앙드레 코스톨라니의 달걀 모형 이론이라 불리는 것을 설명하겠다. 이 그림을 보면서 금리와 자산 시장의 상관관계에 대한 부분을 함께 정리해보자.

금리는 최저점과 최고점을 순환하는데 이를 여섯 개의 시점으로 구분할 수 있다. (1)번은 급격한 금리 인하가 멈추는 시점으로 이때부터 금리 저점이 시작된다.

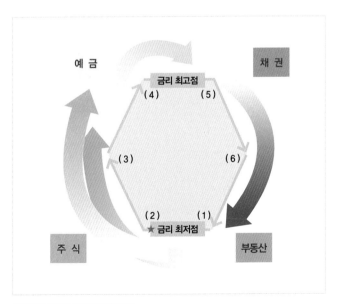

리치톡톡의 부동산 달걀 모형 이론

(2)번은 금리 저점의 종료 시점으로 이때부터 금리 인상이 시작된다. (3)번은 금리가 인상되는 시기의 중간 지점으로 이 시점을 기준으로 금리 인상기의 상반기와 하반기가 나뉜다. (4)번은 금리 인상이 멈추는 시점으로 이때부터 금리 고점이 시작된다. (5)번은 금리 고점의 종료 시점으로 이때부터 금리 인하가 시작된다. (6)번은 금리가 인하되는 시기의 중간 지점으로 이 시점을 기준으로 금리 인하기의 상반기와 하반기가 나뉜다. 한국은 2017년 11월 30일에 (2)번 시점이 시작되었다. 위 그림에는 빨간 별표로 표시해두었다.

자산 시장 역시 이 여섯 시점을 변곡점 삼아 큰 흐름이 바뀐다. 주식이나 부동산 투자 타이밍을 잡을 때는 이 흐름을 잘 읽어야 수익을 극대화하고 리스크를 최소화할 수 있다.

이해를 돕기 위해 2000년부터 2017년까지의 한국은행의 기준금리 차트를 함께

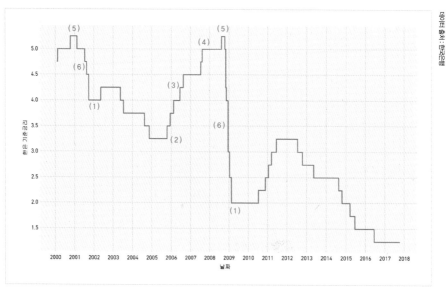

2000~2017년 한국은행 기준금리 변동 추이

살펴보자. 차트 옆에 여섯 시점을 표기했으니 실제 금리가 어떻게 순환하는지 확인할 수 있을 것이다. 이제 이 여섯 시점에 각각 어떻게 대응해야 하는지 소개해보겠다.

1 | 급격한 금리 인하가 멈추는 시기 (금리 저점 시작)

기준금리가 가파르게 인하한다는 건 최악의 경제 상황이 발생하는 것을 막겠다는 뜻이다. 그러니 (6)번 시점부터 (1)번 시점 사이의 기간은 경제적으로 힘들고 미래에 대한 걱정이 매우 큰 시기라고 볼 수 있다. 금리를 내려서 돈을 풀고 강력한 경기 부양을 시도하지만 사람들의 심리가 얼어붙어 있어 금리를 내린 만큼 바로 돈이 돌지는 않는다. 부동산 시장 역시 패닉 상태다. 하지만 금리 인하가 멈추는 (1)번 시점에 도달했다는 건 드디어 바닥에 도달했음을 의미하고 본질적인 가치에 비해 비정상적으로 저렴하게 매물을 구할 수 있다는 뜻이다.

(1)번 시점부터 (2)번 시점 사이의 기간은 저평가된 부동산을 매수할 수 있는 최고의 타이밍이다. 하지만 시장 분위기는 차갑고 (2)번 시점까지 도달하는 기간이 생각보다 굉장히 길어질 수 있으므로, 현실적으로 고수가 아닌 일반 투자자가 선뜻 매수 타이밍을 잡는 것은 쉽지 않다.

또 (1)번 시점에서 (2)번 시점 사이의 기간은 오래 걸릴 뿐만 아니라 그 안에서도 매우 다양한 작은 파동이 나올 수 있기 때문에 더 혼란스럽다. 경기가 살짝 좋아지는 것 같으면 다시 금리를 약간 인상하기도 하고, 또 생각보다 경기가 좋아지지 않으면 금리를 인하하기도 한다. 해석에 따라 조금 다를 수도 있겠지만, 한국의 경우 2009년부터 2017년까지가 바로 그런 시기였다. 이 시기에는 대체로 경기 부양을 위해 매우 다양한 정책이 펼쳐진다.

경기가 회복되기까지 온갖 난관이 등장하기도 한다. 계절로 따지면 겨울과 봄

사이에 있는 꽃샘추위와 비슷하다. 분명 봄이 오고 있는 건 맞는데, 실제 날씨는 겨울에 가깝다. 즉 자산 시장의 겨울이라고 할 수 있는 경제 위기는 끝이 났고 경기 부양을 위해 세계 여러 나라가 다각도로 많은 노력을 하고 있지만, 좋아질 듯하면서도 계속 위기들이 나타나 아직 완전한 봄을 맞이하지는 못한 상태인 것이다.

그러나 분명 (2)번 지점에 가까이 갈수록 경기는 점점 더 좋아진다. 경기가 좋아지기 때문에 금리 인상을 해야 하지만 사람들에게는 아직 금리 인상에 대한 트라우마가 남아 있다. 겨우 따뜻해진 시장을 다시 꽃샘추위에 떨게 만들 수는 없기 때문에 금리 인상은 굉장히 조심스럽게 이뤄진다. 미국의 연방준비제도 이사회 같은 경우에도 금리 인상 신호를 여러 번 보내면서 시장이 금리 인상을 받아들일 수 있도록 준비를 돕고, 또 굉장히 느리게 점진적으로 금리를 올리며 충격에 대비했다.

그러니까 금리 인상에 대한 신호가 나오는 시기가 굉장히 중요하다. 금리 최저점이 끝나는 시점, 즉 (2)번 시점에 도착하기 직전이 바로 마지막 매수 타이밍이라고 볼 수 있다. 경매만 해도 조금 더 타이밍을 일찍 잡아야 한다. (2)번 시점이 언제 올지 잘 보이지 않을 때에는 경기가 좋지 않기 때문에 물건도 많이 나오고, 부동산에 대한 부정적인 인식이 만연하기 때문에 경쟁자도 별로 없다.

정부에서도 식어버린 부동산 경기를 살리기 위해 각종 부양정책을 펼친다. 지역에 따라 다르긴 하지만 결국 (1)번 시기의 후반부에는 많은 지역에서 상승의 흐름이 나타난다. 대한민국 부동산 시장이 아직 (2)번 시기에 도착하기도 전에 현 정부가 강력한 규제정책을 발표한 건 참여정부 시절의 규제책이 힘을 쓰지 못한 이유가 규제 타이밍을 조금 늦게 잡았기 때문인 것으로 판단한 탓이다.

정부는 시장이 안 좋을 때는 각종 부양정책을 펼치고 과열 기미가 보이면 규제정책을 펼치는데, 문제는 모든 부동산 정책의 판단 기준이 서울과 수도권에 맞춰져 있다는 점이다. 규제정책이건 부양정책이건 지방이 급격히 오르거나 내릴 때는 방관하다가 서울과 수도권이 움직이면 그제야 온갖 정책이 쏟아져 나온다. 이 부분에 대해서는 나중에 또 다룰 테지만, 정부에서는 보다 정확한 부동산 통계 및 데이터를 가지고 세심하게 정책을 실행해주었으면 한다. 지금까지는 너무 주먹구구식으로 특정 지역만을 기준으로 삼은 정책을 펼쳐서 부작용이 많은 것 같다.

참고로 (1)번 시점을 갓 통과한 시기에는 주가가 박스권에서 계속 횡보를 하는 패턴이 나온다. 물론 최악의 경제 상황의 저점과 대비하면 100%까지 오르기도 하지만, 이 역시 과거 어느 시점의 주가를 겨우 회복한 정도에 불과하다. 경제가 좋아지느냐 마느냐는 갈림길에 서 있으며, 온갖 논쟁이 펼쳐지는 시기이기 때문에 주가는 박스권에 갇혀 움직일 수밖에 없다. 하지만 장기적으로 보면 (1)번 시점이 시작된 이후 펼쳐진 박스권 저점대는 우량 주식들을 싸게 살 수 있는 좋은 시기다. 물론 한국보다 경제 펀더멘털(Fundamental)이 좋은 미국의 경우에는 박스권을 형성하지 않고 바로 꾸준하게 올라가는 경우도 많다.

현재 대한민국은 (2)번 시점의 시작에 와 있다고 볼 수 있다. 첫 금리 인상이 바로 얼마 전인 2017년 11월에 시작되었기 때문이다. 이전에는 2005년 하반기에 금리 인상을 시작해서 (2)번 시점에 돌입했는데 이후로 부동산은 수도권을 중심으로 크게 상승했고, 주가 역시 지난 몇 년 동안의 지지부진한 박스권을 뚫고 대세 상승을 시작했다.

2 | 금리 인상이 시작되는 시기 (금리 인상 상반기)

금리 인상을 하지 않으면 안 될 정도로 경기가 좋아진 시기다. 미국의 경우 2016년 12월을 이 시점으로 볼 수 있다. 미국의 첫 금리 인상은 2015년 12월에 이루어지긴 했지만, 추가 금리 인상까지 1년이라는 긴 시간이 걸린 만큼 본격적으로 금리를 인상하기 시작한 2016년 12월을 (2)번 시점으로 보는 게 더 타당해 보인다.

그렇다면 한국은 어떨까? 첫 금리 인상을 단행한 2017년 11월 30일에 (2)번 시점이 시작됐다. 경기가 좋아졌기 때문에 금리 인상을 하는 것이지만, 오랜 기간 저금리에 익숙해져 있다 보니 금리 인상이라는 말만 들어도 겁에 질리는 사람이 많은 것 같다. 대출 이자에 대한 부담 증가가 부동산 시장에 엄청난 악영향을 미쳐 부동산이 폭락하게 될 거라는 말이 많다.

언뜻 들어보면 일리 있는 말 같고 실제로 시장 참여자들이 그런 공포 심리 때문에 단기적으론 주춤하기도 하지만, 크게 보면 결국 틀린 말이다. 금리를 올리는 본질적인 이유를 간과한 판단인 것이다.

경기가 좋아지지도 않았는데 미국이 금리를 올려 할 수 없이 따라 올린다는 의견도 일부 있다. 하지만 그것 역시 전체가 아닌 부분만 강조해 침소봉대하는 주장이다. 미국의 금리 인상이 한국의 금리 인상을 압박하는 요소로 작용할 수는 있지만, 한국은행은 그것만으로 금리 인상을 판단하는 조직이 아니다. 1999년 6월~2001년 3월, 그리고 2005년 8월~2007년 8월에는 미국이 한국보다 금리가 높아서 한미 간의 기준금리가 역전된 적이 있었다. 이렇듯 한국이 금리를 인상할 여건이 되지 않는다면 금융당국은 무리하게 금리를 올리지 못한다.

금리가 역전되면 해외 자본이 다 빠져나간다는 주장도 과장된 이야기다. 과거 두 시기에도 일시적인 충격만 있었을 뿐 오히려 더 많은 해외 자본이 한국으로 들어왔다.◆ 금리보다 중요한 건 결국 기업들의 실적과 거시 경제 건전성이었던 것이다. 그러므로 미국이 금리를 올리면 한국이 할 수 없이 따라 올리고, 그러면 해외 자본이 다 빠져나가 한국의 자산 시장이 다 폭락한다는 논리 구조는 처음부터 끝까지 매

◆ 「과거 2차례 금리역전…자본유출 없어 오히려 외국자본 몰리며 증시 상승 곡선」, 매일경제, 2017-06-25.

우 빈약한 것이다.

현상이 복잡할 때는 항상 본질을 꿰뚫어 봐야 한다. 금리를 인상하는 이유는 본질적으로 경기가 좋아지기 때문이고, 그만큼 자신감이 있기 때문이다. 경기가 좋아지는데 주가와 부동산 시장이 어찌 폭락할 수 있겠는가. 아니면 이렇게 해석할 수도 있다. 금리를 인상하는 이유는 인플레이션 때문이다. 다시 말해 화폐가치가 하락하고 자산가치가 상승해 버블이 쌓이는 것을 예방하기 위해서다. 상승 압력을 강하게 받고 있는 시기란 뜻이다.

앞에서 짧게 언급했지만 (2)번 시점을 앞두고 부동산이 먼저 상승했고 주식시장이 뒤쫓아왔다. 실제로 주식시장의 본격적인 상승은 (2)번 시점 이후가 될 가능성이 크다. 지수가 2400~2500 사이에 있는 2017년 10월의 코스피는 이제 무릎 정도에 왔다고 봐야 하는 것이다.

하지만 주식시장보다 시기적으로 먼저 움직인 부동산의 경우에는 그래도 허리까지는 왔다고 봐야 할 것 같다. 지역마다 상황이 조금씩 다르기는 하지만 경제위기 후 2013년 무렵부터는 전반적인 부동산 시장이 바닥을 찍고 지속적인 상승세를 탔으니 이미 꽤 상승을 한 상태다.

문제는 지금 이 가격을 꼭지로 보거나 거품이 끼었다고 보는 시각인데, 전혀 근거 없는 소리다. 금리가 인상될 정도로 경기가 본격적으로 좋아지는 시기인 만큼 부동산 시장 역시 상승 여력이 아직 많이 남아 있다. 물론 금리 인상의 속도와 폭에 따라 일시적으로 시장이 출렁일 수는 있겠지만, 그 신호를 잘못 해석하여 안타까운 판단을 하지 않기를 바란다.

3 | 금리 인상 하반기

이때쯤 되면 대부분 사람들의 마음에 탐욕이 생긴다. 주식이나 부동산으로 돈을 벌었다는 사람들이 주변에 많아지니 재테크에 전혀 관심이 없던 사람들까지도 무언가를 하지 않으면 안 되겠다는 생각이 든다.

하지만 이때부터는 향후 다가올 리스크를 본격적으로 준비해야 하는 시기다. 주식시장과 부동산 시장 모두 본질적인 가치를 넘어 버블이 생기기 시작했기 때문이다. 경험이 많은 보수적인 투자자들은 이 시기를 적절한 매도 타이밍으로 잡는다. 물론 공격적인 투자자들은 버블이 더 많이 쌓이기를 기다리며 수익을 극대화하는 전략을 추구하기도 할 것이다.

보수적인 투자자든 공격적인 투자자든 이런 자산 시장의 흐름과 상관없이 계속 좋아질 핵심 지역은 그냥 가지고 가는 것이 정답이라고 생각한다. 핵심 지역은 자산 시장의 겨울을 잘 견딜 수 있고, 또 하락하더라도 빠르게 회복할 수 있다는 것을 우리는 경험적으로 잘 알고 있다.

일단 주식이든 부동산이든 매도를 해 현금을 확보했다면 이제 금리가 꽤 높아진 은행에 예금하는 것이 가장 좋다. 버블도 쌓이고 금리도 꽤 높아졌는데 여기에 무리하게 대출을 일으켜 뒤늦게 부동산이나 주식시장에 뛰어드는 건 바람직하지 않다. 오히려 아무런 리스크 없이 안전하게 괜찮은 이자 수익을 챙길 수 있는 예금을 드는 것이 합리적인 전략이다.

물론 어느 시기든 뭐가 좋고 뭐가 안 좋으니 모든 투자 금액을 어느 한쪽에 몰아넣으라는 말은 절대 아니다. 자산 시장의 큰 흐름을 파악하고 위험 자산과 안전 자산의 포트폴리오를 잘 조정해서 수익 추구와 리스크 관리라는 두 마리 토끼를 다 잡아야 한다는 말이다.

4 | 금리 인상 멈춤 (금리 고점 시작)

가파르게 상승하던 금리가 한 분기 이상 이뤄지지 않는다면 금리 인상의 끝 지점에 도달했다고 판단하면 된다. 그리고 이것은 이제 자산 시장의 호황이 끝나간다는 신호다. 이때가 되면 공격적인 투자자들도 위험 자산 정리를 본격적으로 준비해야 한다.

하지만 현실적으로 이 상황이 닥치면 그러기가 쉽지 않다. 대중들의 심리가 자산 시장의 버블에 완전히 취해 있기 때문이다. 과거의 주기가 반복된다는 의견도 설득력을 잃는다. 지금이 자본주의의 새로운 역사를 써나가는 시기인 것 같기도 하고, 4차 산업혁명이든 뭐든 새로운 변수가 우리가 알고 있던 모든 것을 해체시키는 것 같기도 할 것이다. 닷컴버블 시기에도 비슷한 버블에 취해 있었다.

사람은 사회적 동물인지라 다른 사람들과 비슷한 행동을 할 때 안심이 된다. 다들 주식시장이 더 간다고 하고 부동산 시장이 더 간다고 하는데, 나 혼자 팔고 나오기가 쉽지가 않다. 그럼에도 이 시기에는 주변 분위기가 어찌 됐든 누가 뭐라 하든 무조건 리스크 관리에 집중해야 한다. 은행 예금 이자도 높기 때문에 위험 자산에 굳이 돈을 넣어둘 필요가 없는 시기다.

과거를 보면 2007년 중순과 하순이 자산 시장의 고점이었다. 기준금리가 5%가 넘는 시기였음에도, 대부분의 사람이 탐욕에 휩싸여 줄 서서 펀드에 가입하고 집을 사지 못해 안달했다. 하지만 금리 인상이 멈춘 금리 고점의 시기는 시장 분위기가 아무리 좋더라도 리스크 관리가 필요한 시기다. 앞으로도 몇 년 안에 이런 시기가 올 수 있음을 명심하는 게 좋겠다. 다른 건 잊더라도 이 말 하나는 기억하자.

"강세장은 비관 속에서 태어나, 회의 속에서 자라고, 낙관 속에서 성숙하며, 행복감 속에서 사라진다."

월스트리트의 전설 존 템플턴 경(Sir John Templeton)이 한 유명한 말이다. 결국 자산 시장에서 돈을 벌려면 고독과 싸워야 한다. 대중이 못 사서 안달할 때 팔고, 대중이 못 팔아서 안달할 때 사야 성공적인 투자자가 될 수 있다. (4)번 시기는 대중이 행복감에 젖어 있을 때다. 강세장이 사라지는 시기인 것이다.

또 하나 경계해야 할 심리는 발끝에서 사서 머리끝에서 팔려고 하는 탐욕이다. 이런 탐욕 때문에 망하는 경우를 많이 봤다. 아무리 맛있는 음식도 배가 터질 때까지 먹으려고 하면 탈이 나기 마련이다. 투자도 마찬가지다. 어깨부터 머리까지는 먹지 말고 다른 누군가에게 양보하자.

5 | 금리 인하 시작 (금리 인하 상반기)

금리는 왜 내리는 걸까? 경기가 안 좋거나 나빠질 전망 때문이다. 경제가 좋지 않은데 금리를 내리지 않으면 큰일이 난다. 혈압이 너무 높으면 혈관이 터질 수도 있는 것과 같은 이치다. 그런 최악의 상황을 막기 위해 금리를 인하하는 것이다. 사람들은 그 변화를 항상 뒤늦게 알아차린다. 금리 인상 신호를 자산 시장 하락으로 오해하는 경향이 여기에서도 드러나는 것이다.

그래서 실제 경제 상황이 매우 안 좋아지고 있음에도 위험 자산 투자에 더 열을 올리는 경우가 많다. 왜냐하면 지난 몇 년 동안 보유만 하고 있으면 계속 올랐던 경험이 사람들의 기억을 지배하기 때문이다. 사람들의 투자 심리에 관성의 법칙이 있다고나 할까. 본질적인 가치와 상관없이 자산 시장이 지난 몇 년 동안 좋았으면 앞으로도 계속 좋아질 거라 착각하고, 안 좋았으면 앞으로도 계속 안 좋아질 거라고 착각하는 것이다. 그래서 많은 사람이 매수 타이밍과 매도 타이밍을 제대로 잡지 못한다.

금리 인하를 시작한다는 이야기는 경기가 좋지 않다는 뜻이다. 당연히 이 시기에는 부동산이나 주식 같은 투자 자산의 상황도 좋지 않다. 늦긴 했지만 가능하다면 빨리 주식과 부동산을 처분해야 한다.

보수적인 투자자라면 이 시기에는 초우량 채권에 투자하는 것이 좋은 전략이다. 안전하면서도 7~12% 정도의 중수익이 가능하기 때문이다. 공격적인 투자자라면 차라리 달러에 투자하는 게 현명하다. 대한민국의 경제가 어려운 시기에는 결국 환율이 올랐기 때문이다. IMF 위기때도 그렇고, 서브프라임 사태 때도 원/달러 환율은 급등했다.

6 | 금리 인하 하반기

(5)번과 (6)번 시기는 전체 금리 사이클 중에서 기간이 가장 짧다. 두 기간을 합해도 보통 몇 개월에서 길어봐야 1년이 조금 넘는다. 이 시기는 최악의 비관이 세상을 지배한다. 매스컴에서도 온갖 부정적인 이야기만 흘러나오고 주변엔 무리하게 투자해 큰 손실을 보고 고통받는 사람이 수두룩하다.

주식이야 하한가에라도 던지면 팔 수 있지만, 부동산은 팔고 싶어도 팔 수가 없다. 그 누구도 사려고 하지 않기 때문이다. 당연히 돈이 돌지도 않는다. 개인과 기업 모두 돈이 부족해서 비상사태인 것이다. 그러니 정부는 이런 위기 상황을 돌파하기 위해 여러 대책과 대응을 적극적으로 내놓는다. 경기 부양을 위해 필사적으로 노력하는 것이다.

이 시기의 막바지에는 위험 자산인 주식과 부동산 등을 본질적인 가치보다 훨씬 저렴한 가격에 매수할 수 있다. 말 그대로 사람들이 못 팔아서 안달이 나는 시기이기 때문에 정말 현명한 투자자라면 이 시기에 적극적으로 투자한다. 전 세계 최고의 투자 현인인 워런 버핏이 2008년 말~2009년 초에 그랬던 것처럼 말이다.

하지만, 그게 말처럼 쉽지가 않다. 앞서 설명한 것처럼 심리적인 문제도 크지만 그렇지 않은 사람이라도 이 시기에 현금을 확보하고 있는 경우가 많지 않다. 그래서 (3)번과 (4)번 시기에 번 돈으로 현금을 마련하고 있어야 한다. 이 시기에는 현금이 있는 사람이 최고다. 비관 속에서 강세장이 태어남을 잊지 말자.

(1)번 금리 파동 안의 작은 금리 파동

(1)번부터 (6)번 시점까지 자산 시장의 주기를 살펴봤는데, 한 가지 유념해야 할 것이 있다. 각 시기별로 시간의 길이가 크게 다를 수 있다는 것이다. 특히 (1)번 기간이 굉장히 긴데, (1)번 기간 안에서 작은 (1)~(6)번 금리 파동이 있을 수 있다.

각종 경제 위기가 발생하면 일단 급격한 금리 인하를 하게 된다. 이 위기의 크기에 따라 다르긴 하지만, 대체적으로 금방 좋아지지는 않는다. 살짝 좋아지는 것 같다가도 다시 상황이 악화되는 경우도 많다. 경기가 좀 좋아지는 것 같으면 금리를 올렸다가 다시 경기가 안 좋아지면 금리를 내린다. 그렇기 때문에 이 (1)번 시기 안에서도 작은 금리 파동이 발생할 수 있는 것이다. 우리나라도 2000년대 초반과 2010년대 초반에 이러한 흐름이 나타났다.

오른쪽 상단의 차트를 보면 2000년 닷컴버블 붕괴 위기로 급격한 금리 인하를 단행한 모습을 확인할 수 있다. 그러다 좀 괜찮아진다 싶으니 금리 인하를 멈췄다가 심지어 다시 올렸다. 그러다 다시 여러 불안한 경제 상황으로 금리를 내렸다. 그래서 그래프에 표시한 것처럼 (1)-1부터 (1)-6까지의 작은 금리 파동이 나타난 것이다. 이런 사이클은 2010년대에도 비슷하게 나타났다. 그러니 (1)번 시기에는 그 안에서도 작은 파동이 있을 수 있으니 성급하게 지금이 어떤 시기인지 판단해선 안 된다.

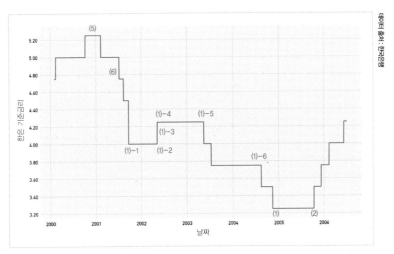

데이터 출처 : 한국은행

2000년대 초반 한국은행 기준금리 변동 추이

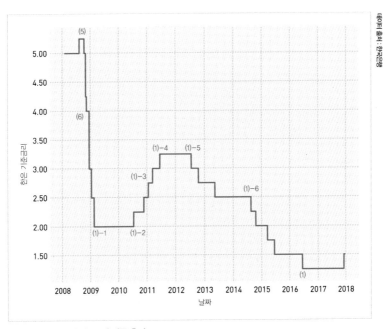

데이터 출처 : 한국은행

2010년대 한국은행 기준금리 변동 추이

금리의 흐름은 계절의 변화와 같다. 봄, 여름, 가을, 겨울의 사이클이 있는데 어떤 때는 봄이 유난히 길기도 하고 어떤 때는 여름이 특히 덥거나 겨울이 유독 춥기도 하다. 금리 변화에 따른 자산 시장의 계절도 마찬가지다. 장기간 초저금리가 지속되는 경우도 있고 상승세가 유독 가파른 경우도 있다. 온도 차와 기간의 차이가 클 수는 있지만 중요한 건 결국 사이클이 존재한다는 것이다.

금리 인상은
부동산 시장의 적신호인가

이제 본격적으로 금리와 부동산 시장의 상관관계를 데이터로 검증해보겠다. 먼저 과거 사례를 살펴보자. 앞서 살펴보았듯 2005년 1월부터 2008년 6월까지가 한국의 과거 금리 인상기였다. 이 시기의 금리 추이와 아파트 매매가 및 전세가 변화를 살펴보자. 다음 페이지에 차트를 준비했다.

금리가 오르는 시기에 아파트의 매매가와 전세가는 상당한 상승을 했다. 3년 6개월 동안 전국의 아파트 매매가는 26.5%, 전세가는 18% 상승했다. 금리 사이클에서 확인한 것처럼 금리가 오른다는 건 경기가 좋아졌고 유동성이 확보되었다는 뜻이다. 게다가 아직 부동산에 버블이 생기기 전이니 가격이 오르는 건 당연한 일이다.

이 차트는 전국 평균을 표현한 것으로 큰 흐름은 이렇지만 지역별로 살펴보면 매우 다양한 움직임이 있었다는 것을 알 수 있다. 금리가 오르는 시기라고 해서 모든 지역의 부동산이 다 오르는 것은 아니기 때문이다. 이는 곧 전체적으로 보면 금

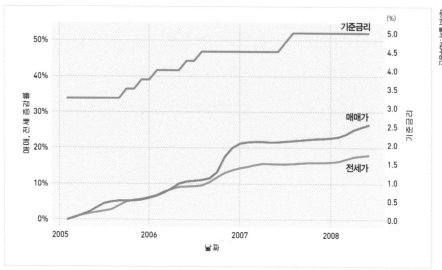

데이터 출처 : KB부동산

기준금리와 매매가 및 전세가 변동 추이(전국)

리가 부동산 아파트 가격에 영향을 끼치는 매우 중요한 요소이긴 하지만, 이밖에도 다른 중요한 요소들이 있다는 뜻이다. 금리가 인상되면 부동산 가격이 하락한다는 단순한 주장에 흔들릴 필요가 없는 이유다.

전국의 모든 시도 데이터를 살펴보면 좋겠지만 여기서는 6대 광역시와 경기도, 서울시만 간단히 확인하겠다. 지역별 데이터를 살펴보면 대체적으로 다 오르긴 했지만 지역에 따라 오름폭은 굉장히 다르다. 이 시기의 두드러진 특징은 서울과 인천, 그리고 경기도 지역의 상승이 다른 지역보다 훨씬 더 크다는 점이다. 잘 알다시피 이 시기에 오름폭이 컸던 지역이 금융위기 이후 하락폭도 컸다. 이런 과거 데이터만 봐도 금리 인상이 부동산 시장에 커다란 악재라는 얘기에 쉽게 동의하지 못할 것이다.

금리 인상 초기는 자산 시장의 초여름이란 사실을 기억하자. 당연히 지역에 따

기준금리와 매매가 및 전세가 변동 추이(각 시도별) 데이터 출처 : KB부동산

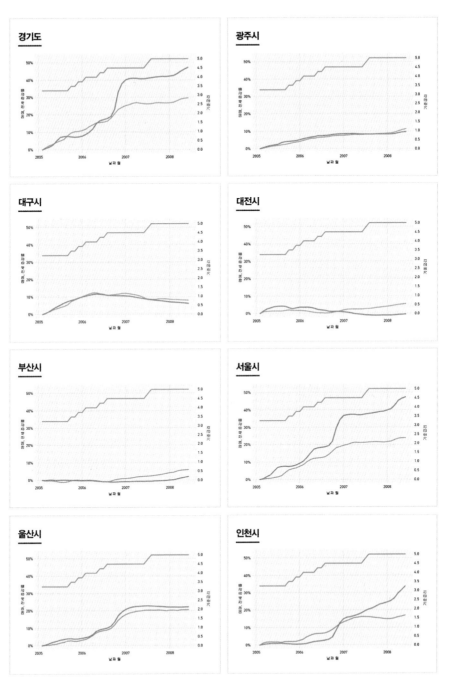

라 그 흐름은 다르게 나타나겠지만, 분명한 건 여전히 좋은 매수 타이밍이란 사실이다.

물론 금리만 보고 부동산 투자 결정을 내릴 수는 없다. 금리 외에 다른 데이터들도 하나씩 확인해보자.

데이터로 본 부동산 팩트 체크

- 금리 인상 초기는 좋은 매수 타이밍!

- 하지만 금리가 부동산 시장에 영향을 끼치는 유일한 요소는 아니니 다른 데이터들도 함께 고려할 것

인플레이션은 주택 시장에
어떤 영향을 미치는가

　의외로 많은 사람이 부동산 가격이 근본적으로 오를 수밖에 없는 이유에 대해서 제대로 이해하지 못하고 있는 듯하다. 가장 큰 원인은 통화량과 인플레이션에 대한 이해 부족이다. 통화량이 늘어나는 한 화폐의 가치는 계속 떨어진다. 화폐가치 하락과 물가 상승은 동전의 양면처럼 떼려야 뗄 수 없는 현상이고, 장기적으로 보면 부동산 가격 역시 물가 상승률과 긴밀히 연관되어 있다.

　이해를 돕기 위해 조금 더 자세히 설명하는 게 좋겠다. 모든 부동산은 화폐로 거래한다. 그런데 이 화폐의 총량은 점점 늘어난다. 한국은행에서 새로 발행하는 화폐뿐만 아니라 은행의 대출을 통해 만들어지는 화폐도 계속 늘어나기 때문이다. 이걸 신용창조라고 부르는데, 사실 한국은행이 찍어낸 돈은 전체 통화량의 5~6%정도밖에 되지 않는다.

　이런 식으로 돈의 총량이 늘어나면 화폐가치는 하락한다. 우리는 이것을 인플레이선이라고 부른다. 부동산도 공급이 있긴 하지만 공급을 늘리는 데 한계가 있다. 특히 사람들의 수요가 많은 지역에 공급을 빠르게 늘릴 수 있는 방법은 거의 없다. 부동산을 거래하는 돈의 총량은 늘어나는데 정작 부동산 자체는 늘어나지 않으니 가격이 오르는 것이다. 관점을 조금 달리하면 부동산 가격이 오른다기보다 부동산 가치에 비해 화폐의 가치가 떨어진다고 볼 수 있다. 물론 부동산의 실질 가치가 오르는 것인지 화폐의 가치가 떨어지는 것인지를 분명하게 구분하는 건 어려운 일인데, 여기서 중요한 건 부동산이 화폐가치 하락을 방어해주는 좋은 수단이 될 수 있다는 것이다.

더불어 건축에 들어가는 비용도 고려해야 한다. 원재료비나 인건비 등 모든 비용 역시 인플레이션의 영향 아래에 있다. 토지는 물론이고 아파트 하나를 짓는 데 들어가는 비용이 계속 늘어나는데, 어떻게 아파트 가격이 떨어질 수가 있을까?

그러므로 부동산 투자의 타이밍을 따질 때는 항상 통화량을 염두에 두고 있어야 한다. 부동산의 가격과 통화량을 비교해 버블이 쌓여 있는지, 저평가되어 있는지를 판단하도록 하자. 돈이 늘어나는 속도나 물가 상승률에 비해 가격이 많이 올랐다면 버블이라고 판단할 수 있고, 그 반대라면 저평가라고 판단할 수 있다.

그럼 실제로 대한민국의 통화량이 얼마나 늘었는지, 그에 비해 부동산 가격은 얼마나 올랐는지 살펴보고 지금 이 시점에 들어가도 되는지 판단해보자.

오른쪽 차트는 대한민국의 전체 통화량을 알 수 있는 대표적 통화지표인 M1과 M2의 변화추이를 나타낸 것이다. M1은 협의통화로 현금통화와 보통예금 등 언제라도 현금화할 수 있는 통화고, M2는 광의통화로 M1에 더해 정기예금과 적금, 외화예금, 각종 시장형 및 실적배당형 금융 상품과 금융채 등 2년 안에 현금화할 수 있는 통화를 말한다.

차트를 보면 알 수 있듯 1995년 1월부터 2017년 4월까지 M1 통화량은 90조에

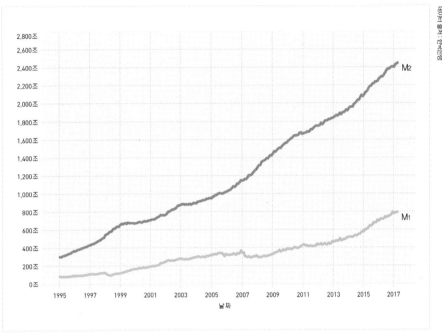

대한민국 전체 통화량(M1, M2)

서 793조로 무려 881% 증가했고, M2 통화량은 306조에서 2446조로 799% 증가했다. 23년 동안 통화량이 8배 정도 증가한 것이다. 이 기간 동안 아파트 가격은 얼마나 올랐을까?

다음 페이지의 [1995~2017년 **전국 및 서울 아파트 매매지수**] 차트를 보면 전국 기준 아파트 매매지수는 같은 기간 40.62에서 101.58로 250% 상승했고 서울 기준 아파트 매매지수는 37.04에서 104.54로 282% 상승했다. 통화량 증가 폭의 절반도 안 되는 정도다. 과연 이것을 보고 버블이라고 말할 수 있을까?

그렇다면 주택 시장의 시가총액의 추이는 어떨까? 대한민국 주택의 시가총액은 1995년 764조에서 2016년 3732조로 488% 상승했다. 통화량 증가는 800%였지만

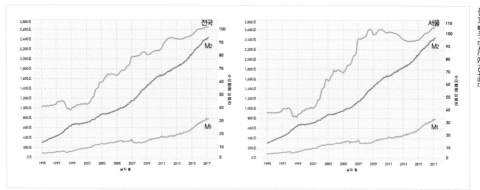

데이터 출처 : 한국은행, KB부동산

1995~2017년 전국 및 서울 아파트 매매지수

주택의 시가총액은 그보다 훨씬 적은 수준으로 오른 것이다. 통화량의 증가에 따라 주택의 시가총액이 늘어나는 것은 당연한 현상이라고 할 수 있다. 하지만 그 이상으로 급격히 늘어난다면 주택 시장에 버블이 있는 것이고 위험한 신호라고 판단할 수 있다.

소비자물가지수와도 비교할 수 있다. 소비자물가에는 여러 종류가 있지만 특히 식료품·비주류 음료 물가지수와 교육 물가지수가 아파트 매매지수와 거의 비슷한 흐름을 보인다. 다시 말해 지난 20년이 넘는 기간 동안 아파트 매매가는 식료품과 교육비가 오른 만큼 올랐다는 것이다. 우리가 번거롭게 통화량, 주택 시가총액, 물가지수 등의 데이터를 살펴본 이유도 지금 시장에 버블이 있는지 없는지를 가늠해보기 위함이다. 부동산 투자의 타이밍 결정에 있어 이보다 더 중요한 판단 기준이 또 있을까.

그 사실을 잘 알고 있는 만큼 주택 시장의 버블 유무를 확인하기 위해 아예 '주택 버블 인덱스'라는 것을 만들었다. 주택버블 인덱스가 높을수록 주택 시장에 버블이 많다는 뜻인데, 이 차트만 봐도 버블의 정도를 대략적으로 파악할 수 있다. 매수와

데이터 출처 : 한국은행, KB부동산

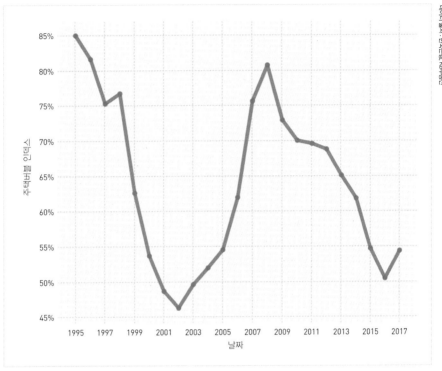

| **빅데이터 시각화 2-1** | 1995~2017년 주택버블 인덱스 차트

매도의 타이밍을 잡는 데 유용하게 쓸 수 있는 데이터다.

위 차트는 1995년부터 2017년까지의 주택버블 인덱스를 나타낸 것이다. 올랐다 내렸다 하는 움직임을 확인할 수 있는데, 역시 버블이 쌓이면 꺼지고 저평가되면 다시 오르는 패턴을 보인다. 1995년의 주택버블 인덱스는 85%로 버블이 많은 시기였다고 할 수 있다. 그러니 버블이 꺼질 수밖에 없는 것이다. 그리고 2002년 주택버블 인덱스는 46.3%로 바닥을 찍는다. 주택 시장에 버블이 가장 없던 시기인 셈이다. 그러다 2003년부터 2008년까지 가파르게 상승을 하며 버블 인덱스 역시 80.8%까지 올랐다. 버블이 많으니 리스크 관리를 해야 할 때였는데, 이 시기에 많은 사람이 집을 사지 못해 안달하고 있었다. 버블에 취해 있는 건 그만큼 무서운 일이다. 2005년부터 치솟았던 주택버블 인덱스는 2008년 말 금융위기 이후 하락세로 전환해 지속적으로 하락하다가 2016년에 51%로 저점을 찍고 2017년에 54%로 반등했다. 그러나 여전히 매우 낮은 수준으로 이는 현재 대한민국 주택 시장에 버블이 별로 없다는 것을 의미한다.

앞으로 자산 시장에 버블이 생기면 주택버블 인덱스 역시 자연스럽게 올라갈 것이다. 주택버블 인덱스가 70%를 넘어서면 위험신호로 받아들이고 리스크 관리에 들어가야 한다고 생각한다.

최근 몇 년 동안 부동산 가격이 올랐는데 어떻게 주택버블 인덱스가 낮아질 수

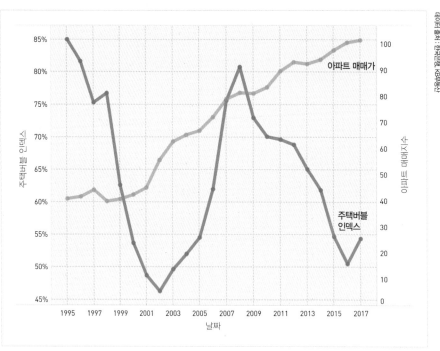

데이터 출처: 한국은행, KB부동산

| 빅데이터 시각화 2-2 | 1995~2017년 주택버블 인덱스와 전국 아파트 매매가

있는지 궁금할 수도 있겠다. 주택 가격이 올라가도 시중의 통화량이 이보다 더 크게 늘어나면 주택버블 인덱스는 내려간다. 과거에도 이런 일은 흔히 있었다.

[빅데이터 시각화 2-2]는 주택버블 인덱스와 아파트 매매가를 비교하는 차트다. 차트에서 확인할 수 있듯이 IMF 위기 이후 아파트 가격이 오를 때도 주택버블 인덱스는 떨어졌다. 지금도 마찬가지 상황이다. 통화량 증가에 비해 부동산 가격이 덜 올랐기 때문에 버블 인덱스가 낮아졌다고 해석할 수 있는 것이다.

········ 데이터로 본 부동산 팩트 체크 ········

- 통화량 증가에 따른 부동산 가격 상승은 자연스러운 일!

- 통화량, 주택 시가총액, 물가지수를 고려했을 때 대한민국 부동산 시장 버블 없음

사상 최대 규모의 대출, 과연 안전한가

대출 규모가 사상 최대라는 이야기는 여러 번 들어봤을 것이다. 현재 집값은 대출이 억지로 떠받들고 있는 위험한 상태라는 주장도 많다.

그런데 정말 지금의 대출 규모는 위험한 수준일까? 언뜻 그럴싸하게 들리지만 조금만 파고 들면 의문이 생기는 지점이 많다. 우선 경제 규모가 커지고 지속적으로 통화량이 늘어나면 대출 역시 증가하는 것이 자연스러운 결과다. 또한, 대출 규모만 보아서는 안 되고 예금 규모도 함께 고려해야 정확한 위험성을 측정할 수 있다. 하지만 이렇게 균형 잡힌 시각으로 대출 문제를 바라보는 경우는 거의 없다. 자극적인 말로 공포를 조성하는 경우만 많을 뿐.

만약 예금이 줄거나 그대로인데 대출만 늘어난다면 사상 최대의 대출 규모라는 뉴스가 심각한 위기를 예고하는 신호가 될 수 있겠지만, 대출이 늘어난 만큼 예금도 늘어났다면 우리는 이 신호를 다르게 해석해야 한다.

예를 들어 대출이 5천만 원, 예금이 5천만 원이 있다고 가정해보자. 몇 년 후 예금은 그대로인데 대출이 5억 원으로 늘어났다면, 분명 위험한 상황이라고 할 수 있다. 사상 최대의 대출이라고 하면 문제는 더 심각하다. 하지만 예금 역시 마찬가지로 5억 원으로 늘었다면, 위험한 상황일까? 이처럼 예금 규모에 따라 위험 판단이 달라져야 하므로 대출 규모를 볼 때는 반드시 예금 규모도 함께 확인해야 한다.

그렇다면 사상 최대 대출이라 위험하다고 하는 대한민국의 현재 예금 상황은 어떨까? 아래 차트는 가계, 기업, 정부 등 대한민국의 모든 예금과 대출 데이터를 함께 나타낸 것이다.

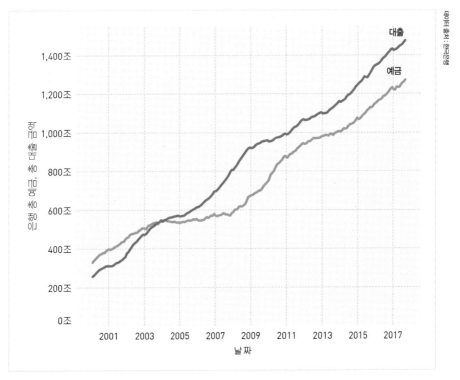

데이터 출처 : 한국은행

대한민국 은행의 예금과 대출 규모

우리가 익히 알고 있다시피 대한민국의 대출 규모는 사상 최대치다. 2000년 257조 원이었던 대출이 2017년 1,450조 원까지 늘었다. 언론에서 걱정하는 것처럼 엄청난 규모의 빚이 아닐 수 없다. 하지만 예금 데이터도 함께 보면 그런 걱정이 합리적인 걱정이었는지 다시 한 번 생각해봐야 함을 알 수 있다. 예금 역시 2000년 326조 원에서 2017년 1,242조 원으로 늘며 사상 최대치를 매년 갱신하고 있다.

대출이 위험한 수준인지 아닌지를 체크하는 것은 매우 중요하다. 만약 대출이 진짜 위험한 수준이라면 부동산 매수가 아닌 매도 타이밍을 잡아야 하고 동시에 대출을 줄이거나 없애서 위험관리를 해야 하는 시기이기 때문이다. 하지만 단순히 대출 규모 하나만 가지고 해석하면 왜곡된 판단을 할 가능성이 높다. 경제 규모와 통화량의 증가에 따라 대출 규모가 늘어나는 것은 자연스러운 결과이기 때문이다. 그래서 대출이 진짜 위험한 수준인지 아닌지 확인하기 위해 직접 '대출위험 인덱스'를 만들어보았다. [빅데이터 시각화 2-3] 차트는 2000년부터 2017년까지의 대출위험 인덱스 차트다.

대출위험 인덱스는 2001년 53%로 가장 낮은 수치를 보였다. 가장 안전한 시기가 바로 이때였던 것이다. 그 후로 수치가 지속적으로 올라가더니 2007년과 2008년에 급등을 한다. 대출이 진짜 위험한 시기가 온 것이다. 대출위험 인덱스가 130% 이상이 되면 위험한 상황이라고 할 수 있는데, 2008년에는 무려 182%까지 상승한다. 실제 이 시기 대출과 예금 데이터를 보면 대출 규모는 급등하고 예금 규모는 거의 오르지 않았음을 알 수 있다. 그리고 2008년 이후 자산 시장이 어떻게 붕괴했는지는 모두 잘 알고 있을 것이다.

2017년의 대출위험 인덱스는 82%다. 사상 최대의 대출 규모라고 하지만 대출의 위험도는 양호한 편임을 알 수 있다. 다만 지수가 계속 안정적으로 관리될 거라고는 확신할 수 없다. 언젠가 대출위험 인덱스가 다시 130%를 넘는 시점이 올 수도

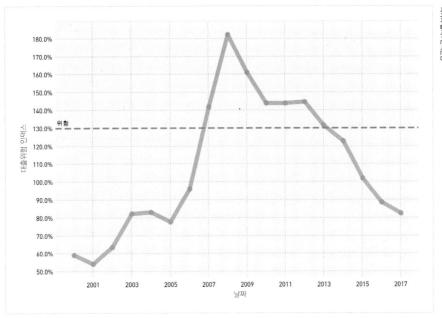

데이터 출처 : 한국은행

| 빅데이터 시각화 2-3 | 대출위험 인덱스 차트

있다. 바로 그때가 개인과 기업 모두 부채를 줄이고 리스크 관리에 들어가야 하는 시점이다.

　그런데 2007년과 2008년엔 왜 이렇게 대출위험 인덱스가 급등했을까. 당시는 사람들이 집을 못 사서 안달하던 시기였다. 너도나도 빚을 내서 집을 샀고 예금 대신 펀드에 가입했다. 고수익의 달콤함에 젖어 있었던 시기였던 만큼 미래의 수익을 기대하고 대출을 빌려오는 것에 거리낌이 없었다.

　2017년 현재 대한민국의 대출위험 인덱스는 금융위기 이후 가장 낮은 상태다. 그만큼 대출에 위험이 없다는 뜻이다. 그럼에도 사상 최대의 대출에 대해 우려하는 목소리가 높은데, 실제 데이터상으로는 크게 우려할 만한 상황이 아니니 안심해도 된다. 대신 앞으로 대출위험 인덱스가 어떻게 움직이는지 주의 깊게 살펴본다면 의미 있을 것이다.

　이 인덱스가 빛을 발하는 건 지역별로 구분한 데이터를 볼 때다. 투자 지역 선정을 할 때 각 시도별 대출위험 인덱스를 보면 어느 지역이 위험하고 어느 지역이 안전한지 파악할 수 있다. 이 부분에 대해서는 3장에서 더 구체적으로 살펴보도록 하겠다.

데이터로 본 부동산 팩트 체크

- 대출 규모는 역대 최고 수준이 맞지만 예금 규모 역시 역대 최고 수준

- 대출위험 인덱스는 2008년 정점을 찍은 후 2017년까지 계속 하락했음!

빅데이터
부동산 투자

소득이 빨리 늘까, 집값이 빨리 오를까

　주택 시장은 소득과도 매우 밀접한 관련이 있다. 대부분의 사람들이 소득으로 생활을 하고 주택담보대출의 원금과 이자도 낸다. 당연히 소득이 오르면 그만큼 더 비싼 집에 살고 싶어 하고, 소득이 줄면 평수를 줄이든 외곽으로 이사를 가든 주거비를 줄이려고 한다.

　소득은 개인이 주택 구매에 얼마나 많은 돈을 쓸 수 있는지와 밀접하게 관련되어 있다. 즉, 소득은 줄어드는데 집값이 오른다면 여기엔 분명 문제가 있는 거다. 하지만 소득이 오르는 만큼 집값이 오른다면 이는 자연스러운 결과이니 걱정하지 않아도 된다. 소득과 부동산 가격의 추이를 비교하면 지금의 부동산 가격이 저평가 상태인지 고평가 상태인지를 판단할 수 있다. 바로 그것이 우리가 소득 데이터를 확인해야 하는 이유다.

　다음 페이지의 차트는 1인당 개인소득의 증가율과 아파트 매매지수의 증가율을

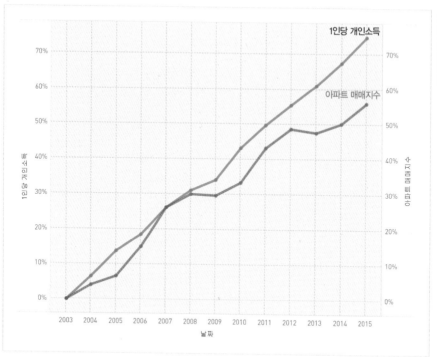

데이터 출처 : 통계청, KB부동산

1인당 개인소득과 부동산 가격 변동 추이

나타낸 것이다. 최근 데이터가 있다면 더 정확한 분석이 가능하겠지만, 아쉽게도 소득에 대한 데이터는 2015년까지밖에 없다.

2003년부터 2015년까지 소득은 74.21% 상승했는데, 아파트 매매지수는 55.94% 상승했다. 소득이 오른 만큼 주택 가격은 오르지 못했으며 오히려 시간이 지날수록 그 격차는 더욱 커졌다.

주택 시장에서 소득과 대비하여 주택 가격의 적정성을 알아보는 지수로 PIR (Price to income ratio)이라는 개념이 있다. 우리말로 '소득 대비 주택 가격 비율'이라고 부른다. 주식시장에서 주가를 주당 순이익으로 나눈 PER(Price earning ratio, 주가수익비율)로 현재 가격의 수준을 확인하는 것과 비슷하다고 보면 된다.

PIR은 주택 가격을 가구 소득으로 나눔으로써 가구 소득에 대비한 주택 가격의 비율을 구한다. 가구 소득은 통계청 가계동향조사의 분위별 평균 소득이며, 월평균 소득을 연 소득으로 환산하여 계산한다. 신문 기사에서 흔히 볼 수 있는 '돈 한 푼 안 쓰고 몇 년치 소득을 모아야 서울에 집을 살 수 있다'라는 식의 기사에서 사용하는 지수가 바로 이 PIR이다. PIR이 높을수록 소득 대비 집값이 비싼 상태로 주택 시장이 고평가되어 있는 것이고 PIR이 낮을수록 소득 대비 집값이 저렴한 상태로 주택 시장이 저평가되어 있는 것이다.

PIR 데이터는 월간 KB주택가격동향 자료에서 볼 수 있다. 전국의 모든 시도 데이터가 다 있으면 좋겠지만, 아쉽게도 전국과 서울의 PIR만 나와 있다. 가구 소득은 2인 이상 가구 기준이며 분기별 자료다. 자료에서는 가구 연 소득과 주택 가격에 따라 총 다섯 분위로 구분을 한다. 가장 낮은 20%가 1분위이고 가장 높은 20%가 5분

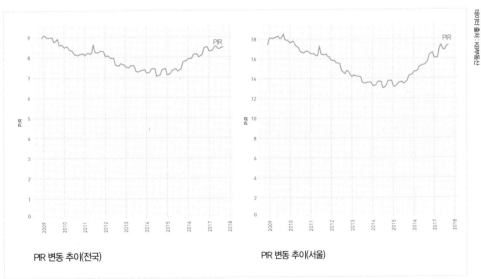

PIR 변동 추이(전국)　　　　　　　　PIR 변동 추이(서울)

데이터 출처 : KB부동산

위이다.

먼저 분위를 따지지 않고 전체 평균을 가지고 계산한 차트를 확인해보자.

금융위기로 인해 최악의 분위기였던 2008년 12월의 PIR이 9.0이다. 이후 지속적으로 하락해 2014년 7월 7.1까지 떨어진다. 고점 대비 21.1% 하락한 수치다. 저점을 찍은 PIR은 다시 상승해 2017년 9월 8.5까지 오른다.

전국 기준 소득 대비 집값이 가장 쌌을 때는 2014년 7월이라는 것을 알 수 있다. 소득 대비 집값 관점에서 보자면 이 시기가 최고의 매수 타이밍이었다. 그렇다면 2017년 9월의 PIR은 어떻게 해석해야 할까? 2008년 12월보다는 약간 낮지만 2014년 7월보다는 꽤 높아진 상태다. 최근 3년은 소득 대비한 집값이 계속 올라가고 있지만 아직은 2008년 말보다 저렴한 편이다.

그럼 이번에는 서울 기준의 PIR을 살펴보자.

전체적인 흐름은 전국이나 서울이나 거의 비슷하게 보인다. 2008년 12월 서울의 PIR은 17.5였다. 그리고 2014년 7월에는 13.1로 고점 대비 25.1% 하락했다. 그러다가 2017년 9월에는 17.4까지 상승했다. PIR 수치로 보면 서울도 이미 소득 대비 집을 싸게 살 수 있는 시기는 지났다. 그렇다고 지금 서울 집값이 버블이라고 판단할 순 없다. 저평가되었던 서울 집값이 제 가치를 찾아가는 과정에 있다고 보는 게 타당할 것이다.

이번에는 소득 대비 전세 가격인 J-PIR(Jeonse Price to Income Ratio)의 추세를 분석해보자. 전세가를 가구 소득으로 나눈 수치로 소득 대비 전세가가 얼마나 올랐는지 확인할 수 있는 데이터다.

전국 기준의 J-PIR을 보면 2008년 12월 이후 꾸준히 상승해 10년 만에 50% 이상이 올랐음을 알 수 있다. 소득 대비 전세가 비율이 계속 오른 것이다. 그 결과 PIR과 J-PIR의 간극이 좁아지는 모습을 볼 수가 있다. 전세를 끼고 소액으로 주택을 매수

데이터 출처 : KB부동산

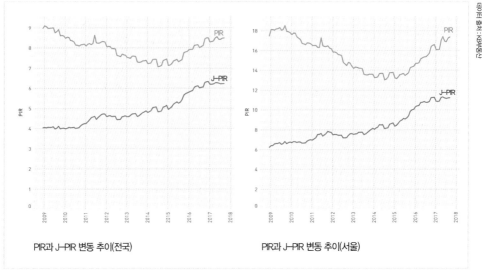

PIR과 J-PIR 변동 추이(전국)   PIR과 J-PIR 변동 추이(서울)

하는 갭투자가 유행한 것도 이런 흐름 때문이었다. 하지만 현실적으로 J-PIR이 계속 상승만 할 수는 없으니 이런 흐름은 언제든지 끝이 날 수 있다. 무분별한 갭투자로 나중에 큰 피해를 입지 않도록 주의해야 한다.

서울도 전국과 마찬가지로 J-PIR이 꾸준하게 상승해서 2017년에는 2008년 3월 대비 73%나 상승했다.

지금까지 전체 평균으로 큰 흐름을 살펴봤는데, 더 자세한 분석을 위해 이번에는 각 분위별 PIR과 J-PIR을 살펴보겠다.

다음 페이지의 차트를 보면 1분위의 PIR 및 J-PIR이 가장 많이 올랐고, 분위가 높아질수록 PIR 및 J-PIR이 적게 올랐음을 알 수 있다. 즉 소득이 낮고 주택 가격이 싼 분위일수록 PIR 및 J-PIR이 많이 오른 것이다.

1~3분위의 2017년 PIR 및 J-PIR은 2009년보다 높고, 4분위와 5분위의 2017년 PIR은 2009년보다 낮은 것이 대조적이다. 이것이 의미하는 바는 무엇일까? 소득을

PIR과 J-PIR 변동 추이(전국 기준, 각 분위별) 데이터 출처 : KB부동산

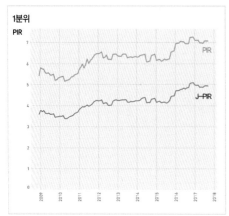

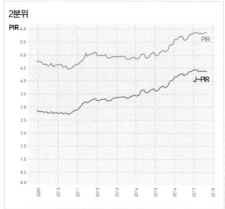

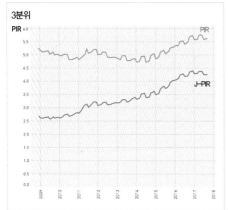

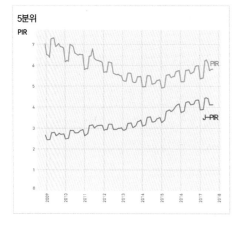

대비해서 보면 저렴한 집이 가격이 더 올랐고 버블이 더 쌓여 있다는 것이다. 소득 대비 집값이 더 비싼 것이다.

이 차트를 통해서 알 수 있는 또 한 가지 중요한 사실이 있다. 2008년 12월 1분위의 PIR은 5.4였고, 5분위의 PIR은 7.0이었는데 2017년 9월 1분위의 PIR은 7.1이고, 5분위는 5.8이다. 이 같은 변화는 과거에는 1분위 사람이 5분위 사람보다 집을 사는 데 걸리는 시간이 더 빨랐으나 이제는 5분위 사람이 1분위 사람보다 집을 사는 데 걸리는 시간이 더 빨라졌다는 뜻이다.

소득이 낮은 사람들 입장에서는 소득보다 집값이 더 빨리 올랐고, 소득이 높은 사람들 입장에서는 소득보다 집값이 천천히 올랐음을 알 수 있다. 같은 한국에 살고 있지만, 집값에 대한 체감온도가 완전히 다를 것이다.

이번에는 다음 페이지에 있는 서울 기준 PIR과 J-PIR 차트를 살펴보자.

서울은 1~5분위 모두 2009년보다 PIR이 낮거나 비슷한 수준이다. 즉, 2009년보다 집을 사기가 수월해졌다는 의미다. 또 서울은 2009년에도 분위가 낮을수록 집을 사는 데 더 오랜 기간이 걸렸는데, 그 흐름은 2017년에도 마찬가지다.

정리하자면 지방의 싼 집(1, 2분위)은 2009년부터 PIR이 지속적으로 상승해 현재가 최고치다. 소득 대비 집값이 가장 비싸다는 의미로, 소득이 낮을수록 주택을 구매하기가 더욱 어려워졌다. 지방의 비싼 집(4, 5분위)과 서울의 모든 PIR 분위를 봤을 때 소득 대비한 집값(PIR)이 가장 쌀 때는 2004년 정도였다. 이후 PIR은 계속 상승하고 있지만, 아직 2009년보다는 낮거나 비슷한 수준이다.

여기서 한 가지 짚고 넘어가야 할 것이 있다. PIR은 소득 대비한 집값인 만큼 1~5분위별 소득 변동 추이를 따로 확인할 필요가 있다. 경제 규모가 계속 커지고 인플레이션이 일어나는 사회에서는 기본적으로 소득 역시 계속 늘어나게 되어 있다. PIR이 높아진다는 건 소득 상승률보다 주택 가격 상승률이 더 크다는 의미인데,

PIR과 J-PIR 변동 추이(서울 기준, 각 분위별) 데이터 출처 : KB부동산

1분위

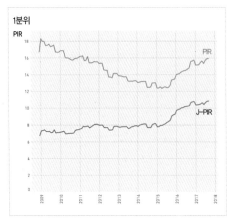

2분위

3분위

4분위

5분위

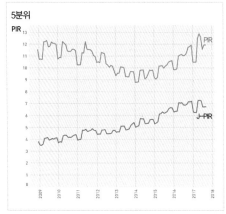

데이터 출처 : 통계청

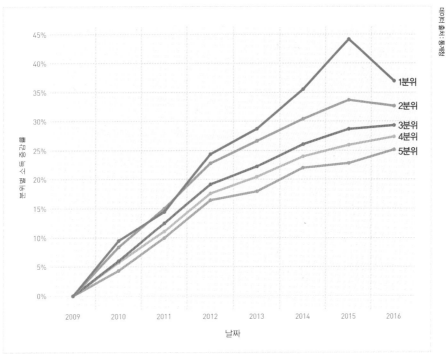

분위별 소득 증감률

차트에서 보았듯 1분위의 PIR이 계속 높아졌다. 혹시 1분위의 소득 상승률이 다른 분위보다 낮아서 그런 것은 아닐까? 추측만으론 아무 의미가 없으니 직접 데이터를 확인해보자.

위의 차트는 2009년부터 2016년까지의 각 분위별 소득 증감률을 나타낸 그래프다. 놀랍게도 2009년 대비 1분위의 소득이 가장 많이 증가했다. 그리고 분위가 높을수록 소득 증가율은 낮았다. 언뜻 생각하면 부자일수록 소득 증가율이 높을 것 같지만, 실제 데이터상으로는 소득이 낮은 1분위의 소득 증가율이 가장 높았다.

그러니까 전국 기준 소득이 가장 많이 오른 1분위의 PIR이 계속 높아졌다는 것은 그만큼 1분위의 집값이 굉장히 많이 올랐다는 의미다. 일반적인 통념과는 다르게, 오히려 싼 집에 거품이 더 많이 끼어 있다고 판단할 수 있는 부분이다.

데이터로 본 부동산 팩트 체크

- 최근(2015년)까지는 소득 증가율이 아파트 매매가 증가율보다 더 높음!

- 그러나 저렴한 집(전국 기준)일수록 2009년보다 PIR이 많이 올라서 과거에 비해 거품이 있다고 볼 수 있음

빅데이터
부동산 투자

주택구입능력지수로 보는
최적의 투자 타이밍

주택구입능력지수(HAI, Housing Affordability Index)란 우리나라에서 중간 정도의 소득을 가진 가구가 금융기관의 대출을 받아 중간 가격의 주택을 구입한다고 가정할 때 현재의 소득으로 대출 원리금 상환에 필요한 금액을 부담할 수 있는 능력을 말한다. 중위소득을 대출상환요구소득으로 나눈 후 100을 곱한 값이 지수가 된다. HAI가 100을 넘으면 원리금 상환을 무리 없이 할 수 있고, 100 미만이면 상환이 어렵다는 것을 의미한다. HAI가 상승할수록 주택 구매력이 증가한다는 것이다.

HAI의 원천 데이터는 KB부동산 월간 엑셀 자료에서 확인할 수 있는데 전국, 수도권, 서울, 서울 강남, 서울 강북, 경기도, 6개 광역시, 기타 지방으로 구분되어 있다. 주택구입능력은 대출금리와 긴밀한 관련이 있으므로 추이를 함께 살펴보는 게 도움이 된다. 통계청 가계동향조사에서 발표된 예금은행의 가중평균 대출금리를 데이터로 가져왔다.

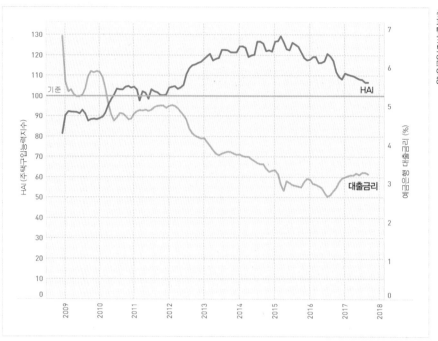

데이터 출처 : KB부동산, 통계청

주택구입능력지수와 대출금리(전국)

전국 기준의 차트를 보면 마치 거울에 반사된 것처럼 금리가 떨어지면 HAI가 올라가고, 금리가 올라가면 HAI가 떨어진다. 전국 기준으로 2009년은 HAI가 81.5 였다. 100 이하이므로 집을 살 만하지 않다는 의미다. 이때 주택 구입을 하려면 꽤 무리해야 했을 것이다.

시간이 지날수록 HAI 수치는 계속 높아져, 2010년 6월에 처음으로 100을 넘는다. 즉 2010년 6월 정도가 되어서야 전국 기준으로 집을 부담 없이 살 만한 시기가 됐다는 것이다. 그러다 2012년 중순 이후 HAI는 급등한다. 주택 구입 부담이 계속 줄어드는 것이다.

HAI는 2015년 3월 129.5로 사상 최대 수치를 보이고 이후에는 다시 하락해서

2017년 9월 106.8이다. 이 수치로 보면 전국 기준 주택을 제일 부담 없이 살 만했던 시기는 2013~2015년이었음을 알 수 있다. 향후 대한민국 금리는 몇 년간 계속 올라갈 것이다. 그러면 주택구입능력지수는 계속 떨어질 수밖에 없다. 안타깝게도 HAI만 놓고 보면 집을 살 수 있는 최적의 시기는 끝났다. 그렇지만 여전히 HAI는 100보다 큰 106.8이다. 아직은 집을 살 만한 것이다.

다음으로 **수도권**의 HAI 추세를 살펴보자. 수도권의 HAI는 2009년에 가장 낮았고, 이후 지속적으로 상승하여 2015년 3월 100.2로 고점을 찍고 다시 하락했다. 수도권의 집은 비싸서 그런지 집을 부담 없이 살 수 있는 기준점인 100까지 올라오는 경우가 거의 없다. 수도권에서도 집을 사기 제일 좋았던 시기는 2013~2015년이었

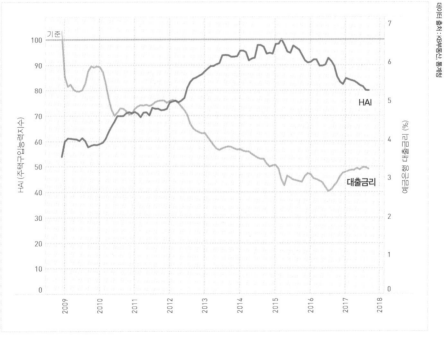

데이터 출처 : KB부동산, 통계청

주택구입능력지수와 대출금리(수도권)

다. 2017년 9월 HAI가 80까지 떨어졌지만, 그래도 2009~2011년보다는 아직 집을 살 만하다고 판단할 수 있다. 향후 몇 년간 HAI는 올라가는 금리와 더불어서 하락을 할 가능성이 높다. 다시 말해 시간이 지날수록 집 사기가 부담스러워진다는 말이다.

다음으로 **6대 광역시**의 HAI를 살펴보자. 6대 광역시는 인천, 대전, 대구, 광주, 울산, 부산을 말한다. 아무래도 6대 광역시의 집값은 수도권에 비해서 저렴하다 보니 HAI 수치 역시 상당히 높은 편이다.

6대 광역시의 HAI는 계속 150~170 사이를 횡보하다가 2015년 3월 172.2를 찍고 이후 계속 떨어졌다. 2017년 9월에는 139.9로 2008년 12월의 141.8보다 낮은 수

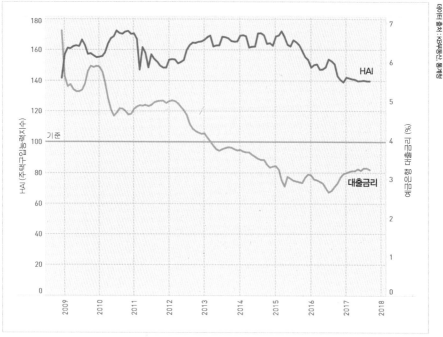

데이터 출처 : KB부동산, 통계청

주택구입능력지수와 대출금리(6대 광역시)

치다. 즉, 6대 광역시는 2008~2009년보다 지금 집을 사는 것이 더 부담스럽다는 것을 의미한다.

다음으로 **기타 지방**의 HAI를 살펴보자. 기타 지방이라 함은 수도권, 6대 광역시를 뺀 나머지 지역을 의미한다.

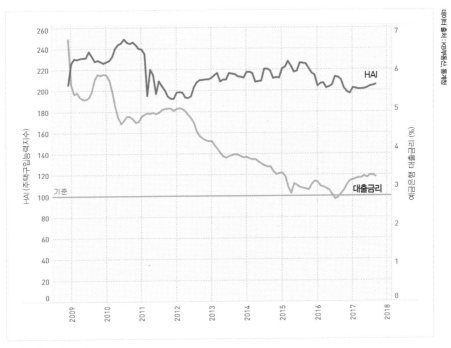

데이터 출처 : KB부동산 통계청

주택구입능력지수와 대출금리(기타 지방)

기타 지방의 HAI는 2008년 12월 206으로 매우 높은 수치를 기록했다. 그리고 2015년 3월에 고점을 찍고 이후 하락 중이다. 2017년 9월 205.6으로 2008년 12월보다 낮은 수치다. 즉, 2008년 말과 2009년에 비교하면 조금 상황이 안 좋아졌다고 볼 수 있다. 그렇다고 해도 기타 지방의 현재 HAI는 매우 높은 편으로 여전히 집을 살 만하다고 판단할 수 있다.

　다음으로 **경기도**의 HAI를 살펴보자.

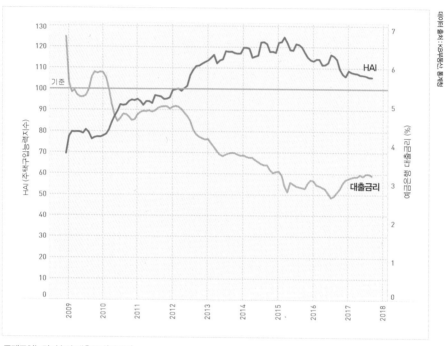

주택구입능력지수와 대출금리(경기도)

　2008년 12월 경기도의 HAI는 69.5로 집을 사는 것이 상당히 부담스러운 수준이었으나 이후에 지속적으로 상승하더니 2012년 중순 100을 뚫고 급등하는 모습을 보인다. 경기도는 2012년 중순 이후 주택을 구매할 만했다는 이야기다.

　경기도의 HAI 수치도 다른 지역과 마찬가지로 2015년 3월에 124.8의 고점을 찍고 이후에는 다시 지속적으로 하락하지만 2017년 9월 105.8로 기준점인 100보다 높아서 아직은 집을 살 만하다고 볼 수 있다.

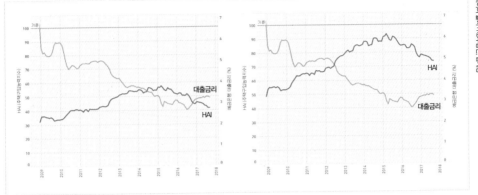

주택구입능력지수와 대출금리(좌 : 서울 강남, 우 : 서울 강북)

마지막으로 **서울시**의 HAI 수치를 살펴보자.

왼쪽은 서울 강남(11개구)의 HAI이고, 오른쪽은 서울 강북(14개구)의 HAI다. 대체적인 추세는 다른 지역들과 유사한 흐름을 보이지만, 역시 서울 강남은 집값이 비싸서인지 지수가 매우 낮다. 이 데이터만 봐도 서울 강남의 집은 정말 구매하기 힘들다는 사실을 알 수 있다. 서울 강북의 경우 HAI의 큰 흐름은 강남과 유사하지만 수치는 확실히 강남보다 훨씬 높다.

이렇게 해서 전국, 수도권, 6개 광역시, 기타 지방, 경기도, 서울의 HAI 추세를 살펴봤다. 시기적으로 보자면 2013~2015년이 집을 사기에 최적의 타이밍이었음을 알 수 있다. 그리고 2015년 3월 이후 HAI가 지속적으로 하락하고 있다는 사실도 잘 고려해야 할 것이다. 특히 현재 시점에서 보면 지방과 서울 수도권의 상황이 크게 다르다. 기타 지방과 6대 광역시의 HAI는 2008년 12월보다 좋지 않은 반면, 서울과 수도권은 2008년 12월보다 꽤 높은 수치를 보이고 있다. 앞으로 금리가 올라갈 것으로 예상되는 만큼 HAI는 계속 떨어질 전망인데, 기타 지방 및 6대 광역시에 투자할 때는 보다 꼼꼼하게 점검할 필요가 있어 보인다.

참고로 주택 구입 잠재력도 함께 살펴보는 것이 좋다. 주택구입잠재력지수(HOI, Housing Opportunity Index)는 우리나라에서 중간 정도의 소득을 가진 가구(5분위 중 3분위)가 전체 주택 재고량 중 20년 상환으로 구입 가능한 주택의 재고량이 얼마나 되는지를 보여준다. 총 재고량을 구입 가능 재고량으로 나눈 후 100을 곱한 값이 지수가 되는데 전체적으로 HAI의 흐름과 비슷한 양상을 보인다.

이 수치가 높을수록 집값이 낮아져서 구입 가능한 재고량이 많다는 걸 뜻한다. 어느 지역의 HOI가 70이라고 하면 해당 지역에 거주하는 중위소득 가구가 거주 지역에서 KB시세에 등재된 아파트의 70%를 20년 상환 대출로 구입할 수 있다는 의미다. 이 지수의 원천 데이터는 KB부동산 월간 엑셀 자료에 있으며 서울, 경기, 인천 데이터만 볼 수 있다.

서울의 HOI는 2009년을 저점으로 이후에 지속적으로 상승해서 2015년 1분기에 48.23으로 고점을 찍고 다시 하락하여 2017년 9월 21.8을 기록하고 있다. 2015년 이후 서울 집값이 많이 오르면서 HOI 수치가 급락한 것이다. 물론 아직 2009~2010년보다는 높은 상황이다. 이 지수를 보더라도 서울 주택 구입의 최적기는 2013~2015년 1분기임을 알 수 있다. 그리고 현재 시점의 수치는 2009년부터 지금까지의 평균치보다 더 낮은 수준인데, 앞으로도 계속 떨어질 가능성이 높아 보인다.

경기도의 HOI도 수치만 서울보다 더 높을 뿐 전체적인 흐름은 서울과 거의 같다. 경기도 역시 2013~2015년 1분기가 주택 구입의 적기였다. 마지막으로 인천광역시의 HOI도 흐름은 앞서 보았던 서울 및 경기도와 유사하지만 등락의 폭은 둘보다 훨씬 완만하다. 마찬가지로 2013~2015년 1분기가 지수가 가장 높았다.

지금껏 살펴보았듯 HOI와 HAI는 비슷한 흐름을 보이며 주택 구매를 위한 최적의 타이밍이 언제인지 알려준다. 지금의 주택 가격이 어느 정도 와 있는지 파악하는 데 유용한 지수가 될 수 있으니 항상 이 통계에 대해서도 관심을 기울이도록 하자.

주택구입잠재력지수(HOI) 데이터 출처 : KB부동산

서울시

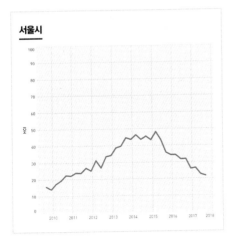

경기도

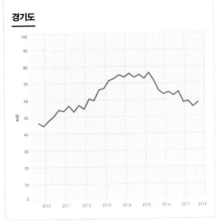

인천시

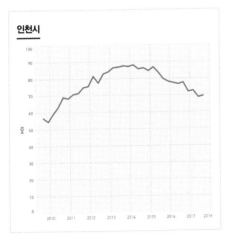

데이터로 본 부동산 팩트 체크

- HAI나 HOI를 보면 주택 구입에 가장 부담이 없었던 시기는 2013~2015년

- 주택 구입을 위한 최적의 시기는 지났지만 지금의 지수 역시 괜찮은 수준!

빅데이터
부동산 투자

리스크 관리 시점을 알려주는
신용경색 인덱스

주식이든 부동산이든 처음 뛰어드는 사람은 대박부터 꿈꾸지만, 사실 제일 먼저 배워야 하는 것은 리스크 관리다. 최근 20년 남짓한 기간만 봐도 1997년 IMF 위기와 2008년 금융위기 등 두 번의 큰 위기가 있었다. 평소에 아무리 투자 성과가 좋아도 이런 위기에 제대로 대처하지 못하면 한 방에 무너질 수 있다.

위기가 오는 줄도 모르고 계속 주식, 부동산, 사업 등에 공격적인 투자를 하면 어떻게 될까? 실제로 그런 사례는 우리 주변에서도 얼마든지 볼 수 있다. 투자든 사업이든 속도 조절은 굉장히 중요하다. 자산 시장의 겨울이 오는 것도 모른 채 무리하게 앞으로 달려 나가기만 하면 언제 넘어질지 모른다.

위기가 다가오면 대출을 줄이고 주식, 부동산 등 위험 자산의 비중도 확 낮추고 현금을 준비하고 있어야 한다. 그런 사람만이 리스크를 최대한 방어하고 기회를 잡을 수 있기 때문이다. 그런데 위기를 어떻게 미리 알 수가 있을까? 이른바 고수들은 경험적으로 정확한 판단을 하기도 한다. 주변 사람들이 행복감에 젖어 있거나 많은 사람이 위험 자산에 투자하는 것을 겁내지 않을 때, 그때가 바로 위험한 시기가 임박했다고 판단하는 식이다.

객관적인 지표를 통해 확인할 수도 있다. 이때 한 가지 지표만 보고 판단하는 건 한계가 있다. 금리, PIR, HAI, HOI 등의 여러 지표를 함께 보고 종합적으로 판단해야 한다. 내가 직접 만들어서 이 책에서 소개하고 있는 주택버블 인덱스, 대출위험 인덱스 역시 판단에 도움이 되리라 자신한다. 여기에 내가 추가로 만든 것이 바로 신용경색 인덱스다. 자산 시장의 신용경색 정도를 알 수 있도록 지표를 직접 만들어 보았다.

사람은 혈압이 135 이상이면 고혈압이라고 할 수 있다. 혈관 어딘가의 흐름이 원활하지 못해 건강에 이상 신호가 생긴 것이다. 혈압이 150을 넘으면 매우 심각한 단계라고 할 수 있다. 신용경색 인덱스도 이와 유사하다. 지수가 135를 넘으면 자산 시장이 고혈압의 단계에 진입했다는 것을 의미하고, 150을 넘으면 곧 심각한 위험이 들이닥친다고 이해하면 된다. 지수가 135쯤이 되면 위험 자산을 정리하는 방향으로 준비해야 하는 것이다.

실제 데이터를 보면서 확인해보자. [빅데이터 시각화 2-4] 차트에서 바로 확인할 수 있듯이 1995년 7~8월 처음으로 신용경색 인덱스가 고혈압 수준으로 올랐다. 이상 신호를 보인 것이다. 그리고 IMF가 터지기 1년 조금 더 전인 1996년 7~8월에도 수치가 신용경색 수준까지 올라갔다. 이 정도가 되면 1년 안에 큰 위기가 올 수 있다는 것을 알아채야 한다.

아이러니하게도 이런 이상 신호가 있음에도 주택의 매매가와 전세가는 계속 더 상승을 한다. 이것만 보고 머리끝까지 다 먹으려고 욕심을 부리지 않기를 바란다. 오히려 매수세가 있는 적당한 타이밍에 매도 타이밍을 잡을 수 있도록 해야 한다.

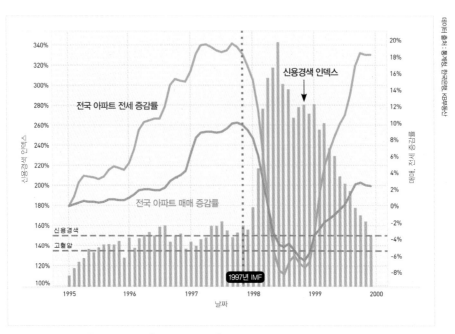

데이터 출처: 통계청, 한국은행, KB부동산

| 빅데이터 시각화 2-4 | 신용경색 인덱스(IMF위기 전후 기간)

신용경색 인덱스가 신용경색 수준까지 온다면 빠르게 리스크 관리 모드로 들어가야 한다. 부채는 줄이고 주식이나 부동산과 같은 위험 자산도 다 팔고, 현금을 확보하고, 사업을 하고 있다면 매우 보수적으로 마인드를 전환해야 한다. 물론 위기에 상관없이 들고 가도 될 만한 좋은 주식이나 부동산이 있다면 들고 가도 된다. 리스크 관리를 하며 확보한 현금은 위기가 지나간 뒤에 좋은 주식이나 부동산이 헐값에 내다 팔릴 때 적극적으로 매수하는 데 써야 한다. 차트에서 확인할 수 있듯 신용경색 인덱스가 낮아지면 매매가와 전세가가 다시 상승하기 때문이다.

이번에는 2008년 금융위기 전후 기간의 신용경색 인덱스와 전국의 아파트 매매 및 전세 누적 증감률 변동 추이를 확인할 수 있는 [빅데이터 시각화 2-5] 차트를 보도

114

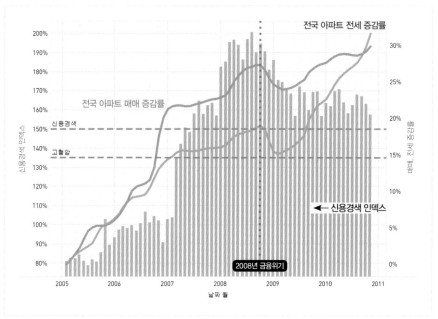

| 빅데이터 시각화 2-5 | 신용경색 인덱스(2008년 금융위기 전후 기간)

록 하자.

2005~2007년 초반까지는 지수가 매우 낮은 수준이었는데, 2007년 4~5월에 처음으로 고혈압 상태를 돌파하며 급상승했다. 즉 경제 어딘가에 이상 신호가 있었다는 것이다. 그러던 것이 2007년 7~8월에 신용경색 단계까지 올라가버린다. 정말 1년 안에 큰 위기가 올 수 있다는 신호를 보내는 것이다.

IMF 직전과 마찬가지로 이 시기 역시 버블에 취해서 경제 위기가 오고 있는 것을 전혀 모르고 있던 때였다. 안타깝지만, 앞으로도 이러한 패턴은 계속 반복될 가능성이 높다. 신용경색 인덱스의 변화를 유심히 지켜봐야 하는 이유다.

이번에는 [빅데이터 시각화 2-6] 차트로 2014부터 현재까지의 추세를 살펴보자.

데이터 출처 : 통계청, 한국은행, KB부동산

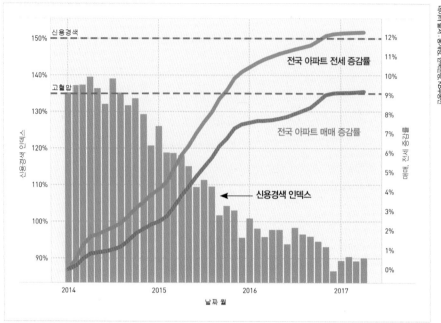

| 빅데이터 시각화 2-6 | 신용경색 인덱스(2014~2017년)

    2017년 4월의 신용경색 인덱스는 90%(2017년 9월은 89%)로 신용경색과는 거리가 멀다. 아주 가까운 기간 안에 커다란 위기가 올 가능성은 희박하다. 몇 월 위기설이니, 2018~2019년에 대폭락이 온다느니 하는 과장된 공포에 휘둘릴 필요는 없어 보인다.

    다만 리스크 관리 차원에서 신용경색 인덱스의 흐름을 꾸준히 모니터링할 필요는 있다. 과거를 보면 지수가 150을 돌파하고 1년 후쯤에 어김없이 커다란 위기가 들이닥쳤으니까. 그리고 설사 위기가 닥치더라도 세상이 끝난 것 같은 공포에 질릴 필요는 없다. 위기 발생 후 1년 안에 아파트 매매가는 바닥을 다지고 다시 오르기 시작했으니 말이다.

눈으로 직접 확인했듯이 신용경색 인덱스는 자산 시장의 큰 흐름을 읽게 해주는 굉장히 중요한 지표다. 특히 리스크 관리에 있어 직접적인 도움을 줄 수 있기 때문에 이 지수를 활용하여 매수와 매도의 타이밍을 잡는다면 전반적인 자산 관리에 큰 힘이 될 것이다.

데이터로 본 부동산 팩트 체크

- 신용경색 인덱스로 경제 위기의 징후를 미리 알 수 있음

- 최소한 2018~2019년에는 경제 위기 없음!

정부 정책의 영향력은
어느 정도인가

모두가 주식을 살 필요는 없지만, 누구나 살 집은 필요하다. 자가든, 전세든, 월세든 거주 형태는 다양하겠지만 어쨌거나 집은 있어야 한다. 그래서 어느 사회든 집값은 굉장히 민감하다. 누구에게는 전 재산이 걸려 있고, 누구에게는 주거 안정성이 걸려 있다. 집값의 변화에 따라 민심이 예민하게 반응하기 때문에 어느 정부든 안정적인 시장 관리를 위해 갖은 애를 쓴다.

만약 집값이 급등하고 있는데 정부가 아무런 조치도 취하지 않는다면? 민심이 극도로 악화되는 것은 물론이고, 버블이 커진 만큼 버블 붕괴의 고통도 엄청날 것이다. 반대로 집값이 폭락하는 것을 방관하면 중산층이 무너지는 것은 물론 대출을 갚지 못하는 가구가 급증하여 은행까지 휘청거릴 수 있다.

국가 입장에서는 물가 상승률만큼만 안정적으로 오를 수 있도록 주택 시장을 관리하는 것이 최대 목표다. 부동산 시장이 얼어붙으면 국가의 주 수입원인 세금을 걷는 일에 큰 차질이 생기기 때문이다. 살 때는 취득세, 보유할 때는 재산세, 팔 때는 양도소득세 등을 세금으로 내는데 이런 세금이 잘 걷히지 않는다면 국가 재정에도 악영향을 미친다. 또 건설 경기가 GDP 성장에 미치는 영향 역시 막대해서 부동산 시장이 안정적으로 올라야 자산 효과로 인해 소비도 늘어난다.

그렇기 때문에 어떤 정부도 부동산 시장을 죽이려고 정책을 펴는 경우는 없다. 안 좋으면 부양책으로 살리고, 너무 뜨거우면 규제책을 강화해서 열기를 식힌다. 부양책이든 규제책이든 주로 세금과 대출 정책에 변화를 주어서 시장에 영향을 미친다. 부동산 시장이 얼어붙으면 대출을 쉽게 해주거나 양도소득세를 감면하는 방식으로 집을 구입하라는 신호를 주고, 부동산 시장이 뜨거우면 양도소득세 중과세나 대출을 조이는 방식으로 수요를 억제한다.

시기와 정도에 따라 바로 먹히는 정책도 있고 시간이 좀 걸리는 정책도 있지만 결국 정부의 각종 정책은 분명 부동산 시장에 커다란 영향을 미친다. 그러나 그 영향력을 과신해서는 안 된다. 아무리 정부 정책이라 할지라도 시장의 큰 흐름을 마음 대로 좌우하기는 어렵기 때문이다.

다음 페이지의 **[정부 정책과 전국 매매·전세 누적 증감률]** 차트를 보면 알 수 있 듯 정부의 부동산 정책의 큰 틀은 규제와 완화를 오간다. 1997년 IMF 이후와 2008 년 금융위기 이후엔 부동산 시장을 살리기 위해 엄청난 완화정책이 펼쳐졌다. 그리 고 부동산 시장이 다시 뜨거워지면 본격적인 규제정책을 펼쳤다. 2003년 10.29 주 택시장안정종합대책이 대표적인 예다. 1가구 3주택자 양도세 중과, 종합부동산세 도입, 투기 지역 LTV 40% 강화 등이 핵심 내용이었다. 당시의 부동산 정책에 대한 평가는 엇갈리지만, 분명한 건 온갖 규제책에도 불구하고 주택 시장의 대세 상승 흐 름을 막진 못했다는 것이다.

2017년 8.2 부동산 대책 역시 양도세 중과 정책이 핵심이다. 뜨거운 시장을 식

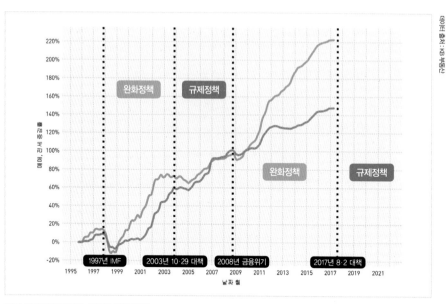

정부 정책과 전국 매매 · 전세 누적 증감률

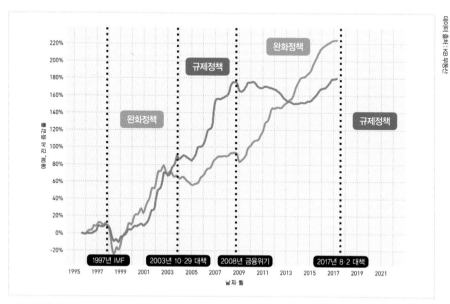

정부 정책과 서울의 매매 · 전세 누적 증감률

했다는 평가를 받고 있지만, 그 효과가 계속 이어지리라고 보기는 어렵다. 앞서 다양한 데이터로 확인한 것처럼 상승 압력을 강하게 받고 있기 때문이다.

한편 부동산 규제는 주로 서울 지역에 집중되는 경우가 많으므로 서울 지역의 아파트 매매 및 전세가의 흐름을 따로 볼 필요가 있다. [정부 정책과 서울 매매·전세 누적 증감률] 차트를 보면 서울 역시 본격적인 규제정책이 펼쳐지면 잠시 주춤하다가 이후 엄청난 급등을 했음을 확인할 수 있다. 그렇다면 앞으로는 어떻게 될까?

일단 지금으로선 2005~2008년대에 나왔던 흐름과 유사하게 진행될 가능성이 높다. 정부의 강력한 규제정책이 상승 폭은 좁힐 수 있겠지만 상승하는 큰 흐름까지는 막을 수 없기 때문이다.

또 한 가지 주목해서 봐야 할 건 금융위기가 끝난 2009년부터 매매가의 흐름이 전국 평균과 서울이 크게 다르다는 점이다. 전국 평균을 보면 2017년 12월 기준 매매가는 2009년 1월 대비 27.3%가 상승했지만, 서울은 11% 상승해 이제 겨우 전고점을 넘은 정도다.

서울이나 수도권에 사는 사람은 억울한 생각이 들 수도 있다. 비수도권의 아파트 가격이 30~70% 이상 오를 때는 아무런 규제도 하지 않다가 서울 및 수도권이 조금 움직이니 투기 지역으로 지정해서 규제를 하니 말이다. 특히 이제 겨우 2008년의 가격을 회복한 사람의 입장에서는 더 억울할 수도 있을 것이다. 사실 여러 지표를 통해 확인할 수 있지만, 서울 및 수도권이야말로 버블이 없다. 그러니 상승 동력이 더 큰 것이고, 정부 역시 그것을 알기 때문에 선제적으로 규제정책을 펼쳤을 것이다.

조금 더 정교하게 부동산 정책을 펼쳤으면 하는 아쉬움이 많긴 하지만, 그럼에도 정부의 규제는 필요하다고 생각한다. 아마 2000년대 초중반에 엄청난 규제정책이 없었으면 부동산 가격이 훨씬 더 많이 올랐을 것이고, 그로 인해 2008년 금융위기 때의 타격도 훨씬 더 커졌을 것이다. 지금 역시 시중에 유동성이 막대하게 풀렸고 대중의 마음속에 탐욕이 생길 조짐이 조금씩 보이고 있다. 정부가 아무런 규제 없이 손 놓고 있다면 엄청난 폭등을 할 텐데, 본질적인 가치를 크게 벗어난 폭등은 누구에게도 좋지 않다. 버블이 큰 만큼 위기도 클 것이기 때문이다. 그러니 정부에서는 각종 규제정책으로 적절히 브레이크를 잡아줘야 한다.

문제는 정부가 부동산 가격 상승의 주요 원인을 투기 수요로 단정하고 있다는 점이다. 하지만 2000년대 초중반도 그렇고 지금도 그렇지만, 부동산 가격이 오르는 가장 큰 이유는 저금리로 인한 유동성 확대 때문이다. 전 세계 대부분의 자산 시장이 다 같이 뜨거워지고 있는 이 시기에 부동산 가격 상승의 원인을 투기 수요만으로 돌리는 것은 과도한 해석이다.

어쨌건 정부 정책이 주는 신호는 비교적 분명하다. 다주택자는 주택을 내놓든가 임대사업자로 등록하라는 것이고, 무주택자들은 집을 사라는 것이다. 물론 실제 부동산을 매도하거나 매수하려는 사람 입장에서는 정부 정책의 의도대로 쉽게 되지 않는다고 불만이 많을 것이다. 예를 들어 실수요 심리도 함께 얼어붙어 팔고 싶어도 못 파는 경우도 많을 것이다. 또 신혼부부 특별공급으로 분양을 받고 싶어도 소득이 높아 자격이 안 되는 실수요자도 많을 것이다. 소득이 낮은 사람이 비싼 집값을 감당할 수 없기 때문에 부모로부터 도움을 받을 수 있는 외벌이 신혼부부만이 혜택을 받을 수 있다는 지적도 나온다. 정책에 따른 효과를 지켜보고 세심한 후속 대책이 펼쳐지기를 기대하는 바다.

종합 정리 : 현재 부동산 시장은 어디쯤에 왔는가?

지금까지 점검한 것들을 종합적으로 정리해보자. 2장에서 다룬 내용만 종합적으로 검토해봐도 현재 부동산 시장이 어디에 와 있는가에 대한 충분한 힌트를 얻을 수 있을 것이다.

항목	평가	내용
금리	○	미국의 금리 인상은 이미 시작되었으나 대한민국의 금리 인상은 이제 막 시작되었음. 금리만 놓고 보면 현재는 2005년 초중반과 유사한 저금리 상황. 금리 바닥 수준
통화량	○	지속적으로 증가하고 있음
주택버블 인덱스	○	금융위기 이후 지속적으로 하락해 2016년에 최저점을 찍고 2017년에 소폭 반등했으나 여전히 낮은 수치. 즉 버블 없음
대출위험 인덱스	○	금융위기 이후 최저 상태임. 즉 버블 없음
소득	○	소득은 꾸준하게 증가. 최근 2015년까지는 소득 증가율이 아파트 매매가 증가율보다 훨씬 더 커지고 있음. 즉 소득 대비한 집값이 낮아짐

항목	평가	내용
PIR 소득 대비 주택 가격	△	전국 : 2014년 중순 바닥 찍고 다시 상승 중이나 2008년 12월보다 낮음
	△	서울 : 2014년 중순 바닥 찍고 다시 상승 중이며 2008년 12월과 거의 비슷한 수준까지 회복
J-PIR 소득 대비 전세 가격	△	전국과 서울 기준 모두 금융위기 이후 계속 상승하여 매매가와 전세가의 갭이 많이 줄어들었으나 2017년에 들어서 매매가는 상승하고 전세가는 정체되어 갭이 다시 벌어지고 있음
분위별 PIR	△	전국 : 분위가 낮을수록(싼 집일수록) 2009년보다 PIR이 더 높음. 즉 소득이 낮은 사람이 집을 사는 것이 과거보다 더 힘들어짐. 분위가 높을수록(비싼 집일수록) PIR이 2009년보다 낮음. 즉 소득이 높은 사람이 집을 사는 것은 2009년보다 덜 부담스러움
	○	서울 : 1,2,3분위는 2009년보다 PIR이 낮은 수준이나 4,5분위는 2009년과 비슷하거나 약간 높아짐
분위별 소득 분석	△	분위(소득)가 낮을수록 소득 증가율이 높음. 그런데도 전국 기준으로는 낮은 분위의 PIR이 가장 많이 증가. 즉 전국 기준으로 싼 집일수록 2009년보다 가격이 크게 올랐다는 것을 의미. 그만큼 거품이 과거에 비해 많아졌다는 뜻
HAI 주택구입능력지수	△	전국·수도권·경기도·서울 : 2013~2015년에 가장 수치가 좋았고 이후에 떨어지고 있지만 2009~2011년보다는 더 높은 수준
	×	6대 광역시 : 139.9로 좋은 수치이긴 하나, 2009년보다 오히려 더 낮음. 별로 오르지 않은 수도권에 있는 인천광역시를 제외한다면 지방에 있는 5대 광역시의 HAI 지표는 더 낮을 것. 즉 지방 5대 광역시는 금융위기 이후로 집을 사는 것이 가장 부담스럽다는 뜻. 그중에서도 많이 오른 광역시는 조심해야 함
	△	기타 지방 : 205.6으로 아주 좋은 수치이긴 하나 2009년보다도 오히려 낮은 수준
		결론 : HAI로 보았을 때는 경기도·서울·수도권은 아직 2009~2011년보다 더 살 만함. 향후 금리가 올라가는 것이 대세라고 보면 HAI는 더 안 좋아질 가능성이 많음
HOI 주택구입잠재력지수	△	서울·경기도·인천 : 2013~2015년 초반이 가장 좋았음. 이후부터는 하락. 하지만 아직 2009~2011년 중순보다는 더 높은 상황
신용경색 인덱스	○	매우 낮은 상태이며, 향후 1년~1년 반 뒤에 위기가 올 가능성은 거의 없음
정부 정책	△	17년 하반기부터 강한 규제책을 펼치고 있음. 과거로 보면 2003년 연말과 비슷한 상황. 앞으로 몇 년간 규제정책이 대세. 하지만 규제정책에도 불구하고 자산 시장의 큰 흐름을 바꾸기는 역부족. 서울 및 수도권 시장에서 매수할 경우 실부담액이 상당히 커진 상황

항목	평가	내용
	○	금리 인상이 시작되었지만, 현재 금리는 여전히 낮은 수준이라 할 수 있으며 경기는 좋아지고 있음. 통화량은 계속 늘고 있고, 주택버블 인덱스와 대출위험 인덱스도 매우 낮은 상황. 즉 현재 주택 시장에 버블이 별로 없는 상황이고, 대출 위험도도 낮은 상태. 미국 주택 가격도 꾸준히 상승하고 있고, 소득도 늘고 있고, 신용경색 인덱스도 매우 낮은 상태이어서 향후 1년~1년 반 뒤에 위기가 올 가능성은 거의 없음
종합 정리	△	• 소득 대비한 집값이나 HAI, HOI, 정부 정책 등으로 보았을 때, 주택 구입의 최적의 시기는 2013~2015년 초반이었음. 이후 전체적인 추세는 더 안 좋아지고, 하락하고 있음. 지방은 2009~2011년보다 거품이 더 많은 상황(특히 싼 집일수록 거품이 더 많음)이고, 서울 등의 수도권은 2009~2011년보다는 더 좋은 상황 • 2013~2015년 정도가 집을 사기에 가장 좋은 시기였고 몇 가지 지표들이 이미 안 좋아지고 있음. 하지만 그럼에도 불구하고 '아직은 집을 살 만하다'라는 결론 • 서울 등 수도권의 실수요자들은 매수 적기라고 할 수 있음. 무주택자들은 가능하다면 조만간 집을 꼭 살 것을 추천 • 하지만 다주택자들이나 주택을 투자의 목적으로 하고 있는 사람들은 세후 수익률, 대출 비중 등 여러 가지를 고려해 상당히 신중하게 접근해야 할 것 • 지금의 부동산 시장은 허리 위 정도까지 온 상황. 특히 서울을 비롯한 수도권 시장은 더욱 그러함. 일부 지방의 경우는 이미 어깨 위까지 상승한 곳들도 있음

내가 내린 결론은 다음과 같다.

최적의 투자 시기는 지났다. 그러나 지역을 잘 선정해야겠지만 그래도 아직은 부동산에 투자를 해도 괜찮은 시기다.

똑같은 데이터를 보고도 해석과 판단은 저마다 다를 수 있다. 누군가는 나와 다른 결론을 내릴 수도 있을 거라 생각한다. 중요한 건 부동산에 투자를 할 때 이런 객관적인 데이터를 확인해야 한다는 점이다. 분위기에 휩쓸려 남들이 돈을 버는 것 같으니 따라 들어가고 남들이 떨어진다고 하니 무조건 팔아버리는 투자는 이제 지양해야 한다. 이 챕터가 여러분이 '지금 부동산 투자를 해도 괜찮은가?'에 대한 답을 찾아가는 데 조금이라도 도움이 되었다면 큰 보람을 느낄 것 같다.

현명한 투자자를 위한 체크 포인트

자산 시장에도 계절이 있다

부동산 10년 주기설을 들어본 적이 있을 것이다. 1997년 IMF 경제위기, 2008년 글로벌 금융위기로 자산 시장이 폭락했으니 2018년도 위험할 수 있다는 맥락에서 흔히 언급된다. 사실 이런 10년 주기설의 근거는 희박하지만, 그럼에도 그냥 무시하고 지나쳐서는 안 된다. 자산 시장에 사이클이 있는 건 분명한 사실이니 말이다. 우리는 이미 앞에서 금리가 이 사이클을 만드는 주요 동력임을 확인했다.

그러니까 10년이란 기간이 중요한 게 아니라 자산 시장에 주기가 있다는 사실이 중요한 것이다. 주기가 한 번 도는 시기는 10년보다 짧을 수도 있고 더 길 수도 있다. 예를 들어 2017년과 2018년엔 위기 징후가 별로 보이지 않는다. 계절로 따지면 아직 초여름에 불과해 보인다. 대중의 심리 또한 중요한 신호인데, 여기서 다시 한 번 존 템플턴 경의 말을 인용해보자.

"강세장은 비관 속에서 태어나, 회의 속에서 자라고, 낙관 속에서 성숙하며, 행복감 속에서 사라진다."

지금 여러분 주변에 있는 평범한 사람들은 주식시장이나 부동산 시장에 대해 어떻게 느끼고 있는가? 비관, 회의, 낙관, 행복 중 어디인가? 대부분이 낙관의 초입 정도로 느낄 것이다. 주식이든 부동산이든 아직 못 사서 안달하는 사람은 많지 않다. 주식시장이 박스권을 벗어나 본격적인 상승을 하고 있지만, 개인은 아직도 주저한다. 일부 선수들만이 낙관할 뿐, 대중들은 여전히 회의적인 시선이 많다. 아직 갈 길이 멀다는 뜻이다.

부동산 시장은 지역마다 차이는 있지만 2013~2015년에 바닥을 다지고 2015~2017년에 상승했다. 물론 2017년 들어 부동산 정책이 규제로 돌아서기는 하였지만, 아직 부동산 시장은 낙관의 초입에 있는 정도다. 2017년~2018년에 입주 폭탄이 온다는 얘기 때문에 실수요자들이 집을 사길 꺼리는 분위기도 계속 있었다.

나는 자산 시장의 큰 흐름을 계절에 비유한다. 1997년이나 2008년 같은 위기가 겨울이다. 겨울이 오면 금리를 급하게 내리고 이후 금리 인하가 멈추면 이제 봄이 시작되는 것이다. 실제 계절과는 달리 자산 시장에서는 대체로 봄이 가장 길다. 경기가 좋아지네, 다시 나빠지네 하며 금리의 작은 파동이 생기는 것도 이 시기다. 위기 발생 직후 주가가 다시 반등하지만 크게 보면 봄 시기의 주가는 계속 횡보하고, 부동산은 지역마다 다르기는 하지만 위기 발생 2~3년 정도는 지나야 안정을 되찾는다. 정부에서 각종 부양책을 펼쳐도 대중들의 마음은 회의로 가득 차 있는 시기다.

2009년부터 2017년 초반까지가 봄이었다고 할 수 있는데 이것만 봐도 봄이 굉장히 길다는 사실을 알 수 있다. 그만큼 미국의 서브프라임 위기가 컸다는 의미일 것이다. 저금리, 저성장이 뉴노멀로 인식될 정도로 사람들의 마음속에 회의가 길었다. 그러다 미국의 각종 경제지표가 좋아지고, 금리도 서서히 상승하면서 마침내 회의의 기간이 끝나고 사람들의 마음속에 낙관이 오고 있다. 2017년 초반부터는 자산 시장의 여름이 본격적으로 시작된 것이다.

이 시기엔 주가와 부동산의 가격이 오르고 그 속도와 기간에 따라 상당한 버블이 생기기도 한다. 과거를 보면 2005년 초부터 2007년 10월까지가 자산 시장의 여름이었다. 코스피가 처음으로 2000을 돌파한 것도 이때였고, 온갖 규제정책으로도 부동산 상승을 잡을 수 없었던 때도 이때였다. 기본적으로 이번 사이클의 여름도 2017년 초반부터 2019년 정도로 단순 추측할 수 있는데, 어쩌면 여름의 기간이 과거보다 길어질지도 모르겠다. 우선 미국의 금리 인상 속도가 굉장히 느리다. 2000년대 중반 금리 인상의 속도가 가팔랐고 결국 2008년 금융위기가 터졌던 트라우마 때문일 것이다. 정부의 규제정책도 과거에 비해 훨씬 더 선도적으로 이뤄졌다. 상승 압력을 억누르는 만큼 버블이 커지는 속도도 느려지기 때문에 결과적으로 자산 시장의 여름이 길어질 수 있다. 그래서 길게는 2020~2021년까지도 지속될지 모르겠다. 자산 시장의 여름이 막바지에 오면 기준금리는 지금보다 2~3% 이상 높고, 주식과 부동산으로 주변에 돈 번 사람이 넘쳐날 것이다. 물론 정확한 것은 계속 여러 데이터를 보고 확인을 해야 하겠지만 말이다.

대중이 행복감에 젖어 있을 무렵 조용히 자산 시장에 가을이 온다. 2000년대 중반으로 따지면 2007년 10월부터 2008년 6월까지가 가을이었다고 볼 수 있다. 사람들은 버블에 취해 있고 여름이 끝났다는 사실도 모른 채 더 큰 수익을 기대하며 공격적으로 투자한다. 하지만 실제 각종 데이터는 이미 자산 시장의 겨울이 올 수 있음을 경고하고 있다. 이때에는 주식과 부동산 같은 위험 자산을 팔아서 현금화를 하는 게 좋다. 대출도 가급적 줄여야 한다. 그것이 겨울을 준비하는 가장 현명한 방법이다. 그러나 실제 그렇게 하는 사람은 많지 않다. 가을의 막바지 주식시장은 고점 대비 20~30% 떨어져 있지만, 지난 수년 동안 그렇게 조정과 상승을 거듭하는 데 익숙해져 있는 사람들은 조정이 끝나면 다시 오를 거란 생각에 쉽게 팔지 못한다. 한편 부동산은 가을이 되어도 계속 올라가기도 한다. 실제로 과거 금융위기가 터지기 바로 직전인 2008년 8~9월까지도 서울, 인천, 경기도는 계속 상승했다.

그러다 추운 겨울이 시작된다. 본격적으로 대중의 비관이 시작되는 시기다. 과거 2008년 8월부터 2009년 3월이 싸늘하게 얼어붙은 겨울이었다. 이때가 되면 경제 상황은 최악을 향해 치닫고 결국 금융시장이 패닉에 빠진다. 많은 사람은 다가오는 위험을 감지하지 못한 채 본격적인 겨울을 맞이한다. 세상이 난리가 난 후에야 부랴부랴 겁에 질려 어쩔 수 없이 주식과 부동산 등의 자산을 매도하는 것이다. 겨울의 막바지에는 시장이 연쇄적인 패닉 상태에 빠져 아주 헐값에 매물이 대거 나온다. 사람들은 싸다는 사실을 알면서도 겁에 질려 과감하게 매수하지 못한다. 대중이 못 팔아서 안달인 이 겨울의 끝에 워런 버핏과 같은 현명한 투자자는 우량 자산을 싸게 대거 매입한다. 강세장이 비관 속에서 태어남을 잘 알고 있기 때문이다. 이 시기 금융 당국은 금리를 급하게 많이 내리고 유동성을 풀어서 어떻게든 경제 위기를 극복하려고 노력한다.

지금까지 자산 시장의 봄, 여름, 가을, 겨울을 살펴보았다. 이 사이클이 10년 정도 걸리는 경우가 몇 차례 있어서 10년 주기설이란 용어가 쓰이는 것이다. 그럼 이제 각 계절별로 대표적인 위험 자산인 주식과 부동산 가격이 어떻게 움직였는지 차트를 통해 확인해보자. [빅데이터 시각화 2-7] 차트는 기준금리, 아파트 매매가, 아파트 전세가 차트를 자산 시장의 계절

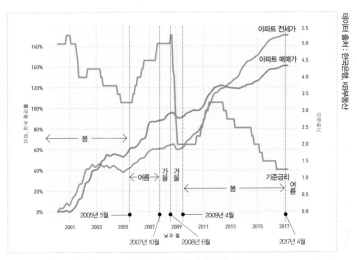

| 빅데이터 시각화 2-7 | 2000~2017년 부동산 시장의 계절 추이

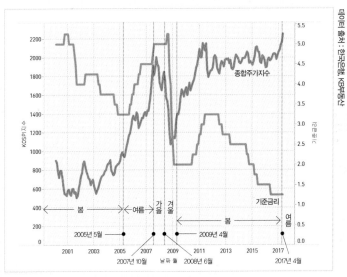

| 빅데이터 시각화 2-8 | 2000~2017년 주식시장의 계절 추이

로 나누어 시각화한 것이고 [빅데이터 시각화 2-8] 차트는 기준금리와 주가 차트를 자산 시장의 계절로 나눠 시각화한 것이다.

여기서 주의할 것은 모든 계절의 사이클이 동일하지는 않다는 것이다. 실제 사계절을 봐도 어떤 해에는 여름이 유난히 길고, 어떤 해에는 겨울이 유난히 길다. 유난히 더운 여름, 유난히 추운 겨울도 있다. 그런 것처럼 자산 시장의 사이클도 매 사이클마다 계절별 흐름이 다를 수 있다.

자산 시장의 겨울을 어떻게 보내느냐가 핵심

계절이 바뀌면 우리는 옷을 갈아입는다. 여름에는 가벼운 반팔 차림으로 더위를 식히고, 겨울에는 두꺼운 옷을 입어 몸을 따뜻하게 한다. 급격히 바뀌는 계절에 제대로 대응하지 못하면 우리 몸은 심하게 앓는다.

이는 자산 시장의 계절 변화에도 그대로 적용된다. 예를 들어 2017년은 자산 시장 여름의 초입이었고, 앞으로 2~3년 정도 본격적으로 자산 시장의 여름이 올 것으로 예측할 수 있다. 그래서 이때는 위험 자산의 비중을 늘려도 괜찮다. 자산 시장의 겨울 동안 해왔던 보수적인 자산 관리에서 벗어나도 좋은 것이다. 물론 투자 성향 자체가 보수적인 사람이라면 안전하게 예금 위주로만 가져가도 괜찮다. 남들이 고수익을 낼 때 은행예금 이자만 받는 것이 답답하긴 하겠지만 절대로 망할 일은 없기 때문이다.

문제는 자산 시장의 겨울이 왔을 때다. 이때는 반드시 발 빠르게 대응해야 한다. 위험 자산 비중을 줄이고 안전 자산 비중을 높여야 한다. 그렇지 않으면 한겨울에 반팔을 입는 꼴이 되어 얼어 죽을 수 있다. 누가 겨울에 반팔을 입고 다니겠냐고 반문할 수 있겠지만, 실제 겨울과 달리 자산 시장의 겨울에는 의외로 많은 사람이 겨울이 왔다는 걸 알아차리지 못한다. 여름이 왔다는 사실을 늦게 알아차리는 것처럼, 겨울이 왔다는 사실도 늦게 알아차리는 경우가 많다. 한국이건 미국이건 이 시기에 발 빠른 대응을 하지 못해 갑자기 망한 사람이 얼마나 많은가. 특히 무리하게 대출까지 가져와 공격적인 투자를 하고 있었다면 갑자기 바뀐 계절에 훨씬 큰 타격을 입게 된다.

자산 시장에도 언젠가 겨울이 올 수 있음을 반드시 인지해야 한다. 사이클 내내 겨울이 오면 어쩌나 전전긍긍하란 말이 아니다. 여름의 달콤함에 취해 좋은 시절이 영원할 거라 생각하는 환상에서 벗어나라는 말이다. 실제 이 자산 시장의 겨울을 어떻게 보내느냐에 따라 우리의 인생이 완전 달라질 수가 있다. 높은 수익률을 내는 것보다 리스크 관리가 훨씬 더 중요하다는 사실을 잊지 말자.

제3장

어디에
투자해야
하는가

Big Data in Real Estate

플라워차트로
전국 시세 흐름을 파악하라

타이밍에 대한 분석이 끝났으니 이제 본격적으로 투자 지역 선정에 나서야 한다. 타이밍 분석 때와 마찬가지로 주관적인 의견이 아닌 객관적인 데이터를 갖고 지역 분석을 해보자.

주의해야 할 것은 어느 한 요소만 보고 섣불리 판단해서는 안 된다는 것이다. 호재든 뭐든 어느 하나만 믿고 투자하기엔 우리의 소중한 시간과 돈이 너무 아깝다. 좋은 배우자를 찾기 위해 한 사람의 모든 것을 종합적으로 보고 판단하듯, 투자 지역을 선정할 때도 여러 다양한 데이터를 보고 점검해야 한다.

이 책에서는 지면 관계상 시도 단위로 지역 분석에 접근했다. 그렇기 때문에 해당 시도 안에 있는 시군구나 읍면동의 상황까지 꼼꼼하게 대변하기는 힘들다. 예를 들어 해당 시도는 여러 데이터가 좋지 않지만 그 안에 있는 특정 시군구 중 하나는 데이터가 좋을 수도 있을 것이다. 그러므로 해당 시도의 큰 흐름만 파악한다는 자세로 데이터를 봐주면 좋겠다. 절대 이 데이터만 갖고 특정 시군구 혹은 읍면동의 투자 기준으로 삼으면 안 된다.

그럼 데이터를 본격적으로 살펴보기 전에 리치톡톡의 아파트 매매·전세 플라워차트에 대해 간단히 짚고 넘어가자.

누군가가 그동안 걸어온 길을 알면 그 사람이 어떤 사람인지 아는 데 상당한 도움이 된다. 마찬가지로 각 시도별 아파트에 대해 제대로 이해하기 위해서는 그것이 각각 어떤 길을 걸어왔는지 확인할 필요가 있다. 플라워차트는 한마디로 시도별 부동산이 그동안 걸어온 길이다.

중요한 것은 매매가와 전세가가 걸어온 길을 동시에 살펴야 한다는 것이다. 매매가에는 실수요와 투자 수요가 섞여있지만, 알다시피 전세는 100% 실수요다. 투자를 위해 전세에 들어가는 사람은 없다. 그러므로 전세가가 걸어온 길은 실수요의 움직임이라고 볼 수 있다. 그 지역에 전세로 살고 싶은 사람이 많아지면 전세가는 오른다. 반대로 수요에 비해 입주 물량이 많아지면 전세가는 떨어진다.

그리고 한 지역의 시세 변동만 보는 건 의미가 없다. 다른 지역과 비교를 했을 때에만 내가 관심 있는 지역이 어떤 흐름을 보이고 있는지를 정확하게 파악할 수 있다.

그래서 각 시도별 매매가와 전세가의 흐름을 한눈에 알아보는 방법이 없을까 많은 고민을 했고, 그 결과 탄생한 것이 바로 플라워차트다. 매매가와 전세가가 걸어온 길이 사방팔방으로 퍼져 있는 모습이 마치 꽃처럼 아름다워서 그렇게 이름 붙였다.

[빅데이터 시각화 3-1]은 2017년 한 해 동안 전국 17개 시도의 매매가와 전세가의 변동률을 나타내는 아파트 플라워차트다. 물론 2017년 한 해만 보고 판단해서는 안 된다. 이건 플라워차트를 설명하기 위해 단적인 예로 사용하는 것뿐이다.

이 그림을 보면 왜 플라워차트라는 이름이 탄생했는지 직관적으로 이해가 될 것이다.

데이터 출처 : KB부동산

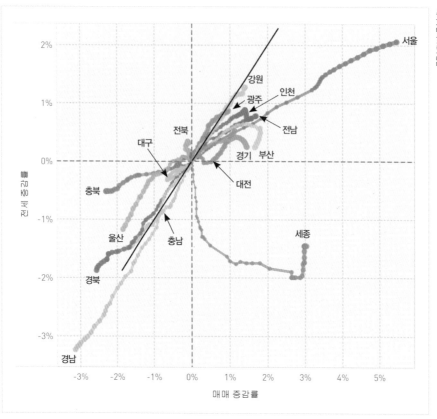

| 빅데이터 시각화 3-1 | 2017년 아파트 가격 플라워차트

이 부동산 플라워차트 보는 방법을 하나씩 설명해보겠다.

우선 X축과 Y축이 교차하는 지점이 이 데이터의 시작 포인트이고, 각 시도의 이름이 적혀 있는 지점이 가장 최근 데이터의 위치다. 그리고 선의 움직임은 주간 단위의 매매가와 전세가의 움직임이다. X축은 매매가의 누적 증감률, Y축은 전세가의 누적 증감률 움직임을 나타내고 점이 두꺼울수록 최근 날짜 데이터다.

그리고 검정색 사선은 매매가와 전세가 상승률이 동일한 지점을 선으로 이은 것이다. 이 선을 기준으로 매매가가 더 많이 올랐는지, 전세가가 더 많이 올랐는지 파악할 수 있다. 사선의 왼쪽에 있으면 매매가 대비 전세가가 많이 오른 것이고, 사선의 오른쪽에 있으면 전세가 대비 매매가가 많이 오른 것이다. 전세가가 매매가보다 더 많이 오른 지역을 저평가된 지역이라고 말할 수 있다. 실수요에 비해 투자 수요가 모이지 않은 것이다.

차트를 자세히 보면 선 중간중간에 점이 있는데, 이 점이 바로 한 주간의 움직임이다. 점과 점 사이의 거리가 한 주 동안의 매매가와 전세가의 움직임의 폭이다. 그래서 이 플라워차트를 보면 일정한 기간 동안 전국 모든 시도의 매매가와 전세가의 움직임을 한눈에 볼 수가 있다. 물론 지역 단위를 시군구로 잡으면, 시군구의 움직임까지도 단번에 파악할 수 있다.

이는 기존에는 전혀 없었던 새로운 시각화 방법이다. 대부분 막대 나선 그래프로 어느 한 지역의 움직임을 보여주거나, 여러 지역의 어느 한 시기의 매매가 전세가 상황을 보여줄 뿐이었다.

그럼 위 플라워차트로 우리는 무엇을 알 수 있을까? 우선 매매가와 전세가가 같이 상승한 지역이 서울, 부산, 강원, 인천, 전남, 경기, 대전, 광주라는 사실을 알 수 있다. 특히 오른쪽으로도 위쪽으로도 가장 움직임 폭이 큰 서울이 매매가와 전세가 모두 가장 많이 상승했다. 반면 제주와 대구는 연초 대비 거의 움직임이 없었고 경남, 경북, 울산, 충남, 충북은 매매가와 전세가가 모두 하락했다. 특히 경북과 경남은 그 하락 폭이 굉장히 크다. 한편 세종시는 매매가는 상승하는데 전세가는 하락하는 모습을 보이다가 10월부터 전세가가 다시 상승하고 있다.

플라워차트를 보면 알 수 있듯 한번 추세가 정해지면 상당 기간 같은 방향으로 움직인다. 또 2017년 전국의 시도는 양극화의 움직임을 보이고 있다는 것도 알 수 있다. 알고 보면 굉장히 간단하지 않은가? 별것 아닌 것 같아도 아주 중요한 부분이니 반드시 숙지하고 넘어가는 게 좋겠다. 혹시 아직 이해가 안 되는 분이 있다면 유튜브에서 '리치톡톡의 부동산 빅데이터'을 검색해서 유튜브 채널(https://goo.gl/wRXh8Q)에 업로드한 동영상을 보는 것도 도움이 될 것이다.

그렇다면 전세가 대비 매매가가 가장 오른, 그러니까 고평가됐다고 판단할 수 있는 지역은 어디인가? 검정색 사선 기준으로 오른쪽으로 가장 멀리 떨어져 있는 세종시가 바로 고평가된 지역 1위다. 그리고 서울이 2위, 부산이 3위라고 판단할 수 있다. 반대로 가장 저평가된 지역은? 바로 검정색 사선에서 왼쪽으로 가장 멀리 떨어진 충북이다.

다시 한 번 말하지만 위의 플라워차트는 2017년 1년간의 데이터만 다룬 것이므로 이것만 보고 고평가, 저평가를 판단하면 안 된다. 최소한 3년 이상의 중기 흐름을 봐야 하고, 그 기간이 길수록 신뢰도는 올라간다.

빅데이터
부동산 투자

지역별로 알아본
단기·중기·장기 집값의 변화

최근 9년 동안의 시도별 플라워차트 분석

우선 2009년 1월부터 2017년 12월까지 9년 동안의 시도별 [빅데이터 시각화 3-2] 플라워차트를 살펴보자. 사람들은 최근 몇 년간의 사실만 크게 기억하는 경향이 있는데, 그런 경향이 왜곡된 상황 판단으로 이어진다.

예를 들어, 최근 2~3년이 아니라 9년이란 기간을 두고 보면 서울을 비롯해 수도권이 가장 적게 올랐다는 사실을 확인할 수 있다. 지방이 오를 때는 아무런 액션이 없다가 수도권이 오르니 그제야 규제에 나선 것이다. 서울과 수도권의 중요성에 대해서는 충분히 공감하지만 시각에 따라서는 역차별이라고 볼 수도 있을 것 같다.

9년 동안의 플라워차트를 보면 내가 왜 이런 말을 하는지 이해할 수 있을 것이다. 참고로 2013년 5월부터 데이터 제공이 된 세종시는 이 차트에서 빠져 있다.

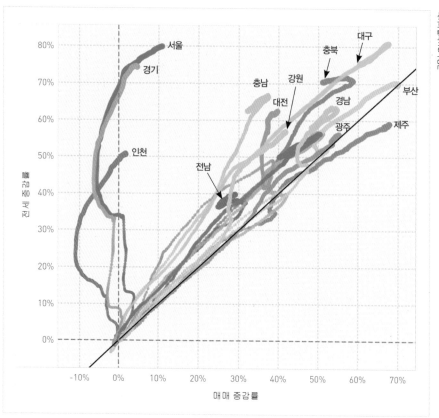

| 빅데이터 시각화 3-2 | 2009~2017년 시도별 아파트 가격 플라워차트

이 차트를 보고 우리가 알 수 있는 사실을 하나씩 살펴보자.

첫째, 실수요라고 할 수 있는 전세가는 모든 시도가 최소 40% 이상 상승했다. 대부분의 시도는 50~80% 이상 상승했고, 가장 적게 오른 전남도 40% 올랐다. 전세가가 가장 많이 오른 지역은 80% 가량 오른 서울이다. 하지만 서울의 매매가는 겨우 11% 오르는 데 그쳤다.

둘째, 제주를 제외한 모든 시도에서 매매가보다 전세가의 상승률이 높았다. 검정색 사선보다 왼쪽에 있는 지역이 전세가 상승률이 매매가 상승률보다 높은 곳이다. 이는 대부분의 시도에 버블이 별로 없다는 판단으로 이어질 수 있다. 매매가가 많이 오른 지역도 실수요인 전세가 충분히 뒷받침되고 있었던 것이니 말이다.

버블이 있다고 판단할 수 있는 지역은 검정색 사선 오른쪽에 있는 제주와 그 선상에 있는 부산과 광주 정도다. 물론 이 차트 하나만 보고 버블의 유무를 단정할 순 없다. 하지만 실수요인 전세가 대비 매매가가 얼마나 올랐는지 살펴보는 것은 분명 그 지역이 저평가되었는지, 고평가되었는지 판단하는 데 도움이 된다. 역시 사선에서 왼쪽으로 가장 멀리 떨어져 있는 서울, 경기, 인천이 가장 저평가된 지역이다. 최근 수도권을 중심으로 상승 폭이 커진 것도 이런 이유 때문이다.

이런 해석으로 알 수 있는 세 번째 사실은 바로 모든 시도가 딱 두 그룹으로 나뉜다는 것이다. 바로 서울, 경기, 인천의 수도권과 나머지 지역으로 구분된다는 사실이다. 수도권은 9년 동안 전세가만 많이 올랐을 뿐 매매가는 거의 오르지 않았다. 수도권에서 가장 많이 오른 서울도 기껏해야 11% 올랐다.

반면 지방은 전세가가 오른 만큼 매매가도 많이 올랐다. 가장 적게 오른 충남과 전남도 매매가가 각각 32%, 29% 가량 올랐다. 가장 많이 오른 부산은 70% 정도 상승했고, 제주도는 약 66% 상승했다. 지방의 다른 지역들도 대부분 40~60% 정도 매매가가 상승했다.

9년간의 플라워차트를 보니 좀 어떤가? 부동산 시장을 바라보는 눈이 달라져서 최근 수도권 가격이 상승하는 것이 너무 당연해 보이지 않는가? 아직도 다른 지방에 비하면 수도권의 매매가는 너무나도 저평가되어 있다. 물론 9년이 아닌 15년으로 기간을 확대하면 또 다른 결과를 얻을 수 있다. 그렇기 때문에 보다 객관적인 상황 판단을 위해서는 단기 흐름, 중기 흐름, 장기 흐름을 같이 봐야 한다.

제3장 어디에 투자해야 하는가   141

최근 3년 동안의 시도별 플라워차트 분석

그럼 지지부진하던 수도권이 하락 흐름을 마치고 본격적으로 상승하기 시작한 2014년 7월부터 3년 동안의 플라워차트도 한번 살펴보자.

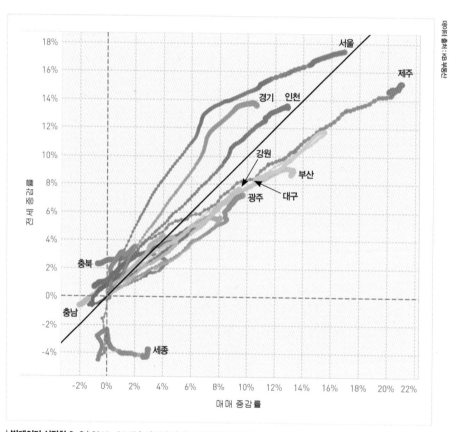

| **빅데이터 시각화 3-3** | 2014~2017년 시도별 아파트 가격 플라워차트

역시 제주를 제외하면 서울이 매매가와 전세가 모두 가장 많이 올랐다. 하지만

여기에서 그보다 더 중요한 정보는 서울, 경기, 인천이 최근 3년 동안에도 매매가보다 전세가가 더 많이 올랐다는 사실이다. 9년이 아닌 매매가가 많이 오른 3년만 봐도 서울, 경기, 인천은 여전히 저평가되고 있는 것이다. 반면 이 차트에서 가장 고평가됐다고 판단할 수 있는 지역은 검정색 사선에서 오른쪽으로 가장 멀리 떨어진 세종과 제주다.

합리적인 투자자라면 당연히 저평가된 지역을 더 주목할 것이다. 다른 여러 조건도 함께 살펴봐야겠지만, 다른 조건이 비슷하다면 전세가 대비 매매가가 덜 오른 저평가된 지역에 투자하는 것이 더 좋을 것이다.

결론적으로 지난 9년 동안의 플라워차트든 지난 3년 동안의 플라워차트든 서울, 경기, 인천은 여전히 저평가되어 있다. 그리고 9년 동안의 플라워차트와 달리 3년 동안의 플라워차트를 보면 고평가된 지역이 꽤 여럿 보인다. 세종과 제주가 가장 고평가 상태며 사선 오른쪽에 있는 대구, 부산, 광주, 강원, 울산 등도 모두 어느 정도 고평가되어 있다고 볼 수 있다.

이처럼 플라워차트를 활용하면 상당히 유용한 인사이트를 여럿 얻을 수 있다. 물론 여러 번 언급했듯이 플라워차트 역시 여러 데이터 중 하나에 불과하다. 앞으로 분석할 다른 다양한 데이터와 함께 플라워차트를 본다면 어느 지역에 투자할 것인지에 대해 보다 정확한 판단을 할 수 있을 것이다.

과거 플라워차트를 분석해 미래를 예측하다

흔히 역사는 반복된다고 하는데, 이 말이 단순한 레토릭 이상의 의미를 지닐 때가 있다. 앞으로 2~3년간의 미래는 과거 어떤 시기와 가장 비슷할까?

우선 예측 가능한 시나리오는 금리 인상과 부동산 규제 강화다. 과거에도 이와 유사한 시기가 있었다. 바로 2003년 말부터 2005년 초반이다. 2003년 10.29 부동산 정책은 2017년 8.2 부동산 정책과 닮았다. 또 2005년부터 한국의 금리가 인상되기 시작했는데, 지금도 2017년 11월 30일에 금리 인상이 시작되었다. 그런 만큼 과거 2003년 10월부터 금융위기가 터지기 직전인 2008년 8월까지의 시도별 플라워차트를 보는 일은 지금의 우리에게 많은 도움이 될 수 있다.

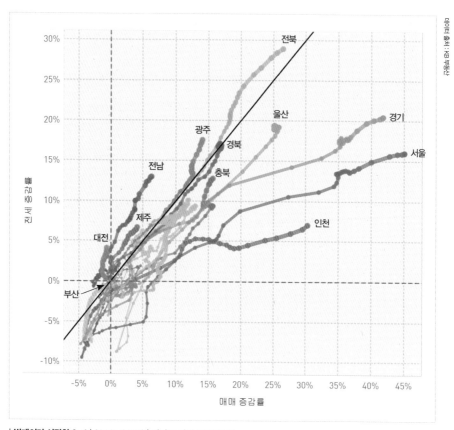

데이터 출처 : KB 부동산

| 빅데이터 시각화 3-4 | 2003~2008년 아파트 가격 플라워차트

자산 시장의 여름이었다고 할 수 있는 당시에는 정부의 강한 규제정책에도 불구하고 많은 지역에서 매매가가 큰 폭으로 상승했다. 특히 전세가와 비교하면 그 상승 폭이 훨씬 더 컸음을 확인할 수 있다. 검정색 사선에서 오른쪽으로 가장 멀리 떨어진 서울, 경기, 인천의 매매가에 버블이 가장 많이 끼어 있음을 확인할 수 있다.

이렇게 놓고 보니 금융위기가 끝나고 2009~2013년 정도까지 왜 서울, 경기, 인천 지역의 가격이 가장 크게 조정받았는지 알 것 같다. 돈이란 자연스럽게 저평가된 곳으로 흘러가게 되어 있다. 그래서 금융위기가 끝나고 고평가된 수도권은 상당 기간 조정 기간을 거쳤던 것이고, 버블이 별로 없었던 지방의 5대 광역시 등은 금세 상승세를 탈 수 있었던 것이다.

특히 이 시기 부산의 차트를 보면 매매가와 전세가 모두 하락했음을 알 수 있다. 자산 시장의 여름이 부산과는 상관이 없었던 것인데, 눈 밝은 투자자라면 이 사실을 저평가의 신호로 받아들이고 금융위기 이후 부산에 집중 투자했을 것이다.

장기 추세로 보는 시도별 플라워차트

이번에는 1997년부터 2017년까지, 그러니까 20년이라는 장기간의 플라워차트를 살펴보자. 참고로 세종시를 제외한 16개 시도의 아파트 통계는 2003년 6월부터 집계가 시작됐다. 그 이전의 통계는 서울 및 6대 광역시(인천, 대전, 대구, 광주, 울산, 부산) 밖에 없으므로 20년 장기 추세는 서울과 6대 광역시만을 그 대상으로 삼는다. IMF 사태가 종료한 직후인 1997년 12월부터 2017년까지 20년 동안의 서울, 인천, 대전, 대구, 광주, 울산, 부산의 플라워차트 [빅데이터 시각화 3-5]를 살펴보자.

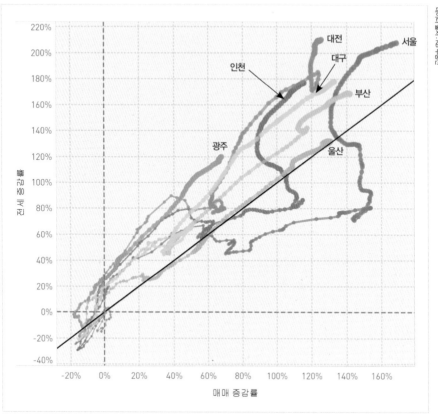

| 빅데이터 시각화 3-5 | 1997～2017년 아파트 가격 플라워차트

    20년 동안 매매가는 서울이, 전세가는 대전이 가장 많이 올랐다. 매매가와 전세가 모두 가장 적게 오른 곳은 광주다. 모든 지역이 전세가가 더 많이 올랐는데 그나마 검정색 사선과 가장 가까이 있는 울산이 가장 고평가된 지역이라고 할 수 있다. 저평가된 지역은 검정색 사선에서 멀리 떨어져 있는 대전, 인천, 서울, 광주, 경기, 대구 등이다.

    차트를 통해 알 수 있는 또 한 가지 사실은 서울과 인천을 제외한 지방의 5대 광역시(대전, 대구, 광주, 울산, 부산)는 큰 변동 없이 꾸준히 우상향을 한다는 것이다. 2010~2014년 매매가가 큰 폭으로 하락했던 서울, 인천과 달리 지방의 광역시들은 단기간의 조정은 있었지만 큰 폭의 변동성 없이 안정적으로 가격이 상승해왔다.

앞으로도 비슷한 흐름을 보일 것이라곤 장담할 순 없지만 20년간의 국내 주요 도시의 매매가 및 전세가의 움직임을 파악해두면 지금 어느 도시가 어느 지점에 와 있는지 짐작하는 데 큰 도움이 된다. 예를 들어 사선과 비교적 가까운 울산과 부산 등에 투자할 때는 더욱 신중해야 한다는 사실을 알 수 있고, 실수요층이 탄탄한 것이 검증된 서울, 인천, 대전 등에 보다 많은 기회가 있음을 알 수 있다.

또한 단기, 중기, 장기 플라워차트로 보았을 때 저평가가 반복되는 지역은 정말로 저평가되었을 가능성이 훨씬 더 높은 것이고, 반대로 고평가가 반복되는 지역은 정말로 고평가되었을 가능성이 훨씬 많은 것이다. 그래서 가급적 고평가 지역은 더욱 조심하고, 저평가 지역 위주로 관심을 가지는 것이 좋을 것이라 판단된다.

데이터로 본 부동산 팩트체크

- 플라워차트를 단기로 보나 중기로 보나 장기로 보나 서울, 경기, 인천은 저평가된 지역

- 제주, 부산, 울산은 고평가됐다는 신호가 있으므로 주의해야 함!

지역의 시세 흐름을 예측하는 수급 동향 차트

앞에서 확인한 것처럼 한국의 부동산, 특히 아파트를 분석할 때는 매매와 전세를 같이 보는 것이 중요하다. 그건 수급을 볼 때도 마찬가지다. 매수세가 얼마나 강한지를 보기 위해선 매수우위지수를 보면 되고, 전세 공급이 부족한지 넘치는지를 보기 위해선 전세수급지수를 보면 된다. 그럼 두 지수에 대해 조금 더 자세히 살펴보자.

1) 매수우위지수 = 100 + 매수세 - 매도세

범위는 0~200이며, 지수가 높을수록 매수세가 강하다는 의미다. 100을 초과하면 매수세가 굉장히 강하다는 것인데, 실제 매수우위지수가 100을 넘기는 경우는 그렇게 많지 않다.

매수우위지수는 변동이 심하다. 실수요 외에도 투자 심리가 많이 작용하기 때문이다. 매수세는 늘어나고 매도세는 줄어들면 매수우위지수는 올라가고, 반대로 매수세는 줄어들고 매도세가 강해지면 매수우위지수는 줄어든다.

매수우위지수를 보면 사람들의 매수세가 언제 강해지고 언제 약해지는지를 파악할 수 있고, 이를 매매 타이밍에 활용할 수 있다. 가령 매도세는 줄어들고, 매수세는 강해질 때를 매수의 적절한 타이밍으로, 반대로 매도세는 강해지고 매수세는 약해질 때를 매도의 적절한 타이밍으로 잡을 수 있다.

2) 전세수급지수 = 100 + 공급 부족 비중 - 공급 충분 비중

범위는 0~200이며, 지수가 높을수록 공급 부족 비중이 높다는 의미다. 공급 부족은 수요가 공급보다 많은 상황이고, 공급 충분은 공급이 수요보다 많은 상황이다. 전세수급지수가 100을 초과해서 높아질수록 전세 공급이 더 부족한 상황임을 뜻한다.

전세수급지수는 상대적으로 변동이 심하지 않다. 전세에는 실수요만 있기 때문이다. 전세수급지수가 중요한 까닭은 이 지수가 매매가에도 직접적인 영향을 미치기 때문이다. 전세수급지수가 100보다 높이 올라가면 전세 물건이 없어 매매가 상승으로 이어질 수 있고, 전세수급지수가 100 이하로 떨어지면 전세 공급이 많아 매매가 하락으로 이어질 수 있다.

물론 여기에 향후 입주 물량 데이터까지 함께 본다면 더욱 정확한 분석이 가능해질 것이다. 만약 전세수급지수가 상승하는데 향후 공급 물량마저 별로 없다면, 앞으로 전세수급지수는 계속 강세를 보일 가능성이 높아지고, 이는 결국 매매가 상승으로 이어진다.

매수우위지수와 전세수급지수는 항상 함께 살펴봐야 한다. 가령 매수우위지수와 전세수급지수가 동시에 하락하는 지역이 있다면 앞으로 매매가가 계속 떨어질 가능성이 크다. 반대로 매수우위지수는 낮더라도 전세수급지수가 상승하는 지역을 발견한다면 남들보다 조금 빠른 타이밍에 투자 기회를 잡을 수도 있다. 결론적으로 전세수급지수와 입주 물량 데이터로 해당 지역의 시세 방향에 대한 큰 그림을 그리고, 매수세가 없다가 강해지는 순간을 매수 타이밍으로 잡으면 실패 확률을 최소화할 수 있다. 더불어 플라워차트로 해당 지역의 시세가 상승으로 돌아서는 것까지 확인하면 더욱 확실할 것이다.

시도별 매수우위지수와 전세수급지수를 제대로 분석하기 위해서는 두 종류의 차트가 필요하다. 첫째는 특정 시점에서 각 시도별 매수우위지수와 전세수급지수를 비교한 차트고, 둘째는 특정 시도의 시간 흐름에 따른 매수우위지수와 전세수급지수의 변화를 비교하는 차트다.

첫 번째 차트는 각 시도별로 매수세가 강한지 약한지, 전세 공급이 부족한지 충분한지를 비교하기 위한 것이고 두 번째 차트는 특정 지역의 현재 상황이 어떤 흐름 속에서 만들어졌는지를 이해하기 위한 것이다.

[빅데이터 시각화 3-6] 차트는 각 시도별 비교를 위한 매수우위지수와 전세수급지수의 플라워차트다. 2017년 10월 1일부터 2017년 12월 26일까지의 주간 수급 데이터로 만들었다. 이렇게 놓고 보면 전국 각 시도별로 매수우위지수와 전세수급지수를 한눈에 비교할 수가 있다.

앞서 설명했듯이 매수우위지수가 100을 넘으면 매수세가 상당히 강하다고 볼 수 있고, 전세수급지수가 100을 넘으면 전세 공급이 부족하다는 얘기다. 그래서 매수우위지수와 전세수급지수가 100인 지점에 각각 빨간색 점선을 그었다. 또한 현재 각 시도별로 평균이 되는 매수우위지수 및 전세수급지수에 각각 회색 점선을 그었다. 이 기간에서 각 시도별 평균 매수우위지수는 42 정도, 또한 전세수급지수는 129 정도다. 이러면 전국 평균에 비해 어디가 더 높고, 어디가 더 낮은지를 한눈에 알아

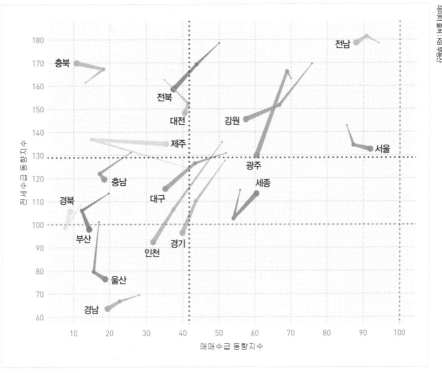

| 빅데이터 시각화 3-6 | 시도별 매수우위지수 및 전세수급지수 플라워차트

볼 수 있다. 이 두 가지 선을 기준으로 간단한 시도별 수급 분석을 해보겠다.

◆ **서울** : 전국에서 매수우위지수가 가장 높은 지역 중 하나. 전세수급지수도 100 이상이
고 전국 평균보다도 높다. 최근 방향성도 좋다.

◆ **세종** : 매수우위지수가 평균보다 높고 전세수급지수는 100보다 약간 높은 상황이다.
2017년 12월에 들어서 매매ㆍ전세 수급 모두 반등했다.

◆ **전남** : 매수우위지수가 88 정도로 상당히 강한 편이다. 전세수급지수도 전국에서 가장
높은 180 정도로 전세 공급이 상당히 부족하다.

◆ **강원, 광주** : 매수우위지수와 전세수급지수가 둘 다 하락하고 있다. 하지만 아직 매수우위지수와 전세수급지수 모두 전국 평균보다 높다.

◆ **전북, 대전, 충북, 제주** : 전국 평균보다 전세수급지수는 좋지만, 매수우위지수는 좋지 않다. 전세 공급이 부족하다는 의미이기 때문에 향후 공급 물량만 많지 않다면 전세수급지수는 계속 좋을 것이고 이는 매매가 상승으로 이어질 수 있다.

◆ **경북, 대구, 충남** : 전세수급지수는 전국 평균보다 낮지만 여전히 기준점인 100 이상이어서 아직 전세 수급은 그나마 버틸 만하다. 매수우위지수는 전국 평균보다 낮아서 매수세가 별로 없는 지역이다.

◆ **경기, 경남, 부산, 울산, 인천** : 전세수급지수는 기준점인 100보다 낮고, 매수우위지수도 전국 평균보다 낮은 지역들이다. 만약 이런 지역들에 향후 공급 물량까지 많다면 이는 곧바로 전세수급지수의 추가 하락으로 이어지고 이는 매매가에도 악영향을 미치게 된다.

그러면 어느 지역에 투자하는 것이 좋을까? 제일 좋은 것은 전세수급지수가 매우 높으면서 향후 입주 물량도 별로 없는 곳이다. 그래서 이 수급 데이터는 반드시 입주 물량 데이터와 함께 봐야 한다.

그렇다면 조심해야 하는 지역은 어디일까? 바로 전세수급지수가 떨어지는 지역이다. 특히 100이하로 떨어지는 지역은 더 조심해야 한다. 이 와중에 향후 입주 물량까지 많다면 앞으로도 계속 안 좋은 흐름을 보일 가능성이 높다.

2015~2017년 각 시도별 수급의 흐름

앞서 설명한 것처럼 어느 한 시점의 시도별 비교 플라워차트를 본 다음에는 일정한 기간 동안 각 시도의 수급 흐름이 어떻게 변해왔는지를 확인해야 한다. 이 책에서는 2015년 1월부터 2017년 12월까지의 흐름을 확인해보고자 한다. 원 데이터의 출처는 KB부동산 주간 통계다.

차트를 보는 방법을 간단히 설명하면, 매수우위지수 차트에서 파란색은 매도세 우위, 빨간색은 매수세 우위를 나타낸다. 그리고 녹색이 바로 매수우위지수다. 전세수급지수 차트에서 파란색은 공급 충분, 빨간색은 공급 부족을 나타낸다. 그리고 녹색이 바로 전세수급지수다.

먼저 **강원도**의 수급 차트와 가격 플라워차트를 함께 살펴보자. 강원도의 전세 수급은 아직 탄탄한 편이다. 2016년 말부터 전세수급지수가 떨어지기 시작해서 최근 하락하는 흐름을 보이고는 있으나, 2017년 12월 145.8로 아직은 꽤 높은 수치의 전세 수급을 보이고 있다. 하지만, 오랜 기간 거의 0에 가깝던 공급 충분이 최근 들어서 상승하는 모습을 보이고 있다. 강원도에서 전세 공급이 원활해지는 지역들이 생기고 있다는 뜻이다.

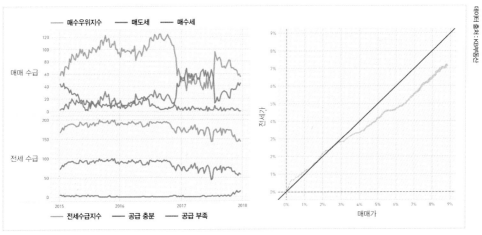

| **빅데이터 시각화 3-7** | 강원도의 수급 차트와 가격 플라워차트

강원도의 매수우위지수는 최근 하락하고 있는데 매수세는 거의 없는 것에 반해 매도세는 상승하고 있는 것을 원인으로 볼 수 있다. 아직까지는 괜찮은 모습이지만 매도세는 상승하고, 전세 공급이 충분한 지역이 많아지고 있다. 더불어 강원도에는 2018년과 2019년에 사상 최대의 입주 물량이 대기하고 있어 전세 수급은 계속 떨어질 것으로 예상이 된다.

이번에는 강원도의 매매가와 전세가 플라워차트를 살펴보자. 꾸준하게 상승하고 있는 것을 확인할 수 있는데, 사선의 오른쪽에 있고 갈수록 사선에서 멀어지는 것으로 보아 매매가에 거품이 많아지고 있다는 것을 알 수 있다. 만약 향후 공급 물량이 많다면 하락으로 전환할 수도 있어 보인다.

경기도의 전세수급지수는 2015년 1월 이후 지속적으로 하락했고 최근에 하락 추세가 가팔라지면서 기준점인 100까지 하락을 했다. 전세 수급이 간당간당한 것이다. 상당히 낮은 수준을 유지하던 공급 충분이 최근 들어 크게 상승을 한 것이 주된 원인이다. 나중에 입주 물량 파트에서 데이터를 확인하겠지만, 경기도 역시

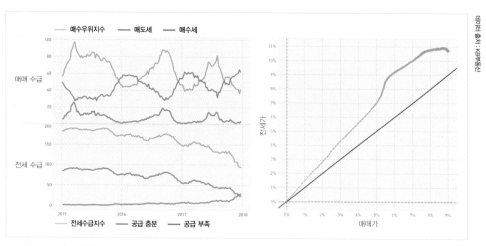

데이터 출처 : KB부동산

| **빅데이터 시각화 3-8** | 경기도의 수급 차트와 가격 플라워차트

2018년과 2019년에 사상 최대의 입주 물량이 대기를 하고 있어서 전세수급지수는 더욱 떨어질 것으로 예상이 된다. 경기도의 매수우위지수는 오르락내리락을 반복하다 최근 다시 상승해서 73.48까지 올라왔다.

경기도의 매매가와 전세가의 플라워차트를 보면 지속적인 우상향을 하고 있음을 확인할 수 있지만, 최근에 전세가가 주춤하더니 하락하고 있는 모습을 볼 수 있다. 전세수급지수 하락의 영향일 것이다. 그나마 다행인 것은 아직 사선의 왼쪽에 위치했기 때문에 매매가는 저평가된 상태라는 것이다.

경상남도의 전세수급지수는 2017년 들어서면서 본격적으로 하락해 12월에 66까지 떨어졌다. 전세 공급이 지금 수요를 압도하고 있는 셈이다. 전세수급지수 차트에서 확인할 수 있듯, 2017년 이후 공급 충분은 계속 상승하고 있고, 공급 부족은 계속 하락하고 있다.

경상남도의 매수우위지수는 어떨까. 매수세는 1.1로 매우 낮은 상황이며, 매도세는 지속적으로 상승해서 78.7까지 올라왔다. 그래서 매수우위지수는 22.4에 불

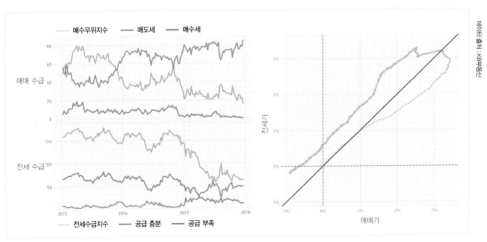

| **빅데이터 시각화 3-9** | 경상남도의 수급 차트와 가격 플라워차트

과하다. 전세, 매매 수급 모두 경상남도의 상황이 녹록지 않음을 암시하고 있다.

플라워차트 역시 부메랑처럼 올라갔다 떨어지고 있음이 확인된다. 2016년 초중반부터 매매가가 먼저 빠지더니, 2016년 5월 이후부터는 매매가와 전세가가 동시에 하락하고 있다. 사선 왼쪽에 위치한 것으로 보아 매매가가 전세가에 비해 약간 저평가되었지만 정도는 미미하다.

경상남도는 이미 2017년부터 사상 최대의 입주 폭탄이 시작되었고 2018년과 2019년에도 계속해서 엄청난 입주 물량이 대기하고 있어서 전세수급지수는 계속 하락세를 유지할 것으로 보인다.

경상북도의 전세수급지수도 2015년부터 지속적으로 하락하고 있다. 그래서 2017년 12월에는 102.8까지 떨어졌다. 공급 충분은 조금씩 상승하고 있고, 공급 부족은 하락하고 있기 때문이다. 매수우위지수는 4.8로 최악의 상황이다. 매도세는 95.2, 매수세는 최악인 0에 머물고 있다. 한마디로 팔 사람은 정말 많은데 사려는 사람은 전혀 없는 상태다.

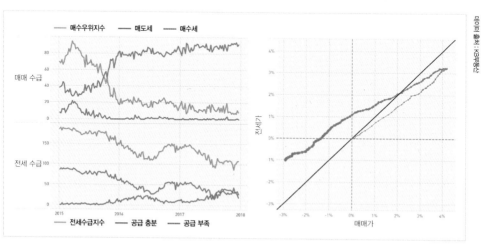

데이터 출처 : KB부동산

| **빅데이터 시각화 3-10** | 경상북도의 수급 차트와 가격 플라워차트

플라워차트도 경상남도와 별로 다를 게 없이 2015년 말부터 지속적인 매매, 전세 하락세를 보이고 있다. 경상북도도 2017년에 사상 최대의 입주 폭탄이 시작되었고 2018년에도 거의 비슷한 양의 많은 입주 물량이 대기하고 있는 것으로 보아 경상북도의 전세수급지수는 당분간 약세를 보일 것으로 판단된다.

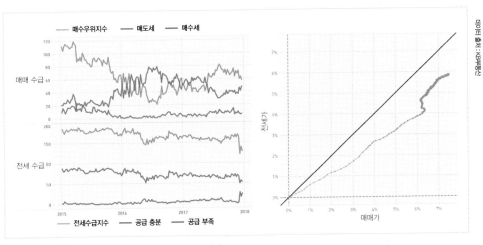

데이터 출차 : KB부동산

| **빅데이터 시각화 3-11** | 광주시의 수급 차트와 가격 플라워차트

광주시의 전세수급지수는 138.5로 괜찮은 편이지만, 최근 급락했다. 공급 부족이 53.3으로 하락하고, 공급 충분은 14.8로 단기 급등하며 최근 추세가 급격히 안 좋아지고 있는 것이다. 매수우위지수는 58.3으로 최근 하락하고 있다. 매수세는 6.2 정도로 정체되어 있는데, 매도세는 47.9로 상승세에 있다.

플라워차트를 보니 지속적으로 우상향하고 있음을 확인할 수 있지만, 전세가보다 매매가 상승이 더 큰 것으로 봐서 매매가가 약간 고평가되어 있다고 판단할 수 있다. 광주의 2018년 입주 물량은 최근 20년 평균 입주 물량보다는 조금 적고, 2019년 평균보다는 조금 많다. 이를 고려했을 때 광주의 전세수급지수는 현 수준을 크게

데이터 출처: KB부동산

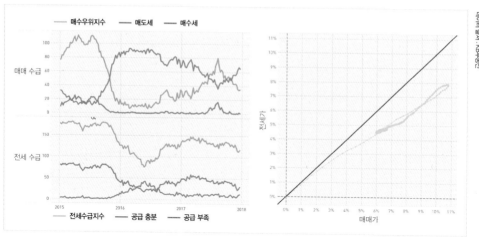

| 빅데이터 시각화 3-12 | 대구시의 수급 차트와 가격 플라워차트

벗어나지는 않을 것으로 판단된다.

대구시의 전세수급지수는 2015년 11월부터 급락하기 시작한다. 그리고 2016년 중순쯤에 76으로 저점을 찍고 이후 반등했다가 2017년 4월부터 다시 하락해 12월에 109.4로 기준점인 100보다 살짝 높은 상태다. 매수우위지수는 전세수급지수보다 앞선 2015년 8월부터 더 가파르게 하락했다. 2016년 하반기 이후 어느 정도 회복해 2017년 8월 초 80.4까지 빠르게 상승했지만 이후 다시 하락하여 2017년 12월 31.6까지 떨어졌다.

플라워차트를 보면 매매가와 전세가가 2015년 12월 말부터 동시에 하락했고 2017년 7월 초부터 다시 반등을 시작했다. 아직 사선의 오른쪽에 있는 것으로 보아 매매가가 약간 고평가되어 있다고 볼 수 있다. 물론 모든 데이터는 기간을 어떻게 설정하느냐에 따라 전혀 다른 그림이 나올 수 있다. 지면상 한계가 있어 특정 기간만의 데이터를 보여주고 있음을 주지하길 바란다.

대구의 입주 물량은 2018년에 2017년보다 많이 줄어들고, 2019년에는 더욱 많이 줄어든다. 그래서 대구의 전세수급지수는 상승세를 유지할 것이고 이는 매매가에도 긍정적인 영향을 미칠 것으로 판단된다.

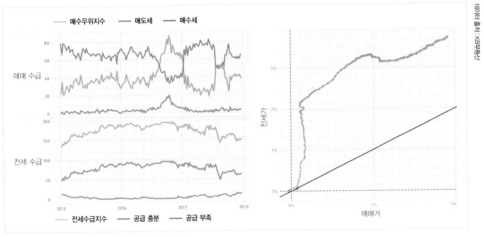

데이터 출처 : KB부동산

| 빅데이터 시각화 3-13 | 대전시의 수급 차트와 가격 플라워차트

대전시의 경우 전세수급지수가 2017년 2월부터 지속적으로 하락해서 12월에 144.1로 떨어졌지만 아직은 꽤 안정적인 수준이다. 매수우위지수는 41.3으로 전국 평균 수준이다. 플라워차트를 보면 사선의 왼쪽에 있어 매매가가 살짝 저평가된 것을 알 수 있다.

대전의 2018년과 2019년 입주 물량은 평균 이하이며 계속 감소하는 것으로 보아 대전의 전세 수급은 양호한 수준을 유지할 것으로 판단된다.

지난 2017년 4월 6일 블로그에 '부산 아파트 시세 전망 - 찬바람이 불어오는가?'라는 글을 올렸다. 당시 부산의 전세와 매매 수급이 동시에 안 좋아지기 시작한 것을 데이터로 확인했기 때문이다.

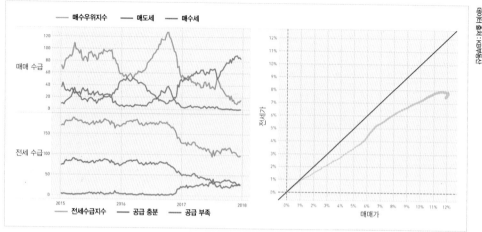

| 빅데이터 시각화 3-14 | 부산시의 수급 차트와 가격 플라워차트

부산시의 전세수급지수는 2016년 10월까지 꽤 높은 수치로 안정적인 모습을 보였지만, 2016년 11월부터 하락하기 시작하여 2017년 7월 96.2까지 떨어졌고 이후 잠깐 반등했다가 다시 하락해 2017년 12월 100.6이다. 매수우위지수 역시 비슷한 시기부터 급락해 11.4까지 떨어졌다. 매매 수요와 전세 수요가 고공 행진하던 시기가 끝나고, 대신 전세 공급이 늘고 매도세가 높아지는 시점에 들어온 것이다.

그럼에도 불구하고 부산의 플라워차트를 보면 2017년 8월까지도 계속해서 상승을 하다가 9월에 들어서부터는 전세가, 매매가 동반 하락을 시작했다. 그리고 사선에서 오른쪽으로 꽤 떨어져 있는 것으로 보아 매매가가 고평가된 것으로 판단된다.

2018년과 2019년 부산의 입주 물량은 꽤 많은 편이고 이것은 지금도 약세인 전세수급지수를 더욱 악화시킬 것으로 판단된다. 그래서 부산 지역 투자는 정말 조심스럽게 접근하는 것이 좋다.

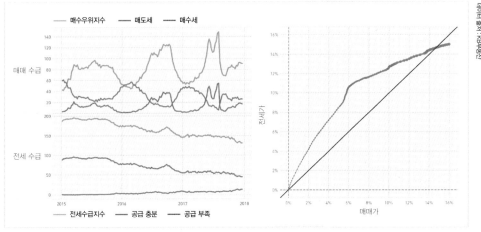

데이터 출처: KB부동산

| 빅데이터 시각화 3-15 | 서울시의 수급 차트와 가격 플라워차트

　　서울시의 전세수급지수는 지속적으로 하락해서 2017년 12월 131로 그래도 아직은 꽤 안정적인 수준이다. 매수우위지수는 2017년 12월 96.6을 기록하며 상당히 높은 상태로 전국에서 가장 높은 수준이다.

　　서울의 플라워차트는 어떤 모습일까. 앞서 설명했지만, 사실 서울은 2008년 금융위기 이후 오랜 기간 침체기를 겪었고, 2015년부터 본격적으로 오르기 시작했다. 서울의 2015년 이후 플라워차트를 보면 서울이 이제 막 사선의 오른쪽에 들어섰음을 확인할 수 있다. 매매가에 버블이 별로 없다는 의미다. 서울의 2018년과 2019년 입주 물량은 최근 20년 평균보다 약간 많은 수준으로 별 부담이 없어 보인다. 그래서 서울의 전세수급지수는 지금 수준을 유지하거나 소폭 하락하는 정도에 그칠 것으로 판단된다.

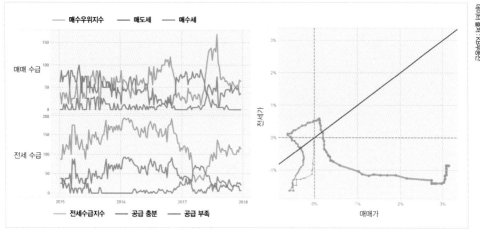

| 빅데이터 시각화 3-16 | 세종시의 수급 차트와 가격 플라워차트

세종시의 전세수급지수는 2016년 11월 급락해 30 정도까지 떨어졌다가 2017년 3~5월에 바닥을 찍고 다시 상승해서 2017년 12월 114까지 올랐다. 세종시의 매수 우위지수는 2017년 5~8월까지 급등을 하다가 다시 하락하여 12월 64이다.

여러 호재가 있기 때문인지 다른 지역과 굉장히 다른 흐름을 보이고 있다. 지금 까지 봤던 플라워차트와 완전히 다른 특이한 형태이지 않은가. 통상 매수우위지수 와 전세수급지수가 동시에 하락하면, 매매가와 전세가가 동시에 빠지게 마련인데, 세종시는 그런 시기에도 전세가는 빠졌지만 매매가는 계속 상승했다. 2015년과 2016년 전세가가 오르락내리락 널뛰기를 했던 세종시는 2017년 초부터 매매가는 계속 상승하고 전세가는 하락하다가 10월부터 가파르게 오르고 있다.

2017년에 꽤 많은 입주 물량이 들어왔던 세종시의 2018~2019년 입주 물량은 갈수록 줄어들 예정이다. 이는 세종시의 전세수급지수가 안정적으로 유지될 수 있 다는 것을 의미한다.

데이터 출처 : KB부동산

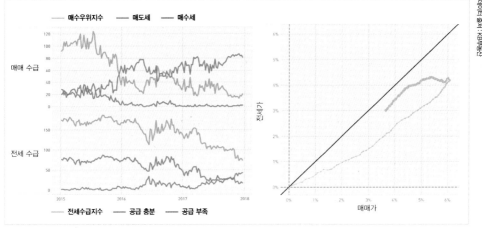

| **빅데이터 시각화 3-17** | 울산시의 수급 차트와 가격 플라워차트

    울산시의 전세수급지수는 지속적으로 하락해서 2017년 12월 83까지 내려왔다. 전세 공급이 수요보다 더 많은 것이다. 매수우위지수는 14.5로 사상 최저치를 보인다. 매수세는 2.1로 거의 없고 매도세는 87.6으로 매우 높기 때문이다.

    이제 플라워차트를 보자. 2016년 4월까지 꾸준하게 상승하던 매매·전세 가격은 2016년 5월부터 동시에 떨어지기 시작했다. 2017년에 입주 물량이 많았던 울산은 2018년과 2019년에도 많은 입주 물량이 기다리고 있다. 그래서 울산의 전세수급지수는 앞으로도 좋지 않을 것으로 판단된다.

    인천시의 전세수급지수는 지속적으로 하락하다가 2017년 10월부터 급락해서 12월에는 87.4까지 떨어졌다. 즉 전세 물량이 수요보다 많은 것이다. 매수우위지수도 2017년 12월 33.8로 꽤 낮은 상태다.

    인천의 플라워차트를 보면, 사선과 거의 비슷하게 꾸준히 우상향하다가 2017년 11월 말부터 전세가가 떨어지고 있다. 2017년부터 입주 물량이 20년 평균 이상으

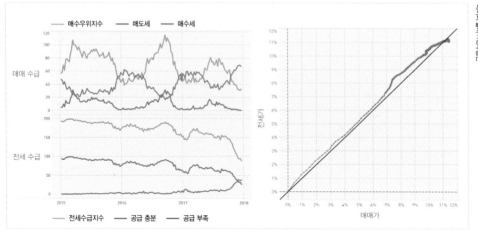

데이터 출처 : KB부동산

| 빅데이터 시각화 3-18 | 인천시의 수급 차트와 가격 플라워차트

로 증가한 인천은 2018년과 2019년에도 2017년 정도의 입주 물량이 예정돼 있다. 그래서 인천의 전세수급지수는 앞으로도 좋아지기 쉽지 않아 보인다.

전라남도의 전세수급지수를 보면 상당히 좋은 수치를 오랫동안 유지하고 있고 2017년 12월에는 185로 매우 높다. 매수우위지수는 2016년 말에 고점을 치고 하향 중이지만 2017년 12월 88.7로 여전히 매우 높은 수준이다.

플라워차트를 보면 전남의 매매가와 전세가는 꾸준히 상승했고 2017년 12월 사선에서 약간 오른쪽에 있지만 그 정도가 미미한 것으로 보아 매매가는 전세 대비 적정 수준이라 할 수 있다. 2017년에 매우 적은 입주 물량이 들어왔던 전남의 2018년과 2019년 입주 물량은 예년보다 증가해 최근 20년 평균치 정도가 들어온다. 그래서 전남의 전세수급지수는 지금보다 더 낮아질 것으로 판단된다.

높은 수준을 유지하던 **전라북도**의 전세수급지수는 2017년 10월부터 하락하여 12월 161까지 떨어졌으나 여전히 매우 좋은 수준을 유지하고 있다. 2016년 말부터

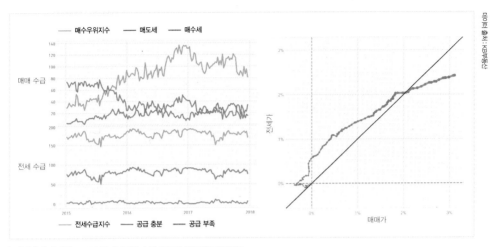

데이터 출처 : KB부동산

| 빅데이터 시각화 3-19 | 전라남도의 수급 차트와 가격 플라워차트

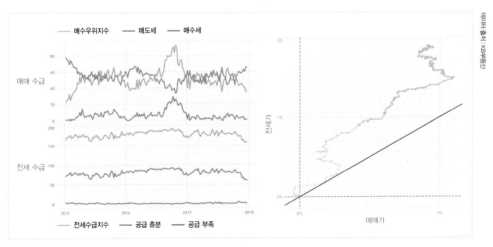

데이터 출처 : KB부동산

| 빅데이터 시각화 3-20 | 전라북도의 수급 차트와 가격 플라워차트

하락한 매수우위지수는 2017년 12월 43이다.

플라워차트를 보면 우상향하고 있는 모습이고 사선의 왼쪽에 있어서 매매가가 저평가되어 있지만 미미한 수준이다. 2016년과 2017년 연속해서 최근 20년 평균 입주 물량보다 약간 적은 물량이 들어왔던 전라북도는 2018년에 거의 사상 최대의 입주 물량이 있고, 2019년에도 평균보다 많은 입주 물량이 기다리고 있다. 그래서 전라북도의 전세수급지수는 꽤 떨어질 것으로 판단된다.

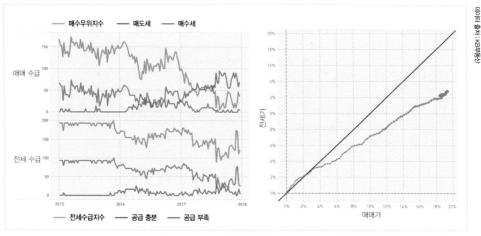

데이터 출처: KB부동산

| **빅데이터 시각화 3-21** | 제주도의 수급 차트와 가격 플라워차트

제주도의 전세수급지수는 2015년 말부터 하락하기 시작해 2017년 7월 말 90까지 떨어졌다가 다시 상승하고 하락해 12월에는 127.8로 어느 정도 안정을 찾은 수준이다. 매수우위지수는 지속적으로 하락하다가 최근에 횡보 중이고 2017년 12월 22이다.

플라워차트에서는 잘 보이지 않지만 2017년 4월부터 매매가와 전세가가 동시에 하락하고 있다. 사선에서 오른쪽으로 꽤 떨어져 있어 매매가가 조금 고평가되어 있다고 판단할 수 있다. 2017년에 최근 20년 평균보다 꽤 많은 입주 물량이 들어왔던 제주는 2018년과 2019년에는 평균보다 약간 적은 입주 물량이 들어온다. 그래서 제주도의 전세수급지수는 지금 정도의 수준을 유지하거나 어느 정도 상승할 것으로 예상된다.

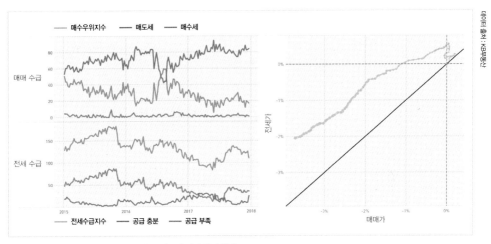

| 빅데이터 시각화 3-22 | 충청남도의 수급 차트와 가격 플라워차트

충청남도의 전세수급지수는 지속적으로 하락해 2017년 5월 83.7까지 떨어졌다가 반등하여 2017년 12월 116.7이다. 매수우위지수는 2017년 12월 13.4로 매우 낮은 수준이다.

플라워차트를 보면 지속적으로 하락하며 사선의 왼쪽으로 점점 이동하고 있어 저평가되고 있다는 것을 알 수 있지만 아직 그 정도가 크지는 않다. 2017년에 사상 최대의 입주 물량이 들어왔던 충남은 2018년에도 거의 비슷한 양의 엄청난 물량이 대기하고 있지만 다행히 2019년에는 입주 물량이 대폭 감소한다. 그렇기 때문에 충남의 전세수급지수는 2018년에도 약세를 보이다가 연말로 갈수록 반등을 할 것으로 판단이 된다.

충청북도의 전세수급지수는 꾸준히 150 이상을 유지했고 2017년 12월에도 166

으로 꽤 높은 수준이다. 그런데 매수우위지수는 계속 하락하여 2017년 12월 사상 최저인 8.4이다.

플라워차트를 보면 2015년 10월까지는 전세가와 매매가 모두 꾸준히 상승하다가 그 이후부터 매매가와 전세가가 하락하고 있고 갈수록 사선의 왼쪽으로 가고 있다. 그 폭도 작지 않기 때문에 매매가가 저평가되어 있다고 판단할 수 있다. 2018년에는 사상 최대의 입주 물량이 기다리고 있어 충북의 전세수급지수는 2018년에 약세를 보일 것으로 판단된다.

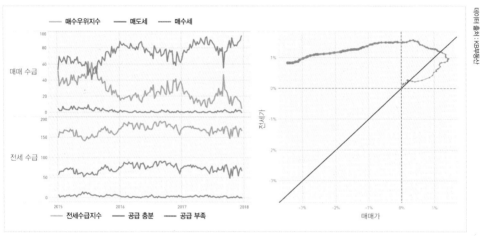

데이터 출처 : KB부동산

| 빅데이터 시각화 3-23 | 충청북도의 수급 차트와 가격 플라워차트

물론 여러 번 강조했지만 기간을 다르게 설정하면 완전히 다른 결과가 나타날 수 있다. 또 이 한 가지 데이터만 보고 성급하게 판단해서도 안 된다. 그럼에도 의미 있는 데이터란 사실은 변함이 없으니 다른 데이터와 함께 살펴보며 투자 판단에 참고하자.

시도별 매매가 및 전세가 비교 분석

　본격적으로 각 시도별 매매가 및 전세가 비교를 하기 전에 '전세가율'이란 개념에 대해 공부하고 넘어가자. 한마디로 전세가율이란 '매매가 대비한 전세가의 비율'을 의미한다.

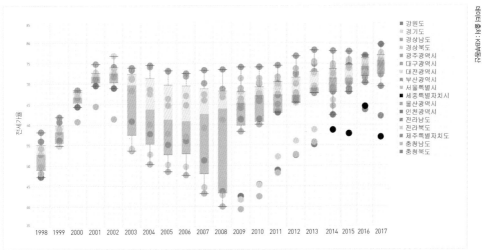

데이터 출처 : KB부동산

| **빅데이터 시각화 3-24** | 전국 시도 전세가율 박스플롯 차트

　이 차트는 전국 각 시도의 전세가율을 박스플롯 차트로 표현한 것이다. 각 시도별 전세가율은 차트에서 보는 것처럼 시도간의 간격이 좁았다가 넓었다가 다시 좁아졌다. 2015년 이후 대부분 시도의 전세가율이 사상 최대를 기록했으니 전세를 끼고 투자하는 갭투자가 유행할 수밖에 없는 환경이었다.

하지만 무분별한 갭투자는 정말 조심해야 한다. 위 차트만 봐도 알 수 있듯 전세가율은 언제든 다시 떨어질 수 있다. 예를 들어 경제위기가 발생하고 사람들이 부동산에 대한 불안 심리가 클 때는 매매가가 주춤하고 전세가가 상승해 전세가율이 높아진다.

반면 본격적으로 자산 시장이 좋아지고 사람들 마음속에 탐욕이 생기면 전세 수요가 매매 수요로 돌아서기도 하고 입주 물량도 많아져서 전세가율이 다시 떨어진다. 중요한 것은 이때 지역별로 편차가 심해지는 것이다. 전세가율이 확 떨어지는 지역과 전세가율이 크게 떨어지지 않는 지역으로 세분화된다.

[빅데이터 시각화 3-24] 차트를 자세히 보면 2017년부터 다시 시도별 전세가율의 폭이 넓어지고 있음을 알 수 있다. 2017년부터 엄청난 입주 물량이 들어왔고 2018년에는 그보다 더 많은 사상 최대의 입주 물량이 예견되어 있는 만큼 시도별 전세가율 폭은 더 넓어질 것이다. 그러므로 갭투자는 정말 조심해야 하고, 혹시 한다고 해도 해당 지역에 대해 많은 데이터를 분석하고 진행해야 한다.

그럼 이제 본격적으로 현재 시도별 매매가 및 전세가를 비교 분석해보자. 시세의 변화를 보는 것도 중요하지만, 현재 매매가와 전세가가 어떤 상황인지를 각 시도별로 확인하는 것도 매우 중요하다.

여기에서는 2017년 6월 KB부동산 월간 통계를 기준으로 각 시도별 비교를 진행한다. 사실 이 작업에는 긴 말이 필요 없다. 매매가 및 전세가를 한눈에 보여주는 잘 정리된 표, 혹은 지도 하나면 충분하다.

오른쪽 페이지에 매매가와 전세가 지도를 준비했다. 단위는 만 원이다. 172쪽 표에는 가격이 높은 지역에서 낮은 지역 순서로 정리했다.

사실 이 표 하나만 꼼꼼히 살펴봐도 고평가 지역과 저평가 지역을 어느 정도 구분할 수 있다. 전세가 순위(혹은 서울 대비 비율)보다 매매가 순위(혹은 서울 대비 비율)가 더

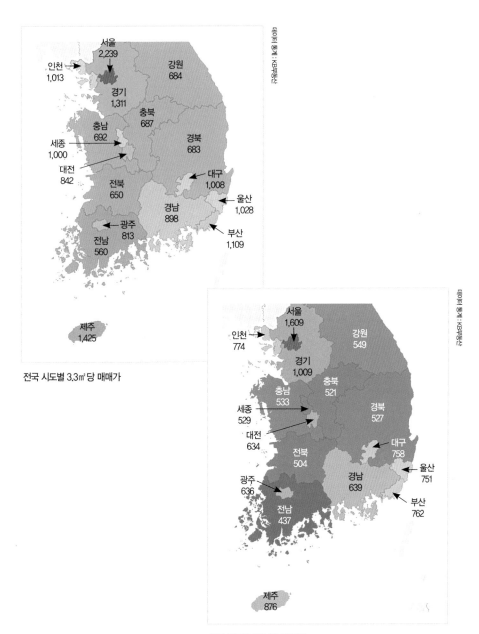

데이터 출처 : KB부동산

전국 시도별 3.3㎡당 매매가

서울
2,239

인천
1,013

강원
684

경기
1,311

충북
687

충남
692

세종
1,000

대전
842

경북
683

대구
1,008

전북
650

울산
1,028

경남
898

광주
813

부산
1,109

전남
560

제주
1,425

데이터 출처 : KB부동산

전국 시도별 3.3㎡당 전세가

서울
1,609

인천
774

강원
549

경기
1,009

충북
521

충남
533

세종
529

대전
634

경북
527

대구
758

전북
504

울산
751

경남
639

광주
636

부산
762

전남
437

제주
876

전국 시도 매매가 및 전세가 순위

순위	시도	매매가	서울 대비	순위	시도	전세가	서울 대비
1	서울	2,239만원	100.0%	1	서울	1,609만원	100.0%
2	제주	1,425만원	63.6%	2	경기	1,009만원	45.1%
3	경기	1,311만원	58.6%	3	제주	876만원	39.1%
4	부산	1,109만원	49.5%	4	인천	774만원	34.6%
5	울산	1,028만원	45.9%	5	부산	762만원	34.0%
6	인천	1,013만원	45.2%	6	대구	758만원	33.9%
7	대구	1,008만원	45.0%	7	울산	751만원	33.5%
8	세종	1,000만원	44.7%	8	경남	639만원	28.5%
9	경남	898만원	40.1%	9	광주	636만원	28.4%
10	대전	842만원	37.6%	10	대전	634만원	28.3%
11	광주	813만원	36.3%	11	강원	549만원	24.5%
12	충남	692만원	30.9%	12	충남	533만원	23.8%
13	충북	687만원	30.7%	13	세종	529만원	23.6%
14	강원	684만원	30.5%	14	경북	527만원	23.5%
15	경북	683만원	30.5%	15	충북	521만원	23.3%
16	전북	650만원	29.0%	16	전북	504만원	22.5%
17	전남	560만원	25.0%	17	전남	437만원	19.5%

높으면 고평가 지역, 전세가 순위보다 매매가 순위(혹은 서울 대비 비율)가 낮으면 저평가 지역이라고 판단할 수 있다. 물론 공급 물량이 갑자기 늘어나서 일시적으로 전세가에 영향을 미쳤을 수도 있으므로 그 부분은 주의해서 판단해야 한다.

이 기준으로 판단해보면 고평가 지역은 제주, 부산, 울산, 세종, 충북이고, 저평가 지역은 경기, 인천, 대구, 경남, 광주, 강원, 경북이다.

데이터로 본 부동산 팩트 체크

- 수급이 좋은 지역은 서울, 세종, 전남. 수급이 좋지 않은 지역은 울산, 부산, 충남, 경북, 경남

- 2017년부터 전세가율이 낮아지고 있으므로, 갭투자에 유의할 때!

대출 위험과 아파트버블을 확인해 투자 안전 지역을 찾아라

시도별 대출위험 인덱스

2장에서 전국 기준 대출위험 인덱스를 분석했다. 2017년은 2008년 금융위기 이후 대출 위험이 가장 낮은 상태라고도 설명했다. 추세 또한 아직 상승으로 반전되지 않았다. 대출 금액 자체는 늘어났지만, 실제 대출 위험도는 과거에 비해 오히려 매우 낮다는 말이다.

이번에는 전국 기준이 아니라 각 시도별 대출위험 인덱스를 살펴보자. 원 데이터는 한국은행에서 가져왔다. 시도별 대출위험 인덱스는 0%를 기준으로 그보다 높아질수록 위험하다. 현재 시점의 수치와 현재에 이르게 한 최근 몇 년 동안의 추세를 함께 확인하는 것이 좋다. 과거 사례를 보면 위기가 터지기 직전, 그러니까 자산 시장에 버블이 많이 끼어 있는 시기에 대출위험 인덱스가 높았다는 사실을 알 수 있다.

| 빅데이터 시각화 3-25 | 전국 시도별 대출위험 인덱스 데이터 출처 : 한국은행

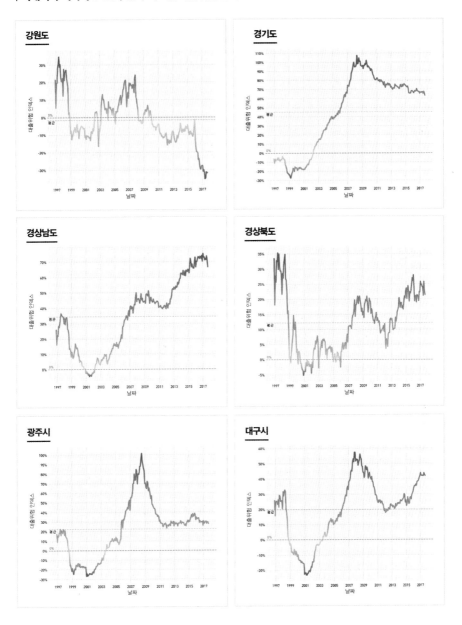

그럼 이제 각 시도별 대출위험 인덱스를 살펴보자. 현재 대출위험 인덱스가 낮은 지역(0% 이하)과 높은 지역(40% 이상), 그리고 보통 수준인 지역(0~30%)으로 구분해보자. 30~40% 구간은 해당되는 지역이 없어서 제외했다.

우선 대출위험 인덱스가 낮은 지역으로 눈에 들어오는 곳이 강원, 대전, 서울, 전남이다.

강원도의 대출위험 인덱스는 2017년 9월 -32%로 거의 사상 최저 수준이고 전국 시도 중에서도 가장 낮다. 쉽게 설명하면 예금액이 대출액보다 훨씬 크다는 이야기다. 시기적으로도 다른 지역과 비교해서 매우 안전한 수준이라고 평가할 수 있다. **대전시**는 대출위험 인덱스가 가장 높았을 때도 13%에 불과한 것으로 보아 상당히 보수적임을 알 수 있다. 2017년 9월 -3%로 꽤 안전한 수준이다.

서울시는 2006년과 2007년 대출위험 인덱스가 급등했다가 2008년 금융위기 이후 지속적으로 하락해 2010년 말부터 -10% 초반대의 박스권을 형성하고 있고 2017년 9월 기준 -12%로 상당히 낮다. **전라남도**는 1997년 IMF 이후 대출위험 인덱스가 지속적으로 하락했다. 다른 지역이 거의 다 급등했던 금융위기 직전에도 전남은 오히려 하락했다. 2017년 9월 -6%로 꽤 낮다.

다음으로 대출위험 인덱스가 높은 지역을 살펴보자. 40%가 넘는 지역이 경기, 경남, 대구, 울산, 인천, 제주, 충남이다.

먼저 **경기도**의 경우 IMF가 터지기 직전에는 대출위험 인덱스가 상당히 양호한 편이었는데, 이후 지속적으로 상승해서 금융위기 직전에는 110%에 육박했다. 그리고 2008년 금융위기 이후 꾸준히 줄어들고는 있지만 2017년 9월 63%로 굉장히 높은 수준이다.

경상남도와 **울산시**는 묶어서 볼 수 있을 텐데, 두 지역 모두 1996년 이후 사상 최고의 대출위험 인덱스를 보이고 있다. 심지어 2008년 금융위기 때보다 지금이 더 높

| 빅데이터 시각화 3-25 | 전국 시도별 대출위험 인덱스 데이터 출처 : 한국은행

대전시

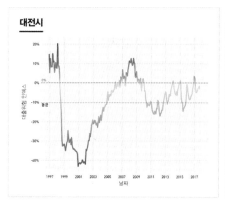

부산시

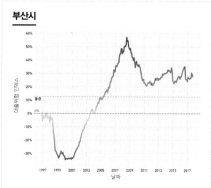

서울시

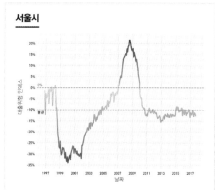

세종시

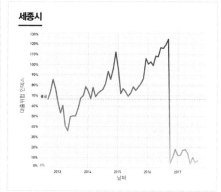

울산시

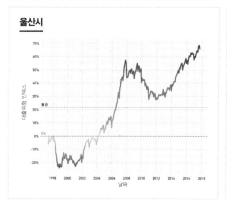

인천시

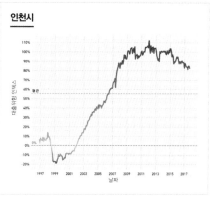

제3장 어디에 투자해야 하는가 177

은 상황이다. 대출위험 인덱스 수치가 가장 높은 지역은 2017년 9월 83%인 **인천시**다. 다만 가장 높았던 때보다는 낮아지고 있는 추세긴 하다.

41%인 충남, 42%인 대구, 43%인 제주도 대출 위험도가 높다. **충청남도**는 최근 몇 년 40~50%에서 횡보 중이고 **대구시**는 2011년 중반 이후 지속적으로 상승했다. **제주도**는 제주도 투자 열풍이 불면서 2015~2017년 대출이 급증했다.

나머지 지역 즉 광주, 경북, 부산, 세종, 전북, 충북은 대출위험 인덱스가 0~30% 사이에 있다.

경상북도의 대출위험 인덱스는 21% 수준이다. **광주시**와 **부산시**는 28%로 똑같은 수준이다. 두 지역 모두 2008년 금융위기 직전 크게 올랐고, 이후 지속적으로 하락했다. 2011년 이후 횡보하고 있는 것도 비슷한데, 여전히 낮다고는 볼 수 없는 대출위험 인덱스를 기록하고 있다.

세종시의 데이터는 2012년 9월부터 나왔다. 계속 높은 수준이었는데 최근 급락해 2017년 9월 7%까지 떨어졌다. 10%인 **전라북도**와 18%인 **충청북도**는 2017년 들어서 하락을 하고 있다.

최근 데이터로 [시도별 대출위험 인덱스 지도]를 만들었다. 초록색이 진할수록 대출 위험

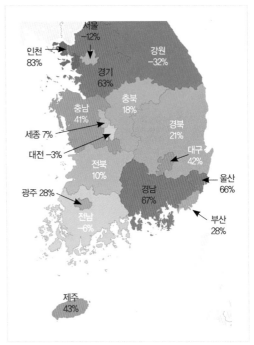

데이터 출처 : 한국은행

서울 -12%
인천 83%
강원 -32%
경기 63%
충북 18%
충남 41%
세종 7%
대전 -3%
경북 21%
대구 42%
전북 10%
광주 28%
경남 67%
울산 66%
전남 -6%
부산 28%
제주 43%

2017년 전국 대출위험 인덱스 지도

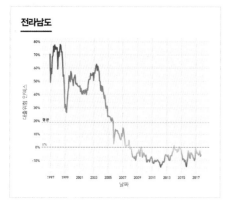

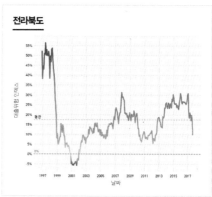

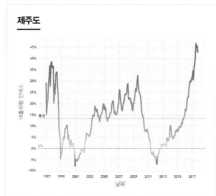

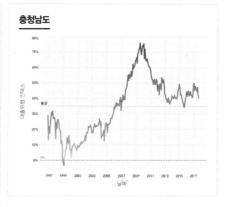

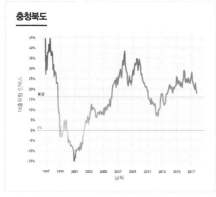

이 낮고, 빨간색이 진할수록 대출 위험이 높은 지역이다. 역대 최대 대출이라는 말을 많이 듣지만, 시도별로 구분해서 보면 진짜 위험한 지역과 그렇지 않은 지역이 한눈에 보인다. 이 데이터로 향후 어느 지역이 더 많이 오를지 판단할 순 없지만, 최소한 어느 지역이 안전하고 어느 지역이 위험한지는 충분히 알 수 있다. 투자 지역 선정에 참고하길 바란다.

시도별 아파트버블 인덱스

투자의 기본은 쌀 때 사서 비쌀 때 파는 것이다. 달리 표현하면 저평가일 때 매수하고, 고평가일 때 매도하는 것이다. 말은 쉽지만 지금이 저평가인지 고평가인지 쉽게 알 수 없다는 점이 문제다. 단순히 지금이 다른 시기보다 비싸다고, 혹은 이 지역이 다른 지역보다 비싸다고 고평가로 판단되는 것이 아니다. 이미 오른 지역은 계속 더 오를지 아니면 꼭지를 찍은 것인지 판단하기 어렵고, 크게 하락한 지역은 계속 떨어질지 아니면 바닥을 찍은 것인지 판단하기 어렵다. 그래서 대부분 사람이 주변 분위기와 심리 변화에 따라 크게 흔들린다. 그리고 사람들은 비교할 만한 기준 자체가 없기 때문에, 자신이 아파트를 비싸게 사는 건지 싸게 사는 건지 판단하지 못한다.

그러므로 훨씬 더 근본적으로 실제 가치를 판단할 수 있어야 한다. 나는 부동산 공부를 시작하며 금융위기가 끝난 2009년부터 2013년까지 왜 수도권은 하락하고 비수도권은 상승했는지 고민했다. 그리고 왜 2014년부터 수도권도 다시 상승하기 시작하고, 반대로 2016년부터는 일부 비수도권 지역이 하락했는지 그 이유를 찾아내고 싶었다. 이런 질문에 대한 명확한 답을 찾아야 대한민국 부동산 투자의 진짜 비밀을 알 수 있을 것 같았다. 지역별로 엇갈리는 타이밍을 미리 알 수만 있다면 전체적인 하락장에서도 수익을 볼 수 있기 때문이다.

실제 금융위기 당시에도 거의 하락하지 않고 꾸준히 상승한 지역이 있다. 저평가된 지역은 위기에 특히 강하다는 증거다. 이 책의 과제 중 하나도 바로 데이터로 그런 저평가된 지역을 찾아내는 것이다. 언론에서 흔히 볼 수 있는 입주 물량, 혹은 지역별로 존재하는 각종 호재만으로는 절대 알 수 없다.

그래서 많은 데이터를 검토하고 연구한 끝에 만든 것이 이 책에서 소개하고 있는 버블 인덱스다. 2장에서 전국의 지수를 살펴봤는데, 이번에는 각 시도별 지수를 살펴볼 것이다. 아파트 데이터만 가져왔기 때문에 이 장에서는 아파트버블 인덱스라 부른다. 내가 검토하고 검증한 바로는 이 지표는 상당히 유용하게 활용할 수 있다.

특히 특정 시도 아파트 가격의 저점과 고점의 시기를 잡는 데 유용하다. 물론 오늘 의미 있는 지표라고 해서 앞으로도 계속 유효할 거라고 장담할 수는 없다. 하지만, 특정 시도의 아파트 가격에 대한 버블의 정도를 측정 가능한 값으로 만들었다는 것 자체에 주목해주면 좋겠다. 부족한 부분이 드러나면 보완을 거듭하여 더 좋은 인덱스를 만들 수 있을 것이다.

여기에서는 2004년 1월부터 2017년 4월까지를 다룬다. 꽤 오랜 기간의 추세를 볼 수 있기 때문에 현재 해당 시도의 아파트 가격 버블이 과거 대비 어느 정도인지 비교하여 파악하는 데 상당한 도움이 된다. 즉, 해당 시도가 과거에 비해 저평가 상태인지, 고평가 상태인지를 파악할 수 있다는 것이다. 버블지수만 보는 것보다 실제 아파트 매매가의 흐름을 함께 보는 것이 훨씬 더 도움이 되므로 차트에 함께 넣었다.

빨간 선이 해당 시도의 평균 아파트 매매가, 파란 선이 아파트버블 인덱스다. 지수가 높을수록 버블이 많이 끼었음을 의미한다. 그리고 가로로 그은 녹색 점선이 해당 시도 버블 인덱스의 평균치다.

현재 **강원도**의 버블 인덱스는 평균보다 약간 아래에 있다. 다소 저평가된 상태라

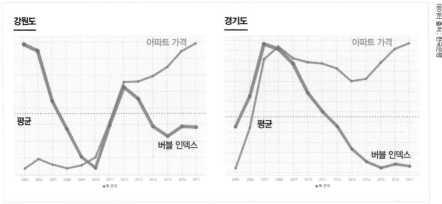

강원도

아파트 가격

평균

버블 인덱스

2005 2006 2007 2008 2009 2010 2011 2012 2013 2014 2015 2016 2017
※표 연도

경기도

아파트 가격

평균

버블 인덱스

2005 2006 2007 2008 2009 2010 2011 2012 2013 2014 2015 2016 2017
※표 연도

| **빅데이터 시각화 3-26** | 전국 시도별 아파트버블 인덱스

고 할 수 있다. 2012년부터 아파트 가격은 계속 상승하는데 버블 인덱스는 오히려 줄었다. 그만큼 강원도의 본질적 가치가 좋아지고 있는 것이다.

2004~2006년 버블이 계속 쌓였고, 2008년 전후로 조정을 받는다. 그리고 2009~2010년 사상 최저의 버블 인덱스를 보이는데, 결과적으로 보면 이때가 강원도의 아파트를 사는 최적의 시기다. 인덱스가 최저점을 찍은 2010년부터 강원도의 아파트 가격은 가파르게 오르기 시작한다.

세상이 데이터대로만 움직이는 것도 아니고 탐욕과 공포에 반응하는 대중의 심리도 상당히 비이성적이다. 그럼에도 강원도의 아파트버블 인덱스로 지난 시간을 분석해보니 상당 부분 맞아떨어지는 것을 알 수 있다. 버블 인덱스가 최저인 시기에 매수했다면 이후에 큰 폭의 상승을 누릴 수 있었던 것이다.

경기도는 어떨까. 2004~2005년만 해도 경기도의 버블 인덱스는 평균 정도를 유지했다. 그러던 것이 2005년부터 급등하여 2007~2008년에는 사상 최고치를 기록한다. 실제 매매가도 이때 가파르게 올랐다가 2008년 금융위기 이후 오랜 기간 떨어진다. 2014년 바닥을 찍고 매매가는 상승세로 돌아서지만 버블 인덱스는 여전히 사상 최저치에 가깝다. 즉, 경기도의 현재 아파트 가격은 지난 14년 동안 본질 가치 대비해 거의 가장 저렴한 수준에 있다고 볼 수 있다.

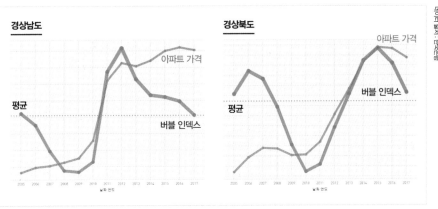

데이터 출처 : 한국은행

| **빅데이터 시각화 3-26** | 전국 시도별 아파트버블 인덱스

경상남도와 **경상북도**는 2~3년 정도의 시차를 두고 버블 인덱스가 비슷하게 움직이고 있다. 경상남도는 2008년, 경상북도는 2010년에 각각 최저점을 찍는다. 그리고 경상남도는 2012년, 경상북도는 2015년 각각 최고점을 찍는다. 버블 인덱스가 최저치를 찍은 이후에는 어김없이 매매가가 급등하는 모습이 나타났다. 현재 하락 추세에 있는 경남과 경북의 버블 인덱스는 평균 정도까지 하락했다.

광주시와 **대구시**의 흐름도 비슷해 보인다. 두 지역 모두 2010년 버블 인덱스가 가장 낮았고, 2015년 버블 인덱스가 가장 높았다. 그리고 현재는 두 지역 모두 고평가 구간에 있는 만큼 다른 데이터들을 유심히 확인하고 투자 여부를 결정하는 것을 추천한다.

반면 **대전시**의 버블 인덱스는 거의 사상 최저 수준에 가깝다. 즉 본질 가치 대비

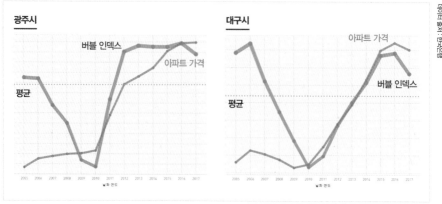

| 빅데이터 시각화 3-26 | 전국 시도별 아파트버블 인덱스

매우 저렴한 시기다. 2004~2005년 버블 인덱스가 굉장히 높았던 대전은 2009년 저점을 찍을 때까지 아파트 가격도 지속적으로 하락했다가 2009년부터 급등하기 시작한다. 이후 아파트 가격은 2012년 잠시 주춤하고 이후 완만한 상승을 하면서 버블 인덱스는 사상 최저치에 가까울 정도로 낮아졌다.

부산시, 울산시, 제주도는 함께 보는 게 좋을 것 같다. 모두 최근 몇 년 동안 매매가가 많이 상승했고 버블 인덱스도 그와 비슷하게 많이 올랐다. 지난 14년 동안의 평균과 비교하면 확실히 고평가된 상황이다. 경기, 대전은 최근 아파트 가격이 상승했음에도 불구하고 버블 인덱스는 여전히 매우 낮은 수준에 있는 데 반해 부산, 울산, 제주는 버블 인덱스가 상당히 높은 수준에 있다. 다른 데이터들도 유심히 확인해야 할 조심해야 하는 지역이다.

이제 **서울시**의 버블 인덱스를 보자. 버블 인덱스가 말해주는 것처럼 서울 아파트 가격이 본질 가치 대비 가장 비쌌던 시기는 2008년이다. 이 버블의 크기를 본 사람이라면 이 시기에 절대 서울에는 투자하지 않았을 것이다. 그리고 서울의 버블 인

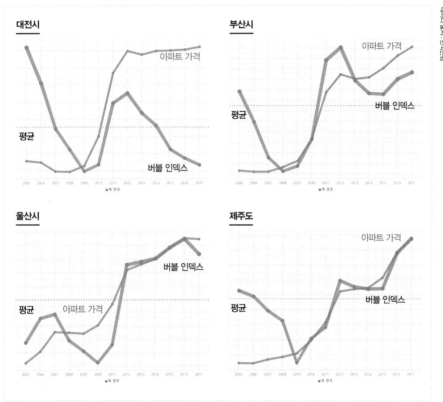

| 빅데이터 시각화 3-26 | 전국 시도별 아파트버블 인덱스

덱스는 2014~2015년에 바닥을 찍는다. 서울 아파트 투자의 최적의 시기는 2014년 이었던 것이다. 그렇다면 지금은 어떨까? 2014년 이후 매매가가 많이 올랐지만 서울의 버블 인덱스는 여전히 상당히 낮은 수준에 머물러 있다. 너무 비싸 보이는 서울이지만 서울은 다른 시기와 다른 지역과 비교해서도 굉장히 저평가된 상황이다.

인천시도 서울과 거의 비슷하게 움직이고 있다. 2014년이 버블 인덱스가 가장 낮은 시점이었고 이후 매매가가 올랐지만, 여전히 버블 인덱스는 매우 낮은 수준이

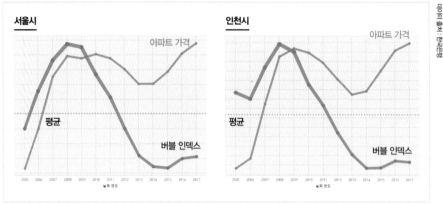

| 빅데이터 시각화 3-26 | 전국 시도별 아파트버블 인덱스

다. 그리고 보니 수도권과 비수도권을 가르는 명확한 기준이 하나 있다. 바로 2008년 금융위기 직전의 버블 인덱스다. 서울, 경기, 인천만이 2008년 버블 인덱스가 평균보다 높았고, 나머지 비수도권 지역은 이 시기의 버블 인덱스가 평균보다 낮았다. 앞서 2008년 이후, 그리고 2014년 이후 수도권과 비수도권이 왜 서로 다르게 아파트 가격이 움직였는지 그 이유가 궁금하다고 했는데, 이 버블 인덱스에서 어느 정도 답을 찾을 수 있을 것 같다.

한편 **전라남도**와 **전라북도**는 2012년 버블 인덱스가 고점을 치고 난 뒤, 이후 계속 하락해서 최근 버블 인덱스가 사상 최저치에 있다. 본질 가치에 대비한 아파트 가격이 지난 14년 중 가장 저렴하다는 것이니 다른 데이터도 괜찮다면 좋은 매수 타이밍이 될 수 있을 것 같다.

아파트 매매가의 흐름은 **충청남도**와 **충청북도**가 굉장히 비슷한데, 버블 인덱스로 보면 상당한 차이가 있다. 충북은 버블 인덱스가 2014년에 사상 최고치를 찍고 하락하고 있으나 아직 평균 이상이고, 충남은 버블 인덱스가 최근 꽤 낮은 수준이다.

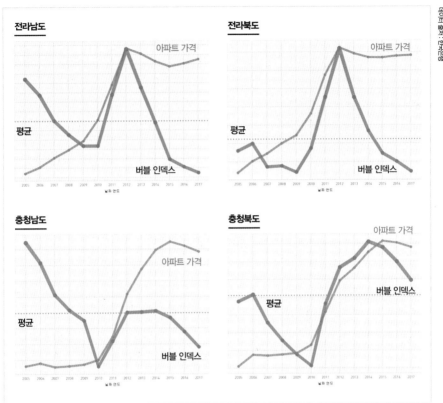

전라남도

아파트 가격

평균

버블 인덱스

2005 2006 2007 2008 2009 2010 2011 2012 2013 2014 2015 2016 2017

전라북도

아파트 가격

평균

버블 인덱스

2005 2006 2007 2008 2009 2010 2011 2012 2013 2014 2015 2016 2017

충청남도

아파트 가격

평균

버블 인덱스

2005 2006 2007 2008 2009 2010 2011 2012 2013 2014 2015 2016 2017

충청북도

아파트 가격

평균

버블 인덱스

2005 2006 2007 2008 2009 2010 2011 2012 2013 2014 2015 2016 2017

| **빅데이터 시각화 3-26** | 전국 시도별 아파트버블 인덱스

데이터로 본 부동산 팩트 체크

- 대출 위험이 낮은 지역은 강원, 서울, 대전, 전남. 대출 위험이 높은 지역은 경남, 대구, 울산, 인천, 제주

- 버블이 별로 없는 지역은 경기, 대전, 서울, 인천, 전남, 전북. 버블이 많이 쌓인 지역은 광주, 울산, 제주

미분양 및 입주 물량 데이터가
말하는 집값의 미래

시도별 미분양 데이터 분석

미분양 아파트는 청약 순위에 따라 분양을 진행했는데도 팔리지 않고 남아 있는 아파트를 의미한다. 이러한 미분양 아파트는 청약 저축 및 순위와 상관없이 누구든지 선착순으로 분양 받을 수 있다.

미분양의 원인은 다양하다. 정부의 강력한 규제책, 차갑게 식은 해당 지역의 부동산 경기, 수요 대비 과도하게 많은 물량, 주변 시세 대비 높은 분양가, 부족한 편의시설 및 떨어지는 입지 등이 대표적인 예다.

원인이 뭐든 간에, 결국 원하는 사람이 많지 않은 상품이기 때문에 미분양이 된 것이다. 그렇기 때문에 미분양 통계도 향후 부동산 경기의 흐름을 예측하는 의미 있는 데이터가 되어준다. 어떤 지역에 팔리지 못한 재고 아파트가 계속 쌓인다면, 기존 아파트의 매매가에도 악영향을 미칠 수밖에 없다. 그런 지역은 당연히 조심해서 접근해야 한다. 반대로 과거에 많이 쌓여 있던 미분양 물량이 계속 감소한다는 건 그 지역의 부동산 경기가 살아나고 있음을 의미한다. 매수 타이밍으로 잡아도 좋다는 신호다.

그럼 이제 각 시도별 미분양 시계열 차트를 살펴보자. 미분양 데이터가 실제 해당 시도 아파트의 매매가와 전세가 흐름에 어떤 영향을 주는지 확인하기 위해 매매가와 전세가 흐름도 함께 표시했다. 회색 막대그래프가 미분양 수, 검정색 점선이 미분양 평균이고, 빨간 선이 매매지수, 파란 선이 전세지수다. 기간은 2007년 1월부터 2017년 10월까지, 출처는 통계청과 KB부동산이다.

강원도의 미분양 물량은 2007~2008년 계속 증가한다. 그러다 미분양 물량이 본격적으로 감소하는 건 2009년 9월부터다. 이때부터 매매지수와 전세지수도 동반 상승하고, 미분양 물량이 평균 이하로 줄어드는 2010년 9월부터 매매지수와 전세지수가 급등한다. 그리고 2012년 7월부터 다시 미분양 물량이 증가하는데 전세지수는 별 영향을 받지 않고 계속 오르고 매매지수만 잠깐 주춤하다가 미분양 물량이 줄어드는 시점부터 다시 오르기 시작한다. 강원도의 2017년 미분양 물량은 2016년보다 증가하긴 했지만, 여전히 평균보다 적은 수치다.

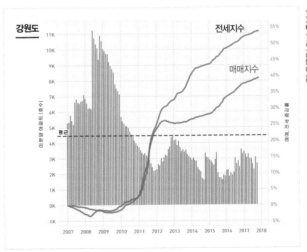

| 빅데이터 시각화 3-27 | 전국 시도별 아파트 미분양 차트

데이터 출처 : KB부동산, 통계청

경기도는 대체적으로 미분양 물량이 항상 꽤 많은 편임을 알 수 있다. 인구가 가장 많은 시도이고, 택지개발지구도 많은 만큼 상대적으로 미분양 물량이 많은 것일 테다. 그러므로 경기도의 경우 절대 양보다는 추세를 보는 게 더 중요하다. 2008년부터 2014년까지는 지속적으로 미분양 물량이 평균 이상으로 많은데, 그럼에도 전세지수는 계속 상승한다. 데이터상 미분양 물량이 전세지수에는 큰 영향을 주지 않는 것으로 보인다. 반면 이 시기 매매지수는 지속적으로 하락한다. 2014년 이후 미분양 물량은 계속 감소하다가 2015년 11월 갑자기 평균 이상으로 급증하고 2016년 1월부터 다시 감소한다. 최근 경기도의 미분양 물량은 평균보다 꽤 낮은 상태다.

경상남도의 경우 2007년부터 2009년까지 미분양 물량이 증가한다. 물량 자체도 계속 평균 이상이다. 그럼에도 경남의 매매지수 및 전세지수는 아주 조금씩이라도 상승한다. 이 같은 현상을 보면 미분양 물량이 많다고 해서 매매지수가 무조건 하락하는 건 아니다. 물론 미분양 물량이 많으니 상승세는 매우 미약하다. 이후 미분양 물량이 급격히 줄며 매매지수와 전세지수가 급등하고, 그 이후에는 미분양 물량이 늘었다 줄었다를 반복한다. 최근에는 물량이 증가해 경남의 미분양 물량은 평균보다 많은 수준이다.

경상북도의 미분양 물량은 상승과 하락의 폭이 비교적 크고 추세도 길다. 2007년부터 2009년까지는 계속 증가, 2014년까지는 꾸준히 하락, 그리고 2017년까지는 다시 증가한다. 매매지수 및 전세지수도 미분양 물량이 늘어날 때는 하락하고 미분양 물량이 줄어들 때는 상승하는 흐름을 보인다. 최근 경상북도의 미분양 물량은 평균보다 조금 많다.

광주시는 2009년 6월 미분양 물량이 정점을 찍은 후 계속 줄어들면서 매매지수와 전세지수도 조금씩 상승한다. 2013년 잠깐 평균 이상으로 미분양 물량이 늘어난 적이 있지만 이후 대체적으로 평균 아래에 있다. 최근 광주의 미분양 물량은 매우 적

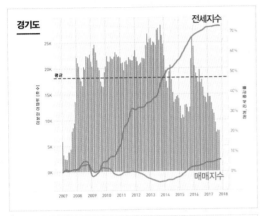

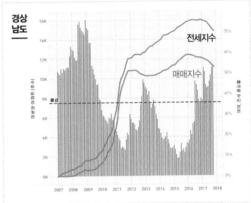

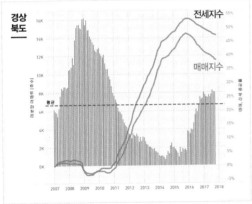

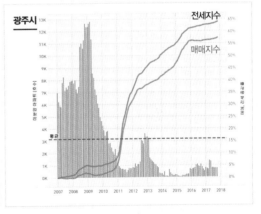

은 편이다.

대구시도 광주와 마찬가지로 2009년 6월 미분양 물량이 정점을 찍고 이후 급감한다. 다른 지역도 그런 경향이 있긴 하지만 특히 대구는 미분양 물량과 매매 및 전세지수가 거울에 비친 것처럼 유독 서로 반대로 움직인다. 미분양 물량이 급격히 해소되며 매매 및 전세지수도 급등한 것이다. 최근 대구의 미분양 물량은 거의 없다.

대전시에서 주목해서 봐야 할 부분은 2014년 3월이다. 미분양 물량이 계속 줄어드는 상황임에도 매매지수와 전세지수가 약보합세를 보이는 특이한 상황이다. 바로 옆에 있는 세종시의 입주 물량 때문인 것으로 분석할 수 있다. 거대 신도시가 들어서며 입주 물량이 많아지면 인근 지역의 매매가와 전세가에 직접적인 영향을 미친다. 횡보하던 대전의 전세지수는 2015년 9월부터, 매매지수는 2016년 11월부터 조금씩 상승하고 있다. 최근 대전의 미분양 물량은 평균보다 낮은 수치다.

2007~2010년까지 **부산시**의 미분양 물량은 계속 평균 이상을 유지했음에도 불구하고 매매지수와 전세지수는 지속적으로 상승한다. 물론 그 폭은 크지 않다. 그러다가 2011년 미분양이 평균 이하로 줄어들면서 매매지수와 전세지수는 크게 상승하다가, 2013년 미분양 물량이 늘면서 상승을 멈추고 다시 하락세를 보인다. 2014년 이후부터 미분양 물량이 평균 이하로 떨어졌고 2015년 중순부터는 매우 적은 수치를 유지하고 있다.

서울시의 미분양 데이터를 보면 놀랄 사람이 많을 것 같다. 막연한 추측과는 달리 2013년 말까지만 해도 서울의 미분양 물량은 엄청났다. 2007~2008년을 제외하면 계속 평균 이상이었던 것이다. 미분양 물량이 쌓이는 동안 매매지수는 전체적으로 떨어졌지만, 반대로 전세지수는 아랑곳하지 않고 계속 큰 폭으로 올랐다. 서울의 매매지수가 상승 흐름으로 바뀐 건 2014년인데, 이때부터 미분양 물량이 급감한다. 최근 서울의 미분양 물량은 거의 없는 편이다.

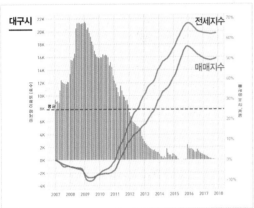

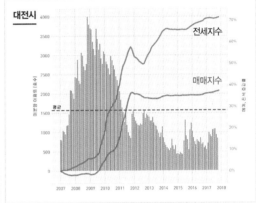

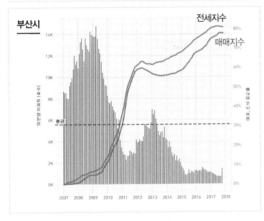

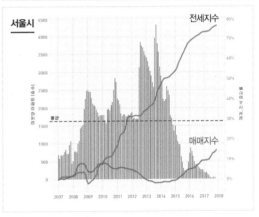

세종시는 2013년에 미분양이 좀 있긴 했지만 숫자로 보면 800세대도 되지 않았다. 미분양 물량이 가장 많던 2014년 7월에도 1,400세대를 넘진 않았고, 미분양을 해소하는 데도 오래 걸리지 않았다. 2015년 2월부터는 미분양 물량이 거의 없다는 것을 확인할 수 있다. 세종시의 경우 미분양 물량의 증감에 따라 전세지수의 등락 폭이 더 크다. 최근 세종시의 미분양 물량은 전혀 없다.

울산시의 미분양 물량은 2007년부터 금융위기가 터진 2008년 10월까지 지속적으로 증가한다. 이 기간 동안의 매매지수와 전세지수는 미약하게 하락했다가 미분양 물량이 줄어들기 시작하는 2009년 5월부터 본격적으로 상승한다. 하지만 미분양 물량이 계속 줄어드는 2012년 10월부터 2013년 10월까지는 매매지수가 약간 하락하거나 정체한다. 최근 울산의 미분양 물량은 매우 적은 상황이다.

인천시는 서울과 그래프가 유사하다. 미분양 물량은 2014년까지 계속 증가하는데 그럼에도 전세지수는 정체하지 않고 계속 상승한다. 반면 매매지수는 2008년 10월 정점을 찍고 2013년 11월까지 지속적으로 하락한다. 2013년 11월 이후부터 인천의 매매지수가 상승 추세로 돌아서는데 아이러니하게도 이 시기가 인천의 미분양 물량이 사상 최대인 때다. 미분양 물량이 평균 이하로 내려가는 시점인 2015년 2월부터 인천의 매매지수와 전세지수의 상승세가 이전에 비해 훨씬 강해진다. 최근 인천의 미분양 물량은 평균보다 약간 적은 편이다.

2007년부터 2008년 10월까지 **전라남도**의 미분양 물량은 평균 이상으로 쌓여 있었다. 특히 2008년 6월부터 미분양 물량이 급증한다. 하지만 그것과 상관없이 매매지수와 전세지수는 계속 상승한다. 2008년 10월 금융위기 이후 아주 잠깐 매매지수와 전세지수가 하락하기도 하지만 바로 다시 상승으로 전환한다. 그리고 미분양 물량이 본격적으로 줄어드는 2009년 8월 이후부터는 매매지수와 전세지수가 급등하는데, 2012년 4월 이후에는 미분양 물량이 평균 이하임에도 매매지수는 감소하고

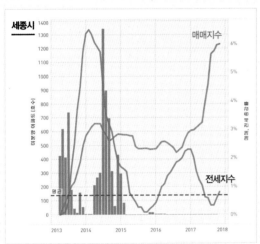

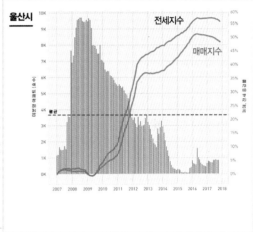

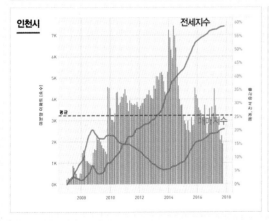

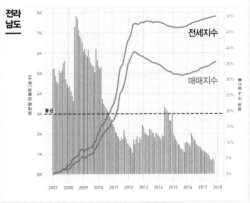

전세지수는 정체한다. 최근 전남의 미분양 물량은 매우 적은 상황이다.

전라북도의 미분양 물량은 2007년 1월에 가장 많았다. 이후 2010년까지는 계속 평균 이상으로 유지했는데 그럼에도 매매지수와 전세지수는 계속 상승한다. 미분양 물량은 2009년 8월부터 급격히 줄어드는데 매매지수와 전세지수가 급상승하는 것도 이때부터다. 2012년 4월 이후엔 미분양 물량이 조금씩 쌓이고 이때부터 매매지수도 하락세로 돌아섰으며 전세지수는 약한 상승의 흐름을 이어가고 있다. 최근 전북의 미분양 물량은 평균 정도다.

제주도는 2012년까지 비교적 미분양 물량이 많지 않다가 2013~2014년 급증하고 2015~2016년 급감했다가 2017년 다시 급증하며 반복한다. 매매지수와 전세지수도 미분양 물량이 가장 많았던 2013~2014년에 정체하고 나머지 시기에는 꾸준히 올랐다. 최근 제주도의 미분양 물량은 사상 최대 수준이다.

충청남도와 **충청북도**는 거의 유사한 패턴을 보이므로 한꺼번에 봐도 좋겠다. 두 지역 모두 2011년 상반기까지 미분양 물량이 평균 이상으로 많았는데, 이 물량이 해소되면서 그동안 정체되거나 소폭으로 상승하고 있던 매매지수와 전세지수가 급등한다. 그런 흐름은 2015년 말까지 지속되다가 하락 추세로 돌아서는데, 바로 이때부터 다시 미분양 물량이 평균 이상으로 많아진다. 최근 충남과 충북 모두 미분양 물량은 평균보다 꽤 쌓여 있는 편이다.

지금까지 각 시도별 미분양 물량과 매매지수 및 전세지수와 비교하는 차트를 살펴봤다. 미분양 물량과 매매가 및 전세가는 얼마만큼 상관관계가 있어 보이는가? 지역에 따라 편차가 있긴 했지만 대체적으로는 상관관계가 높은 편이다. 물론 미분양 물량 데이터가 해당 지역의 매매가 및 전세가에 절대적으로 영향을 미치는 요소로 보이지는 않는다. 역시 고려할 만한 많은 데이터 중 하나로 참고하면 좋을 정도다.

또 어떻게 보면 미분양의 증감에 따라 매매지수 및 전세지수가 오르고 내린다기

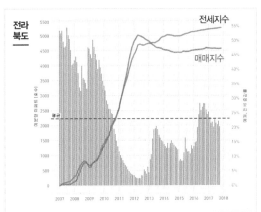

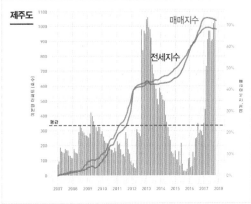

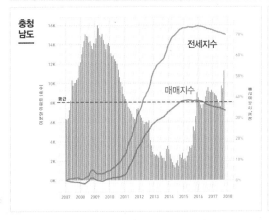

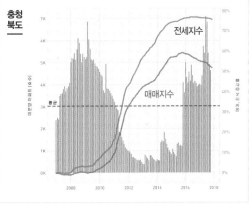

보다는 오히려 매매지수 및 전세지수의 증감에 따라, 아니 특히 매매지수의 변화에 따라 미분양 물량이 바뀐다고 해석하는 게 더 적절해 보이는 경우도 있다. 당연히 어느 하나가 다른 하나에 일방적으로 영향을 미친다기보다는 서로 영향을 주고받는다고 보는 게 타당한 해석일 것이다.

데이터로 본 부동산 팩트 체크

지금까지 살펴본 데이터로 미분양 물량과 매매지수 및 전세지수의 상관관계를 간단히 정리해보자.

① 미분양 증가 → 매매가에 부정적인 영향. 지역에 따라 약한 상승이 나온 경우는 있어도 강한 상승이 나온 경우는 한 번도 없었음

② 미분양 감소 → 매매가에 긍정적인 영향. 일시적인 하락은 있었지만, 대부분 오래지 않아 바로 상승 추세로 전환

③ 매매가 하락 → 미분양 증가

④ 매매가 상승 → 미분양 감소

⑤ 미분양이 늘어도 전세가가 상승하는 경우는 많음

⑥ 사상 최대로 쌓여 있던 미분양 물량이 해소되기 시작하는 시점이 좋은 매수 타이밍일 수 있음. 바로 이때가 강한 상승장의 초입일 가능성이 높음!

⑦ 미분양의 증감 흐름과 절대적인 양 모두 중요함. 미분양 물량이 평균보다 적음에도 물량이 증가하면 매매가가 정체하거나 하락할 수 있음

⑧ 위기 때 잘 버틴 지역이 위기 이후에 더 많이 오름. 그리고 매매지수와 전세지수가 동시에 급등한 경우 과열을 식히는 정체나 하락의 흐름이 나오는 경우가 다수. 이런 모든 흐름은 미분양 물량과는 크게 상관없음

시도별 입주 물량 데이터 분석

부동산 데이터는 결국 과거일 뿐이라고 말하는 사람이 많다. 과거는 볼 수 있지만 그것으로 미래를 예측할 수는 없다는 얘기다. 맞는 부분도 있고 틀린 부분도 있다.

부동산 데이터 중에는 2~3년 후에 대한 미래 데이터도 있다. 대표적인 것이 바로 입주 물량 데이터다. 2~3년 안의 가까운 미래에 한해서는 입주 물량 데이터가 거의 정해져 있다. 다른 상품과 달리 아파트라는 상품은 2년 만에 뚝딱 만들 수 있는 게 아니기 때문이다. 고정된 미래 데이터가 확보되는 셈인데, 이 입주 물량 데이터는 향후 해당 지역의 매매가 및 전세가에도 크게 영향을 미치기 때문에 더욱 주목해서 봐야 한다.

최근 주목해서 봐야 할 부동산 트렌드 중 하나는 '새 집 선호 현상'이다. 여유만 된다면 누구나 새 집에 살고 싶어 한다. 그러니 새 집에 대한 수요는 항상 존재한다. 이런 수요에 맞는 적절한 물량의 새 집이 공급되는 것이 모두에게 이상적이겠지만, 현실에서 이런 일은 별로 없는 듯하다. 항상 너무 많거나, 혹은 너무 적거나 하는 극단적인 경우가 많다.

아파트 입주 물량이 적정 수요보다 많으면 어떻게 될까? 아마도 해당 지역의 전세가가 하락하게 될 확률이 높다. 그리고 전세가의 하락은 매매가에도 악영향을 미친다. 반대로 아파트 입주 물량이 적정 수요보다 적으면 어떻게 될까? 전세가가 상승해 전세가율이 높아지고, 이로써 갭투자를 하기 좋은 환경이 만들어진다. 매매가 상승으로도 이어질 수 있다는 얘기다.

해당 지역의 인구수나 세대수를 기준으로 새 아파트의 적정 수요를 계산하는 방법도 있다. 나도 이런 방법을 고민해보았지만, 사실 큰 의미는 없는 것 같았다. 지역에 따라 전체 주택 대비 아파트의 비율도 다르고, 또 아파트 연식도 다르기 때문이다. 바로 옆에 있는 지역과 사실상 같은 생활권이라 경계를 구분하는 게 의미가 없는 경우도 많았다.

　그래서 적정 수요를 구하는 대신 과거의 아파트 입주 물량과 향후 2~3년의 입주 물량 데이터를 정리해 그 지역의 매매지수와 전세지수를 함께 볼 수 있는 차트를 만들었다. 해당 지역의 과거 입주 물량이 매매가 및 전세가에 어떤 영향을 미쳤는지 확인하면, 향후 2~3년의 입주 물량이 매매가 및 전세가에 어떤 영향을 미칠지도 예측이 가능하다.

　물론 앞으로 함께 확인하겠지만, 입주 물량 데이터가 절대적인 영향을 미치는 것은 아니다. 하지만 절대적이지는 않더라도 분명 큰 영향을 주는 핵심 데이터 중 하나인 것만은 확실하다. 그럼 각 시도별로 아파트 입주 물량과 매매지수 및 전세지수의 비교 차트를 확인해보자.

　앞으로 확인할 차트들은 2005년부터 2019년까지의 데이터이고 모든 데이터는 연도 기준이다. 매매지수 및 전세지수 모두 연평균 데이터다. 2020년 데이터는 앞으로도 계속 추가될 수 있기 때문에 제외했다. 녹색 막대그래프가 아파트 입주 물량, 검정색 점선이 입주 물량 평균이고, 빨간 선이 매매지수, 파란 선이 전세지수다.

　한 번 더 강조지만 이 데이터는 시도 기준의 데이터이기 때문에 더 작은 단위인 시군구 단위로 분석하면 해당 시도와는 다른 흐름이 나올 수도 있다. 그래서 해당 시도의 큰 흐름을 이해하는 차원에서 데이터를 보는 게 적절할 것이다. 마찬가지로 연 단위가 아닌 분기나 월 단위로 보면 더 디테일한 분석이 가능할 것이다. 이 책에서는 지면상의 한계로 연 단위로 분석한다.

　강원도의 입주 물량은 2006년 급증했다가 조금씩 줄어들긴 하지만 2008년까지 평균 이상을 유지한다. 이 시기 매매지수와 전세지수는 모두 약세를 보인다. 하지만 2008년 금융위기 이후부터 2017년까지 2014년을 제외하고는 입주 물량이 평균 이하로 유지되면서 매매지수와 전세지수 모두 급격히 증가한다. 2017년 현재도 상승세가 살아 있지만 2018년과 2019년에 사상 최대의 입주 물량이 2년 연속으로 대기 중이라 매매가와 전세가에 안 좋은 영향을 미칠 것으로 판단된다.

　경기도의 입주 물량은 2005년부터 2010년까지 대체적으로 평균선을 지킨다. 매매지수는 2007년까지 가파르게 오르다가 2008년 금융위기 이후 2013년까지 하락한다. 금융위기 이후 입주 물량이 대체로 평균 이하로 유지됐음에도 매매지수는 계속 떨어진 것이다. 반면에 전세지수는 아랑곳하지 않고 계속 상승한다. 경기도의 매매지수는 2014년부터 상승세로 돌아서는데, 문제는 2018년과 2019년에 사상 최대의 입주 폭탄이 기다리고 있다는 것이다. 물론 경기도는 땅도 넓고 인구도 많고 시군구별 상황도로 크게 다르므로 반드시 특정 시군구의 입주 물량을 디테일하게 확인해야 한다. 크게 봤을 때 입주 폭탄이 집중되는 경기도 시군구 지역은 약세를 면치 못할 가능성이 높아 보인다.

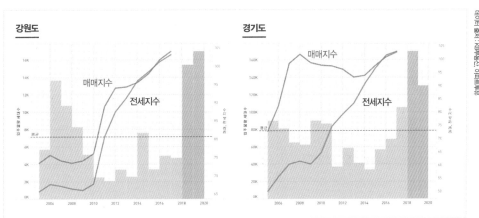

| 빅데이터 시각화 3-28 | 전국 시도별 입주 물량 차트

데이터 출처 : KB부동산, 아파트투유

경상남도의 차트를 보면 경기도에 비해 확실히 입주 물량의 영향력을 많이 받고 있음을 알 수 있다. 2005년부터 2008년까지 입주 물량이 평균을 유지하던 시기에는 매매지수와 전세지수가 소폭 상승하고, 입주 물량이 평균 이하로 떨어지는 2009년부터 2012년까지 매매지수와 전세지수가 큰 폭으로 상승한다. 그리고 다시 입주 물량이 평균을 유지하는 2013년부터 2016년까지는 매매지수와 전세지수가 소폭 상승하는 데 그친다. 2017~2019년에는 입주 물량이 엄청나게 증가한다. 경남의 매매지수와 전세지수는 2016년부터 약세를 보이고 있고 당분간은 약세를 면치 못할 것으로 판단된다.

경상북도는 경상남도와 유사한 패턴이다. 다만 입주 물량이 평균 이상으로 늘어난 2015년부터 매매지수와 전세지수는 이미 하락세를 보이고 있다. 2018년까지 입주 물량은 사상 최대 수준으로 계속 늘어나지만 2019년부터는 다시 평균 정도로 입주 물량이 줄어들 예정이다. 경상남도보다 먼저 조정의 흐름을 보였으니 바닥을 치고 올라오는 시기도 경상남도보다는 빠를 수 있겠다. 물론 입주 물량이 어느 정도 소화가 되었다는 흐름이 확인된 후에 투자에 나서는 게 현명해 보인다.

광주시는 2005년부터 2009년까지 입주 물량이 계속 평균 이상이었고, 그 영향을 받아 매매지수와 전세지수는 소폭 상승하는 데 그친다. 입주 물량이 평균 이하로 줄어드는 2010년 이후 급상승하다가, 다시 평균 이상이 되는 2014년부터 상승 흐름이 둔화된다. 2018년부터는 입주 물량이 평균 이하로 떨어지므로 매매지수와 전세지수가 다시 좋은 흐름을 보일 가능성이 있다.

대구시는 입주 물량이 많으면 여지없이 매매지수와 전세지수가 하락하고, 입주 물량이 적으면 여지없이 매매지수와 전세지수가 상승하는 흐름을 보였다. 입주 물량이 평균을 훌쩍 넘어서는 2016년과 2017년엔 매매지수와 전세지수가 동반 하락했지만 2018년과 2019년에는 갈수록 입주 물량이 줄어든다. 그래서인지 매매지수

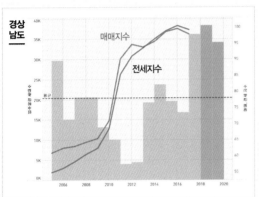

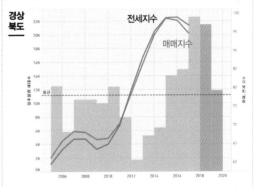

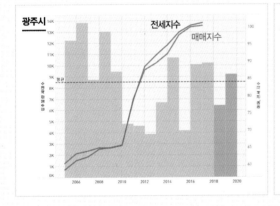

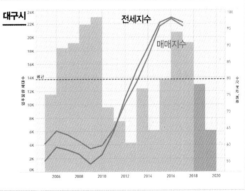

와 전세지수는 2017년 7월부터 다시 반등하는 추세고 이러한 흐름은 당분간 유지될 것으로 판단된다.

대전시의 입주 물량은 들쭉날쭉한다. 매매지수와 전세지수에 영향은 미치기는 하지만 절대적인 것 같지는 않다. 특히 주목해서 봐야 할 부분은 2012년부터 2017년까지의 흐름이다. 2014년을 제외하고는 입주 물량이 평균 이하로 계속 유지되는데 전세지수는 상승하지만 매매지수는 계속 정체한다. 아마도 인근 세종시의 입주 물량에 영향을 받았기 때문인 것으로 분석된다. 2018~2019년에는 입주 물량이 줄어들고, 인근의 세종시 또한 입주 물량이 이전보다 줄어들기 때문에 매매지수와 전세지수는 양호한 흐름을 보일 것으로 판단된다.

부산시의 경우 입주 물량이 평균 이상으로 많았던 2013~2015년에도 큰 변화 없이 상승하는 흐름을 보여주었다. 그래서 부산은 2006~2017년까지 거의 12년의 오랜 기간을 대세 상승하였던 것이다. 2018년과 2019년에는 갈수록 입주 물량이 많아져서 매매지수와 전세지수가 약세를 보일 가능성이 높다.

서울시는 경기도와 마찬가지로 입주 물량의 영향력은 비교적 작다. 입주 물량이 많았던 2005년부터 2008년까지 매매지수는 급상승하고 2009년부터 2013년까지는 입주 물량이 평균 이하로 적음에도 매매지수는 계속 하락한다. 경기도 차트에서 설명한 것처럼 입주 물량보다 더 크게 영향을 미치는 요소가 많다는 의미다. 아니면 입주 물량이 많았음에도 매매지수가 급상승했던 2005년부터 2008년까지의 매매가 상승 흐름이 거품이었다고 해석할 수도 있겠다. 2017년부터 2019년까지 서울의 입주 물량은 평균보다 조금 더 많은 수준인데 과거의 흐름과 다른 데이터 등을 고려하면 하락 압력으로 크게 작용할 것 같지는 않아 보인다.

대전시 차트를 볼 때 **세종시** 데이터를 함께 봐야 한다고 했는데, 아니나 다를까 2014년부터 2015년의 세종시 입주 물량이 평균 이상으로 많다. 이 시기 세종시의

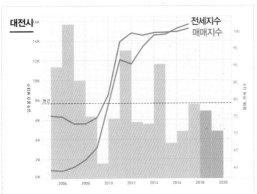

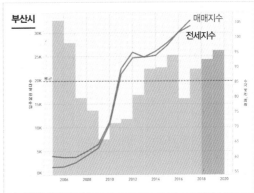

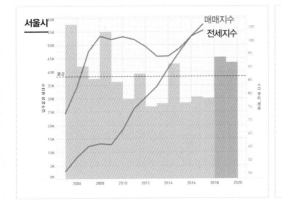

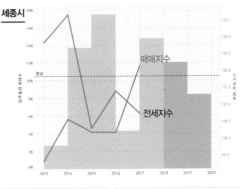

매매지수와 전세지수도 하락하고 입주 물량이 평균 이하로 줄어드는데 2016년 다시 반등한다. 2017년에 꽤 많은 입주 물량에도 불구하고 매매지수는 계속 상승하고 있고 약세를 보이던 전세마저 10월부터는 반등을 하고 있다. 2019년으로 갈수록 입주 물량은 계속 줄어들어서 매매지수와 전세지수는 양호한 흐름을 보일 것으로 판단된다.

울산시는 입주 물량의 영향을 비교적 많이 받는 편이다. 입주 물량이 많은 시기엔 매매지수와 전세지수가 정체하고 입주 물량이 평균 이하로 떨어지는 시기엔 동반 상승한다. 2017년부터 2019년까지 계속 평균 이상으로 입주 물량이 많으므로 2016년부터 정체 흐름을 보이고 있는 매매지수와 전세지수가 계속 하락할 가능성이 높아 보인다.

인천시는 2008년 금융위기 이후 매매지수가 지속적으로 하락하는데 이 시기 입주 물량도 계속 상승한다. 금융위기의 영향과 입주 물량 증가의 영향이 동시에 작용해서 서울보다 매매지수의 하락 폭이 더 컸다고 분석할 수 있겠다. 2013년부터 2016년까지 입주 물량이 평균 이하로 떨어진 시기에 매매지수는 반등을 했는데 2017년부터 2019년까지는 다시 입주 물량이 평균보다 조금 많아진다. 신중한 접근이 필요해 보인다.

전라남도와 **전라북도**는 흐름이 유사하다. 금융위기 이전 입주 물량이 평균 이상으로 많던 시기보다 금융위기 이후 입주 물량이 평균 이하로 떨어진 시기에 매매지수와 전세지수 모두 월등히 많이 올랐다. 이후 2012년 입주 물량이 다시 증가한 시기부터 매매지수는 하락 후 정체 중이고 전세지수는 하락 없이 정체 중이다. 2017년 입주 물량이 평균 이하로 떨어졌지만 2018년에는 평균 이상(전북은 평균보다 꽤 많음), 2019년엔 평균 수준의 입주 물량이 기다리고 있다. 전남과 전북은 2018년보다는 2019년이 더 양호한 흐름을 보일 가능성이 높아 보인다. 특히 전북보다는 전남이 더

| **빅데이터 시각화 3-28** | 전국 시도별 입주 물량 차트 데이터 출처 : KB부동산, 아파트투유

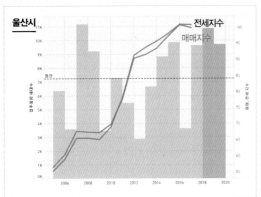

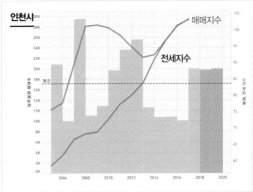

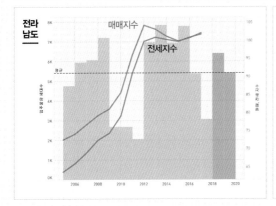

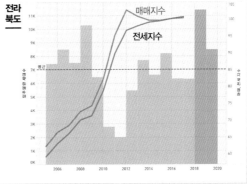

좋은 흐름을 보일 것으로 판단된다.

제주도의 입주 물량은 2006년 일시적으로 평균 이상으로 증가하기도 했지만 2011년까지 계속 평균 이하를 유지한다. 그래서인지 2005년부터 2011년까지 제주 도의 아파트 매매지수 및 전세지수는 지속적으로 상승한다. 금융위기에도 아랑곳하 지 않는다. 2013년 갑자기 입주 물량이 급등하며 잠시 정체하긴 하지만, 2017년 사 상 최대의 입주 물량이 있음에도 매매지수와 전세지수는 급격히 상승한다. 제주도 투자 열기의 흔적이다. 2018년과 2019년엔 다시 평균 수준으로 입주 물량이 줄어들 긴 하지만, 입주 물량이 많음에도 급격히 올랐던 만큼 버블에 대한 우려는 분명 가져 야 할 것 같다.

충청남도의 입주 물량은 2005년부터 2009년까지 대체적으로 평균 이상을 유지 하다가 2010년부터 2015년까지 평균 이하로 떨어진다. 매매지수와 전세지수도 입 주 물량이 많은 2009년까지 정체하다가 입주 물량이 줄어드는 2010년부터 큰 상승 곡선을 그린다. 충남의 입주 물량은 2016년부터 평균 이상으로 늘어나는데 매매지 수와 전세지수는 1년 전인 2015년부터 하락세로 돌아선다. 2019년에는 입주 물량 이 확 줄긴 하지만 2017년과 2018년엔 입주 물량이 굉장히 많으므로 당분간은 약세 를 면치 못할 것으로 예측된다.

충청북도도 충청남도와 거의 비슷한 패턴을 보인다. 2016년 평균 이상으로 늘어 난 입주 물량은 2017년에 크게 증가하고 2018년에는 사상 최대로 증가한다. 2015년 부터 하락세를 보이고 있는 매매지수와 2016년부터 하락세를 보이고 있는 전세지 수 모두 2018년까지 약세일 가능성이 높다. 2019년에는 입주 물량이 줄어들기는 하 지만 여전히 평균 이상으로 많기 때문에 약세가 더 오래 지속될 수도 있다.

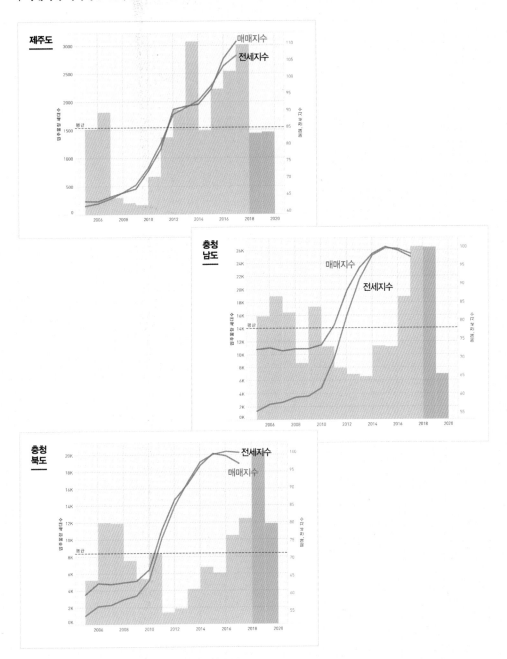

언론에서 자극적으로 쓰이는 단어 중 하나가 바로 '입주 폭탄'이다. 공급과잉의 정도가 심하다는 것을 과장해서 표현한 것일 텐데, 그런 말장난에 놀아나지 않기 위해서라도 반드시 직접 두 눈으로 데이터를 확인해야 한다. 특히 특정 연도에 입주 물량이 굉장히 많더라도 지역별로 그 수준이 판이하게 다를 수 있으니 꼼꼼히 확인하는 게 좋다. 향후 2년간의 입주 물량을 알고 투자한다는 건 굉장한 무기다. 여러분의 투자 판단에 큰 도움이 될 것이다.

마지막으로 입주 물량 비율 지도를 보여드리겠다. '2018~2019년 입주 물량 세대수 / 기존 아파트 세대수'로 계산을 해서 기존에 있던 아파트 숫자 대비 향후 2년

| **빅데이터 시각화 3-29** | 2018~2019년 입주 물량 비율 지도

동안 들어오는 신규 아파트의 비율을 확인할 수 있다.

빨간색이 진할수록 공급 과잉, 녹색이 진할수록 공급 부족이라고 보면 된다. 원의 크기는 기존 아파트 세대수의 크기다.

데이터로 본부동산 팩트 체크

전국의 각 시도별 입주 물량 차트와 매매지수 및 전세지수 차트 분석을 통해 다음과 같은 상관관계를 정리해볼 수 있다.

① 1년 정도로 짧게 입주 물량이 많아지는 것은 시장에서 충분히 소화해서 매매지수와 전세지수에 별다른 영향을 미치지 않음

② 2년 이상 입주 물량이 평균 이상으로 많아지면 매매지수와 전세지수 양쪽 모두에게 안 좋은 영향을 행사

③ 매매지수와 전세지수는 입주 물량이 본격적으로 많아지는 시점의 1년 전부터 약세를 보이는 경향이 있음. 입주 물량이 선반영되는 것!

④ 입주 물량이 지속적으로 평균 미만인 기간 동안에는 대부분 매매지수와 전세지수가 큰 폭으로 상승

⑤ 입주 물량이 늘어나도 매매지수와 전세지수가 상승하는 경우도 있고, 반대로 입주 물량이 감소해도 매매지수와 전세지수가 하락하는 경우도 있음. 입주 물량은 매매가 및 전세가에 영향을 미치는 여러 요소 중 하나에 불과하다는 사실을 잊지 말 것!

종합 정리 :
그래서 어디에 투자해야 하는가?

이렇게 다양한 데이터로 지역 분석을 해본 적이 있는가? 막연하게 생각했던 투자 지역이 어느 정도 분명히 윤곽을 드러내지 않는가? 어느 시도에 투자해야 하는지 판단이 좀 서지 않는가?

지금까지 하나하나 분석해본 내용을 토대로 종합 정리를 해보자. 다음의 표는 내가 정리한 것이지만, 독자 여러분도 직접 정리를 해보는 게 좋다. 같은 데이터를 보고 다르게 해석하고 판단할 수도 있다. 어쩌면 내가 내린 결론과 다른 결론을 낸 독자들도 있을 것이다.

각 지역별로 종합 정리한 표다. 투자를 결정할 때 긍정적으로 고려할 수 있는 부분은 노란색으로, 부정적으로 봐야 할 부분은 주황색으로 표시했다.

항목		강원		경기		경남	
플라워차트		매매	전세	매매	전세	매매	전세
17년		1.4%	1.3%	1.5%	0.2%	−3.2%	−3.3%
14.7~17년		9.4%	7.7%	10.6%	13.6%	0.5%	0.8%
		매매가 1.7% 고평가		매매가 3% 저평가		매매가 0.3% 저평가	
09~17년		41.7%	56.9%	4.6%	74.3%	48.1%	58.%
		매매가 15.2% 저평가		매매가 69.7% 저평가		매매가 9.9% 저평가	
최근 시세 변곡		큰 변동 없이 꾸준히 상승 중		2017년 10월부터 전세 하락 중		2016년 중순부터 매매, 전세 하락 중	
플라워차트 결론		최근 매매가 약간 고평가되었으며 상승 추세 아직 살아 있음		전국에서 가장 저평가된 지역 중 하나이나 최근 전세가 하락하고 있음		본질 가치에 수렴한 것 같으나 현재 추세가 하락 중이라 신중한 접근 필요	
전세 수급		145.8로 높은 편이나 추세가 하락 중에 있고 사상 최대 입주 물량으로 추가 하락 예상		100.1까지 하락함. 향후 많은 양의 입주 물량까지 있어 추가 하락 예상		계속 하락해 66까지 떨어졌고 사상 최대의 입주 물량으로 추가 하락 예상	
대출위험 인덱스		−32%로 매우 양호		63%로 꽤 높으나 하락하고 있음		67%로 꽤 높고 최근 하락	
아파트버블 인덱스		평균보다 약간 낮음		상당히 저평가		평균, 추세 하향 중	
미분양 물량		평균의 0.6배		최근 감소해 평균의 절반		최근 증가해 평균의 1.5배	
입주 물량		2018년과 2019년 사상 최대 물량 대기 중		2018년 사상 최대, 2019년도 꽤 많은 물량		2018년 사상 최대, 2019년도 꽤 많은 물량	
결론		대다수의 데이터들이 양호한 편이지만, 2018~2019년 연속으로 사상 최대 입주 물량이 있어서 약세 예상(특히 물량 집중된 시군구들)		매우 저평가된 지역이나 2018~2019년 입주 물량이 너무 많아 시군구 지역 간에 양극화 흐름 예상		추세 하향 중이고 입주 물량도 많아서 2018년에도 약세 지속 예상	

항목	경북		광주		대구	
플라워차트	매매	전세	매매	전세	매매	전세
17년	-2.6%	-1.9%	1.0%	0.9%	0.0%	-0.1%
14.7~17년	-1.0%	0.7%	9.7%	7.3%	11.2%	8.6%
	매매가 1.7% 저평가		매매가 2.4% 고평가		매매가 2.6% 고평가	
09~17년	40.1%	50.0%	55.1%	56.2%	61.2%	75.8%
	매매가 9.9% 저평가		매매가 1.1% 저평가		매매가 14.6% 저평가	
최근 시세 변곡	2016년 1월부터 매매/전세 하락 중		없음. 꾸준히 상승 중		2016년 1월부터 매매/전세 하락하다가 2017년 7월부터 매매/전세 반등 중	
플라워차트 결론	본질 가치 정도. 그러나 현재 추세가 하락 중이니 신중한 접근 필요		장기 추세 TOP 3 고평가 지역 중의 하나이나 상승 추세 살아 있음		중기 고평가 지역 중의 하나이나 최근 반등의 추세가 유지될 것	
전세 수급	계속 하락하여 102.8까지 하락했고 2018년에도 2017년과 비슷한 양의 많은 입주 물량으로 인해 약세 예상		138.5까지 떨어졌으나 여전히 탄탄한 수준이며 2018년 입주 물량이 많지 않아 안정적인 수준 예상		최근 다시 하락해 109.4까지 떨어졌고 2018년 입주 물량이 줄어들어서 안정적인 수준 예상	
대출위험 인덱스	21%로 최근 정체		28%로 최근 정체		42%로 2010년 이후 거의 가장 고점	
아파트버블 인덱스	평균보다 약간 높음, 추세 하향 중.		거의 사상 최대 고평가, 약간 우하향.		꽤 높음. 즉 고평가	
미분양 물량	최근 증가해 평균의 1.2배		평균의 0.3배		거의 없음	
입주 물량	2018년 거의 사상 최대 물량. 2019년은 평균보다 약간 많은 물량 대기 중		2018년은 평균보다 약간 적고, 2019년은 평균보다 약간 많음		2018년은 평균 정도, 2019년은 평균 절반 이하	
결론	추세 하향 중이고 2018년에도 약세 지속 예상		본질 가치 버블이 많이 쌓여 있으나 다른 데이터들은 대체로 양호함		고평가 지역이나 입주 물량이 계속 줄어서 완만한 우상향 예상	

항목	대전		부산		서울	
플라워차트	매매	전세	매매	전세	매매	전세
17년	1.1%	0.6%	1.6%	0.2%	5.6%	2.1%
	2.0%	3.6%	13.1%	8.7%	17.1%	17.5%
14.7~17년	매매가 1.6% 저평가		매매가 4.4% 고평가		매매가 0.4% 저평가	
	39.7%	62.5%	69.6%	69.6%	11.0%	80.1%
09~17년	매매가 22.8% 저평가		매매가 0% 고평가		매매가 69.1% 저평가	
최근 시세 변곡	2013년 말부터 매매/전세 상승 중		2017년 9월부터 매매/전세 동반 하락 중		2014년 중순부터 매매/전세 상승 중	
플라워차트 결론	어느 정도 저평가. 상승 추세 살아 있음		중기, 장기 고평가 지역이고 2017년 9월부터 추세 하락 반전		장기 저평가 지역 중 하나로 최근 상승 추세 가장 좋음	
전세 수급	2017년 하락하여 144.1까지 떨어졌으나 아직은 탄탄한 수준, 2018년 입주 물량도 줄어들어 안정적인 수준 예상		계속 하락해 100.6까지 떨어짐. 2018년 입주 물량이 더 많아져 추가 하락 예상		계속 하락해 131.1까지 떨어졌으나 아직은 탄탄한 수준, 2018년에 입주 물량이 조금 늘기 때문에 더 하락할 수 있어 보임	
대출위험 인덱스	-3%로 양호한 수준		28%로 최근 정체		-12%로 꽤 양호한 수준	
아파트버블 인덱스	상당히 저평가		꽤 고평가		꽤 저평가	
미분양 물량	평균의 0.53배		평균의 0.27배		미분양 거의 없음	
입주 물량	2018년은 평균보다 약간 적은 물량, 2019년은 평균보다 많이 적은 물량		2018년과 2019년 모두 평균보다 많은 물량		2018년과 2019년 모두 평균보다 약간 많음	
결론	꽤 저평가 지역이고 다른 데이터도 양호해서 꾸준한 우상향 예상		꽤 고평가 지역이고 이제 막 추세도 꺾이고 있고 입주 물량도 꽤 있어서 추가 하락 예상		꽤 저평가 지역이고 입주 물량이 특정 구에 집중되어 있어 대체적으로 꾸준한 우상향 예상	

항목	세종		울산		인천	
플라워차트	매매	전세	매매	전세	매매	전세
17년	3.0%	−1.4%	−1.9%	−1.2%	1.4%	0.8%
14.7~17년	3.0%	−3.7	5.6%	4.3%	12.9%	13.4%
	매매가 6.7% 고평가		매매가 1.3% 고평가		매매가 0.5% 저평가	
09~17년	데이터 없음		47.5%	54.6%	1.7%	50.6%
			매매가 6.8% 저평가		매매가 48.9% 저평가	
최근 시세 변곡	2017년 10월부터 전세까지 반등		2016년 중순부터 매매/전세 하락 중		2017년 11월부터 전세가 하락 반전	
플라워차트 결론	중기 매매가 고평가 지역 중 하나이나 최근 매매/전세 상승 중		중기 매매가 살짝 고평가 지역 이고 현재 추세가 하락 중이니 신중한 접근 필요		장기 저평가 지역으로 최근 전세만 하락 반전	
전세 수급	114.3으로 약간 안정적인 수준이고 2018년 입주 물량이 줄어들어 현재 수준 정도나 소폭 더 좋아질 것으로 예상		하락해 83까지 떨어졌고 2018년 입주 물량도 많아 좋 지 않을 것으로 예상		2017년 10월부터 급락해 87.4까 지 떨어졌고 향후 입주 물량이 많아 계속해서 좋지 않을 것으로 예상	
대출위험 인덱스	7%로 최근 횡보		66%로 거의 사상 최대		83%로 매우 높으나 추세 하락 중	
아파트버블 인덱스	데이터 없음		상당히 고평가		꽤 저평가	
미분양 물량	미분양 없음		평균의 0.23배		평균의 0.57배	
입주 물량	2018년은 2017년보다 적고, 2019년은 그보다 더 적음		2018년과 2019년 모두 평 균보다 꽤 많음		2018년과 2019년 모두 평균보 다 약간 많음	
결론	인구 유입이 많고 입주 물량이 갈수록 줄어들어 상승세 예상		꽤 고평가 지역에 여러 데이터 도 좋지 않고 입주 물량마저 많 아 추가 하락 예상		꽤 저평가 지역이나 최근 전세 수급 이 급락했고 입주 물량도 적지 않아 서 전세가는 하락 예상. 일부 지역 은 매매가도 하락 예상	

항목	전남		전북		제주	
플라워차트	매매	전세	매매	전세	매매	전세
17년	1.7%	0.8%	−0.1%	0.3%	−0.4%	−0.1%
14.7~17년	2.1%	1.9%	0.8%	1.7%	20.0%	14.6%
	매매가 0.2% 고평가		매매가 0.9% 저평가		매매가 5.4% 고평가	
09~17년	29.1%	39.9%	37.7%	45.2%	66.3%	58.4%
	매매가 10.8% 저평가		매매가 7.5% 저평가		매매가 7.9% 고평가	
최근 시세 변곡	2015년 10월부터 매매/전세 상승 중		전세는 미약하게 상승 중이나 매매가는 횡보 중		2017년 6월부터 매매/전세 동시 하락 중	
플라워차트 결론	장기 기준 약간 저평가 지역으로 상승 추세 살아 있음		중기, 장기 약간 저평가 지역으로 최근 매매는 횡보, 전세는 미약한 상승		중기 1위, 장기 1위 고평가 지역으로 최근 매매/전세 동반 하락 중	
전세 수급	185로 매우 좋은 수준. 2018년 입주 물량이 평균보다 약간 많아서 향후에는 떨어지겠으나 탄탄한 수준 유지할 것으로 예상		161로 꽤 양호한 수준이나 2018년 입주 물량이 대폭 증가해 하락 예상됨		127.8로 양호한 수준이고 입주 물량이 줄어들어 현재 수준 유지 예상	
대출위험 인덱스	−6%로 양호한 수준		10%로 17년에 급락		43%로 거의 사상 최대치	
아파트버블 인덱스	거의 사상 최대 저평가		상당히 저평가		거의 사상 최대 고평가	
미분양 물량	평균의 0.25배		거의 평균		사상 최대. 평균의 3배	
입주 물량	2018년은 평균보다 약간 많고, 2019년은 평균보다 약간 적음		2018년은 평균보다 아주 많고, 2019년은 평균보다 약간 많음		2018년과 2019년 모두 평균보다 약간 적음	
결론	상당히 저평가 지역으로 여러 데이터도 양호함. 완만한 상승 예상		꽤 저평가 지역이지만 2018년 입주 물량이 너무 많아서 약세 예상		최대 고평가 지역으로 다른 데이터도 좋지 않음. 다행히 입주 물량은 양호한 편. 약세 예상	

항목	충남		충북	
플라워차트	매매	전세	매매	전세
17년	-1.8%	-1.5%	-2.3%	0.5%
14.7~17년	-2.1%	-0.6%	-0.7%	2.3%
	매매가 1.5% 저평가		매매가 3% 저평가	
09~17년	32.1%	62.5%	51.0%	70.5%
	매매가 30.4% 저평가		매매가 19.5% 저평가	
최근 시세 변곡	2015년 중순부터 매매/전세 하락 중		2016년 초부터 매매/전세 하락 중	
플라워차트 결론	장기 저평가 지역이나 현재 추세가 하락 중으로 신중한 접근 필요		중기, 장기 저평가 지역이나 현재 추세가 하락 중인만큼 신중한 접근 필요	
전세 수급	116.7로 살짝 안정적인 수준이나 2018년 입주 물량이 많아 지금보다 약세 예상		166.6으로 상당히 양호한 수준이나 2018년 사상 최대의 입주 물량이 있어 하락 예상됨	
대출위험 인덱스	41%로 좀 많음		18%	
아파트버블 인덱스	꽤 저평가		살짝 고평가	
미분양 물량	평균의 1.4배. 최근 증가 추세		평균의 1.53배	
입주 물량	2018년은 사상 최대 수준의 물량이고, 2019년은 평균보다 상당히 적은 물량		2018년은 사상 최대 물량이고, 2019년은 평균보다 약간 많은 물량	
결론	꽤 저평가 지역이나 2018년 사상 최대 입주 물량이 기다리고 있어 약세 예상되나 2018년 말이나 2019년 상반기에는 상승 반전 예상		약간 고평가 지역이고 2018년 사상 최대 물량이 대기하고 있어 약세 예상	

지금까지의 데이터 분석으로 내가 내린 결론은 다음과 같다.

① 가장 투자할 만한 지역 : 대전, 서울, 전남

② 가장 조심해야 할 지역 : 경남, 경북, 부산, 울산, 제주

③ 관심권에 두어야 할 지역 : 경기 일부, 세종, 충남

여러분이 내린 결론도 이것과 비슷한가, 아니면 좀 다른 부분이 있는가? 시도 단위로 분석하니 조금 답답하고 막연한 기분을 느낄지도 모르겠다. 시군구 단위의 빅데이터 분석은 너무 방대한 분량이기 때문에 한 권의 책으로 다루기에는 적절하지 않았음을 다시 한 번 밝힌다. 독자 여러분의 양해를 구하며, 향후 강연이나 출시 예정인 리치고 애플리케이션을 통해 시군구 데이터를 보고 싶은 갈증을 풀 수 있길 바란다.

현명한 투자자를 위한 체크 포인트

부동산 절세를 위한 법인 운영

'세테크'라는 말이 생길 정도로 자산 관리에서 절세는 굉장히 중요한 부분이다. 날이 갈수록 사람들이 절세 방법에 대해서 관심이 많아지고 고민도 많이 한다는 것을 체감하고 있다. 내가 현재 근무하고 있는 피플라이프는 '재무보좌관'이라는 이름으로 개인 및 법인의 재무 컨설팅을 하는 회사다. 그중에서 내가 속해 있는 사업부는 법인사업부로 주로 법인에 대한 절세 컨설팅을 하고 있다. 그러다 보니 자연스럽게 어떻게 하면 법인을 활용해서 합법적인 절세를 할 수 있는지 터득하게 되었고 이를 부동산에도 접목시키게 되었다.

사실 부동산을 법인으로 활용해서 절세할 수 있는 다양한 방법들을 이 책에서 모두 소개할 수는 없다. 이 내용만으로도 책 한 권을 쓸 수 있을 정도로 많은 분량이기 때문이다. 그렇지만 부동산과 관련된 세테크 중요성이 갈수록 커져가고 있는 만큼 꼭 필요한 내용이라 생각해 간략하게 소개하고자 한다.

물론 어떤 형태로 부동산을 보유하는 것이 유리한지는 개인의 상황에 따라 개별적으로 분석해야 하고, 종합적인 검토 후에 결정을 내리는 것이 좋다. 이 과정에서 반드시 부동산과 법인에 대한 충분한 지식과 경험이 있는 전문가에게 도움받기를 추천한다.

여기서는 개인과 법인의 차이점, 법인을 통한 절세 방법들에 대해 이야기해보자.

부동산 매각 시 개인과 법인의 차이

부동산을 팔 때 개인은 양도소득세를 내고, 법인은 법인세를 낸다. 개인의 양도소득세율은 대상 부동산이 주택인지 주택 이외인지에 따라 다르지만 기본적으로 양도소득이 많아질수록 양도세도 많아지는 누진세율이 적용된다. 또한 개인에게는 장기보유특별공제 혜택이 있는데, 이는 보유한 기간에 따라서 10~80%까지 양도차익을 공제해주는 혜택이다. 자세한 개인의 양도소득세율은 다음과 같다.

개인 양도소득세율

과세표준		세율	누진공제	비고
1년 미만		40%	–	※ 주택 이외의 경우
1년 이상	1200만 원 이하	6%	–	1년 미만 : 50%
	1200만 원 초과 4600만 원 이하	15%	108만 원	1년 이상 2년 미만 : 40%
	4600만 원 초과 8800만 원 이하	24%	522만 원	2년 이상 : 누진세율
	8800만 원 초과 1억 5000만 원 이하	35%	1490만 원	
	1억 5000만 원 초과 3억 원 이하	38%	1940만 원	
	3억 원 초과 5억 원 이하	40%	2540만 원	
	5억 원 초과	42%	3540만 원	

참고로 알아두어야 할 것은 지난 8.2 부동산 대책에서 발표한 주택양도소득세율 관련 부분이다. 2018년 4월 1일부터 다주택자의 양도소득세율이 변경될 예정이다. 1가구 2주택의 경우 10% 세율 가산이 붙고, 1가구 3주택의 경우 20% 세율 가산(최고세율 62%)이 붙으며 장기보유특별공제 혜택을 받을 수 없게 된다.

법인이 부동산을 매각할 때는 양도소득세가 아닌 법인세가 부과된다. 법인세 계산 시 장기보유특별공제 및 양도소득 기본 공제는 적용받을 수 없지만 적용 세율이 개인에 비해 상대적으로 낮아 양도차익이 큰 경우 유리하고, 다주택 보유에 대한 중과가 적용되지 않는다는 장점이 있다.

법인의 법인세율

	법인세	
과세표준	세율	누진공제
2억 원 이하	10%	–
2억 원 초과 200억 원 이하	20%	2000만 원
200억 원 초과 3000억 원 이하	22%	4억 2000만 원
3000억 원 초과	25%	94억 4200만 원

즉 양도차익이 크거나 다수의 부동산을 보유하면서 매매가 잦은 편이라면 개인보다 법인으로 부동산을 소유하는 것이 양도소득 측면에서 더 이익일 수 있다.

법인에는 다양한 절세 방법이 있다

개인이 부동산을 소유할 경우 임대소득은 온전히 소유자 개인에게 잡힌다. 이 임대소득은 종합소득에 포함되어 누진세의 적용을 받기 때문에 임대소득이 많아질수록 소득세율은 더 높아진다. 게다가 고소득자에 대한 개인 소득세율은 해가 갈수록 강화되는 추세다. 소득세율 38%(지방소득세 포함 41.8%)가 부과되던 최고과표구간을 1억 5000만 원으로 낮춘 지 얼마 되지 않았는데 2017년에는 5억 원 초과에 대해 40%(지방소득세 포함 44%)의 세율을 부과하는 추가 구간이 생겼다. 2018년부터는 3억 원 초과는 40%, 5억 원 초과는 42%로 세율을 부과하는 소득세법이 개정되었다. 이렇게 소득세율은 계속 강화되고 있다. 그러니 일정 소득 이상의 임대료가 발생하는 자산가들에게 절세 대비는 필수라고 할 수 있다.

절세 방법 중 하나는 법인을 활용하는 것이다. 법인 부동산은 소유와 경영이 분리되어 있기 때문에 이를 활용하여 여러 가지 절세 혜택을 누릴 수 있다.

첫 번째로 법인의 주주를 배우자나 자녀 등 가족으로 구성하는 것이다. 이렇게 하면 임대료나 양도차익 같은 법인의 이익금을 상대적으로 소득이 적은 배우자나 자녀에게 배당할 수 있다. 특히 법인은 주식의 지분율과 관계없이 특정 주주에게 배당을 몰아서 할 수 있는데 이를 초과배당이라 한다. 여기서는 개념 정도만 알고 가면 좋을 듯하다. 배당소득은 1년에 2000만 원 이하까지 분리과세되어 15.4%의 소득세를 내면 된다. 예를 들어 자녀 2명을 주주로 등재하면 매년 2000만 원까지는 15.4%의 세금만 내고 자녀 2명에게 합법적인 자금 출처를 만들어줄 수 있다. 물론 세금을 더 내면 더 많은 배당도 가능하다. 합법적인 자금 출처가 있는 돈으로 나중에 자녀 명의의 주택 등 부동산을 매입하더라도 전혀 문제가 없다.

두 번째로 배우자나 성인 자녀를 법인의 임직원으로 일하게 해서 급여를 줄 수도 있다. 이 또한 배우자나 자녀에게 합법적인 자금 출처를 마련해줄 수 있는 아주 좋은 방법이다.

세 번째는 추후에 증여를 할 경우 부동산이 아닌 주식으로 증여할 수 있다는 것이다. 부동산의 가치는 임의적으로 조정이 불가능하지만 기업의 가치는 어느 정도 조정이 가능하다. 즉 증여를 할 때도 법인을 활용하면 추가적으로 절세할 수 있다는 이야기다.

위의 세 가지 방법 모두 개인으로 부동산을 소유했더라면 불가능했을 방법이다. 사랑은 나눌수록 커지지만 세금은 나눌수록 작아지는 법이다. 법인을 활용하면 소득의 주체와 소득의 종류를 나눌 수 있다. 그래서 개인으로는 할 수 없던 여러 가지 절세 솔루션이 나오는 것이다. 소득이 발생하는 주체를 나누어서 소득세를 줄일 수 있고 소득의 종류를 근로소득과 배당소득, 퇴직소득으로 나누어서 절세할 수 있다. 또한 부동산을 보유한 법인의 가치를 조정함으로써 증여 시 추가적으로 절세를 할 수 있다. 이뿐만이 아니다. 부동산을 법인으로 현물출자할 경우 취득세 감면 혜택과 양도소득세 이월과세에 대한 혜택이 있다. 증여할 때도 법인의 주식을 증여하면 취득세가 발생하지 않는다. 그래서 많은 자산가들이 건물을 현물출자해서 법인으로 전환하고는 한다.

물론 부동산을 개인으로 보유하는 것이 유리한지 법인으로 보유하는 것이 유리한지에 대해서 단정적으로 결론 내리기는 어렵다. 하지만 부동산 매매를 자주하거나 소유한 부동산의 규모가 상당히 커서 소득세 및 상속, 증여 등 절세가 필요하다고 느끼는 사람이라면 부동산을 법인으로 소유하는 방법에 대해 진지하게 고민해볼 필요가 있다.

제4장

부동산 빅데이터
인사이트

Big Data in Real Estate

빅데이터
부동산 투자

전 세계 부동산 시장에서
대한민국은 어디쯤에 있는가

대한민국 부동산 시장에서 가장 큰 논란거리는 '현재 부동산 시장이 버블이냐 아니냐'일 것이다. 버블의 유무는 과거부터 현재까지의 데이터를 분석해 지금 시장이 과열되어 있는지 아닌지로 판단할 수 있다. 우리가 앞에서 다루었던 여러 데이터 분석이 바로 그 작업이었다.

이번에는 조금 더 시야를 넓혀서 세계 주요 국가들의 부동산 데이터를 비교 분석해보려고 한다. 다른 나라와 비교했을 때 대한민국 부동산 시장이 상대적으로 버블이 있는 편인지 없는 편인지 알아보기 위해서다.

데이터 분석은 OECD에서 제공하는 자료를 바탕으로 했고 가장 최신 데이터는 2016년 4분기다. 앞으로 나오는 모든 그래프의 데이터 출처는 OECD 자료(https://data.oecd.org)다. 국제적인 비교가 가능한 부동산 데이터를 제공하는 곳이 몇 군데 있지만 그중에서도 가장 신뢰할 만한 곳이기 때문이다.

분석에 들어가기에 앞서 간단히 데이터에 대해 설명하려 한다. 주택 가격 흐름과 관련해 확인해야 할 데이터는 총 다섯 가지다. 우선 주택 가격에는 두 가지 종류가 있다. 바로 명목 주택 가격(Nominal House Price)과 실질 주택 가격(Real House Price)이다.

명목 주택 가격은 실제로 주택이 거래되는 액면 가격으로 우리가 보통 이야기하는 주택 가격이다. 실질 주택 가격은 인플레이션, 즉 물가 상승률을 감안하여 조정된 주택 가격으로 물가 상승분을 제외한 주택 가격이라고 보면 된다(명목 주택 가격 = 실질 주택 가격 + 물가 상승률). 일반적으로 물가는 시간이 지날수록 계속 오르기 때문에 실질 주택 가격의 상승 폭은 명목 주택 가격의 상승 폭보다 작을 것이다.

세 번째는 주택 임대료(Rent Price)이고, 이를 바탕으로 임대료 대비 주택 가격 비율(PRR : Price to Rent Price Ratio)과 가구 소득 대비 주택 가격 비율(PIR : Price to Income Ratio)을 확인할 수 있다. PRR은 주택 가격을 임대료로 나눈 것으로 이 지수가 높을수록 임대료 대비 집값이 높다는 것을 의미한다. 주택 가격이 상승하거나 임대료가 하락할 때 높아지고, 주택 가격이 하락하거나 임대료가 상승할 때 낮아진다. PIR은 주택 가격을 소득으로 나눈 것으로 이 지수가 높을수록 소득 대비 집값이 높다는 것을 의미한다. 주택 가격이 상승하거나 소득이 감소할 때 높아지고, 주택 가격이 하락하거나 소득이 증가할 때 낮아진다.

이제 이 다섯 가지 데이터를 개별적으로 혹은 조합해서 분석한 여러 가지 차트를 보면서 대한민국 주택 시장의 현주소를 파악해보자. 이 작업으로 대한민국 주택 시장의 버블 유무를 확인할 수 있을 것이다. 모든 데이터는 2010년을 기준(100)으로 잡았다.

■ 호주(Australia)
■ 캐나다(Canada)
■ 중국(China)
■ 독일(Germany)
■ 프랑스(France)
■ 영국(United Kingdom)
■ 그리스(Greece)
■ 인도(India)
■ 이탈리아(Italy)
■ 일본(Japan)
■ 한국(Korea)
■ 뉴질랜드(New Zealand)
■ 러시아(Russia)
■ 스웨덴(Sweden)
■ 터키(Turkey)
■ 미국(United States)

주요 16개국 표기

명목 주택 가격 (Nominal House Price)

먼저 주요 16개국의 1970년부터 2016년까지 명목 주택 가격 차트를 보자.

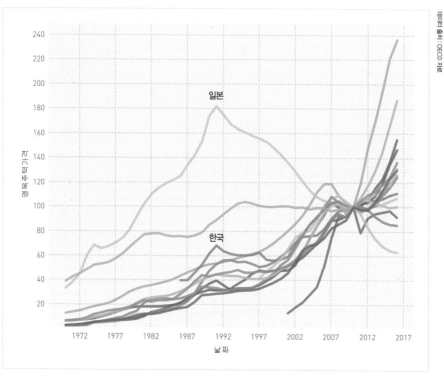

데이터 출처 : OECD 자료

주요 16개국의 명목 주택 가격 차트(1970~2016)

    앞에서 말한 것처럼 주택 관련 데이터는 모두 2010년을 기준으로 했기 때문에 그래프에서 모든 국가의 2010년 명목 주택 가격이 100에 위치해 있다.

    이 차트에서 제일 눈에 띄는 국가는 바로 일본이다. 그래프에서 볼 수 있듯이 일본은 1970년~1991년 사이에 어마어마한 주택 버블이 있었다. 다른 나라와 비교해서 보니 그 정도가 얼마나 심각했는지 알 수 있다. 이런 말도 안 되는 버블이 무려 20년 동안이나 진행됐기 때문에 그 후유증으로 1990년대 초반부터 오랜 기간 주택 가격이 하락해왔다.

일본과 비교했을 때 한국은 어떠한가? 한국의 주택 가격은 꾸준히 오르고 있지만 엄청난 버블이 있었던 적은 없다. 일본을 제외하고는 대부분의 나라들이 장기간 꾸준히 우상향하고 있다. 그런데도 불구하고 전 세계적인 흐름인 저성장과 고령화를 근거로 한국의 부동산이 일본처럼 폭락할 것이라고 전망하는 사람들이 있다. 데이터로 따져 보았을 때 전혀 설득력 없게 들린다.

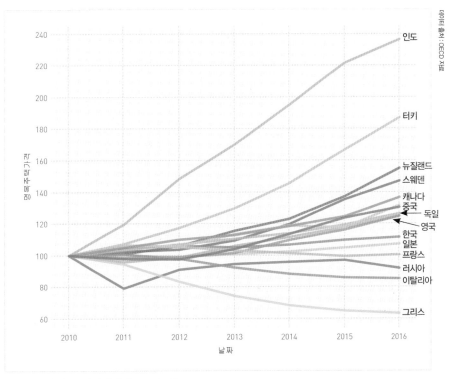

주요 16개국의 명목 주택 가격 차트(2010~2016)

이번에는 주요 16개국의 2010년부터 2016년까지 명목 주택 가격 차트를 보도록 하자. 최근에는 각 나라의 주택 가격이 어떻게 움직여왔는지 확인할 수 있다.

2010년부터 명목 주택 가격이 가장 많이 오른 국가는 인도다. 100에서 출발하여 거의 240까지 올라갔다. 엄청난 상승률이 아닐 수 없다. 그다음으로는 터키 〉 뉴질랜드 〉 스웨덴 〉 캐나다 〉 중국 순서로 많이 올랐다. 모든 국가가 오른 것은 아니다. 오히려 주택 가격이 떨어진 국가도 있다. 그리스가 가장 많이 떨어졌고 이탈리아, 러시아가 그 뒤를 잇는다.

우리나라는 어디에 있는가? 한국은 일본 바로 위에 그래프의 중간쯤에 위치한다. 2010년 100에서 출발하여 2016년에 120에도 미치지 못했다. 한국의 주택 가격은 정말 조금 올랐다고 말할 수 있다.

실질 주택 가격 (Real House Price)

이번에는 인플레이션, 즉 물가 상승을 감안한 실질 주택 가격의 차트를 확인해보겠다. 먼저 오른쪽에 위치한 주요 16개국의 1970년부터 2016년까지 실질 주택 가격 차트를 보도록 하자.

같은 국가들의 같은 기간의 차트인데 명목 주택 가격 차트와 사뭇 다른 모습을 확인할 수 있다. 가장 눈에 띄는 나라는 바로 한국이다. 1980년대 후반부터 1990년 초반까지의 그래프는 일본과 거의 유사하다고 볼 수 있다.

이 차트가 의미하는 바는 다음과 같다. 우리나라에서 실질 주택 가격이 가장 높았던 때는 1986~1995년 정도였고 가장 낮았을 때는 IMF가 터진 직후였다. 그리고 1990년대 초에 일본에서 버블이 붕괴하면서 주택 가격이 내려갈 때 한국의 주택 버블도 같이 터져서 실질 주택 가격이 하락했다고 볼 수 있다. 실질 주택 가격을 놓고

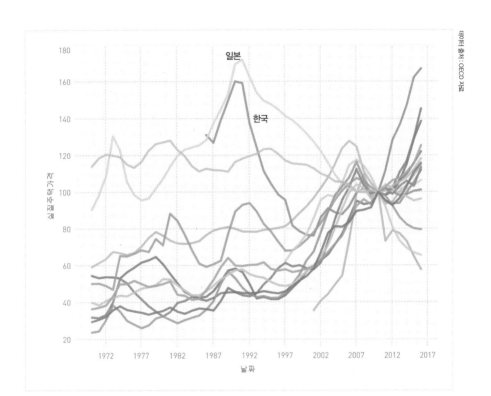

데이터 출처 : OECD 자료

주요 16개국의 실질 주택 가격 차트(1970~2016)

보면 한국이 일본보다 훨씬 더 심각하게 폭락했다. 2012년 이후 일본은 최근 상승세를 회복하였는데 한국은 아직 제자리걸음을 하고 있는 실정이다.

이를 확인하기 위해서 다음 페이지의 2010년부터의 실질 주택 가격 차트를 보도록 하자. 역시 한국의 실질 주택 가격에는 거의 변화가 없는 것을 확인할 수 있다. 물가 상승률을 감안했을 때 주택 가격이 거의 오르지 않은 것이다. 물론 모든 나라가 오른 것은 아니다. 오히려 내려간 나라도 있다. 프랑스, 이탈리아, 그리스, 러시아가 그러한데, 물가 상승률을 감안했을 때 2010년 이후로 주택 가격이 떨어졌기 때문이다.

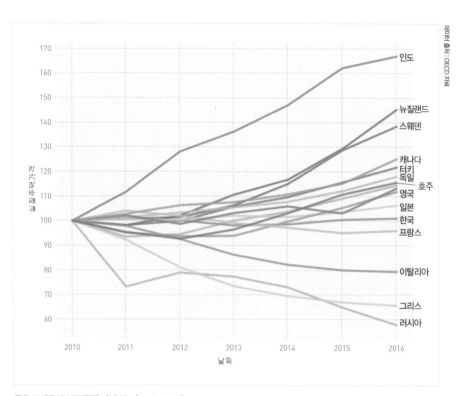

데이터 출처 : OECD 자료

주요 16개국의 실질 주택 가격 차트(2010~2016)

[빅데이터 시각화 4-1] 차트는 명목 주택 가격과 실질 주택 가격을 비교해서 볼 수 있도록 우리나라의 1986~2016년까지 데이터로 비교 차트를 만들어본 것이다. 누적으로 얼마나 상승했는지를 보여주는 누적 가격 증감률이다. 이 차트를 보면 주택 가격은 매우 많이 올랐지만 물가 상승률을 감안하면 최근 10년 정도는 주택 가격이 정체돼 있음을 알 수 있다.

일본의 경우는 어떨까? **[빅데이터 시각화 4-2]** 차트를 보면 일본의 실질 주택 가격은 최근 상승 중이다.

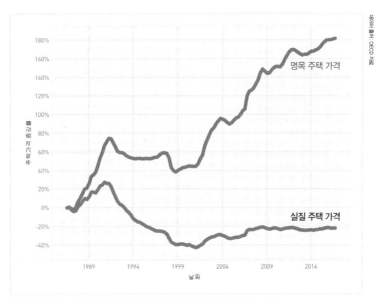

데이터 출처: OECD 자료

| **빅데이터 시각화 4-1** | 한국의 명목 주택 가격과 실질 주택 가격의 누적 증감률(1986~2016)

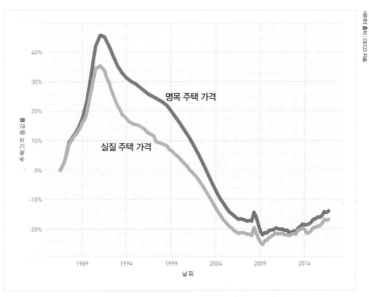

데이터 출처: OECD 자료

| **빅데이터 시각화 4-2** | 일본의 명목 주택 가격과 실질 주택 가격의 누적 증감률(1986~2016)

주택 임대료 (Rent Price)

이번에는 주택 임대료 차트를 보자. Y축을 지수 증감률로 바꿔서 데이터를 보도록 하겠다. 아래 차트가 주요 16개국의 2010년부터의 주택 임대료 차트다.

차트를 보면 같은 기간 동안 러시아의 주택 임대료 상승률이 제일 높은 것을 확인할 수 있다. 앞에서 살펴본 차트에서는 러시아의 주택 가격이 하락했는데, 임대료 차트에서는 상승률이 제일 높은 것이 인상적이다. 반대로 일본과 그리스의 주택 임료는 하락했다. 일본의 경우 주택 가격은 소폭 상승했는데 임대료는 하락했다. 유

데이터 출처 : OECD 자료

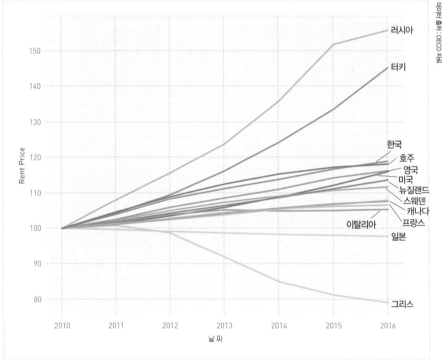

주요 16개국의 주택 임대료 차트(2010~2016)

일하게 그리스만 주택 가격도 하락하고 주택 임대료도 많이 하락한 경우다.

한국의 주택 임대료 상승률은 16개 국가 중 세 번째로 높다. 주택 가격에는 거의 변화가 없었는데 주택 임대료는 많이 상승한 편이다. 주택 임대료 상승률만 놓고 보았을 때 다른 나라 대비 어느 정도 버블이 있어 보인다.

임대료 대비 주택 가격 비율(PRR : Price to Rent Price Ratio)

PRR도 확인해보자. 임대료 대비 주택 가격의 추이가 어떻게 변하고 있는지 파악할 수 있을 것이다. 아래 차트는 2010년부터의 데이터로 만든 차트다.

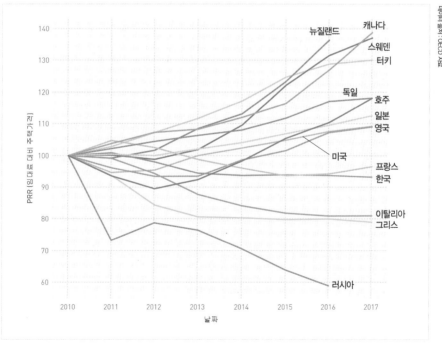

주요 16개국의 PRR 차트(2010~2017)

우선 제일 하단의 러시아가 눈에 띈다. 러시아의 PRR은 2010년부터 계속 하락하는 추세다. 반대로 상위권에 위치한 뉴질랜드, 캐나다, 스웨덴, 터키와 같은 나라들은 PRR이 계속 올라가는 추세다. 임대료 상승률보다 주택 가격 상승률이 훨씬 커서 그런 것이다. 임대료를 고려했을 때 주택 가격에 버블이 있다고 생각해볼 수도 있다.

한국의 PRR은 살짝 하락했다. 주택 가격은 거의 변화가 없는데 주택 임대료가 꽤 상승해서 PRR이 내려간 것이다.

소득 대비 주택 가격 비율(PIR : Price to Income Ratio)

이번에 볼 차트는 매우 중요한 데이터다. 바로 소득 대비 주택 가격의 비율을 나타내는 PIR이다. PIR이 낮을수록 소득 대비 집값이 저평가되어 있는 것이고, 높을수록 소득 대비 집값이 고평가되어 있는 것이다. 오른쪽 페이지의 주요 16개국의 2010년부터 PIR 차트를 보도록 하자.

한국의 PIR은 지속적으로 내려가고 있다. 소득과 비교했을 때 집값이 2010년보다 계속 떨어지고 있다는 뜻으로 집값이 저평가되고 있다는 말이다. 명목 주택 가격은 살짝 올랐지만 소득이 더 많이 올랐기 때문에 PIR이 내려간 것이다. 반대로 일본은 PIR이 상승했다. 소득 대비 집값이 상승했기 때문이다. 주요 국가들 중에서 2014년 기준으로 소득 대비 집값이 가장 낮아진 곳은 바로 러시아다(러시아의 자료는 2014년까지밖에 없었다).

그렇다면 소득 대비 집값이 비싸진 곳은 어디일까? 바로 차트 상단부에 위치하는 뉴질랜드, 스웨덴, 캐나다, 호주, 영국 등이다. 대체로 이민을 선호하는 나라들의 PIR이 계속 상승할 것으로 보인다.

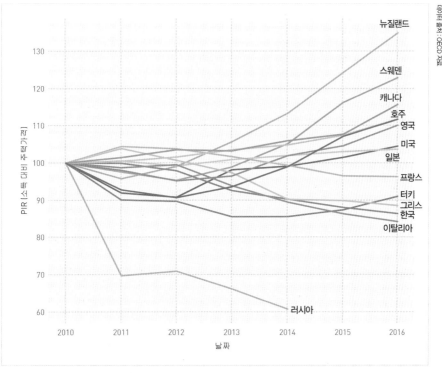

주요 16개국의 PIR 차트(2010~2016)

PIR과 PRR을 비교하는 것도 중요하다. 이번에는 X축을 PIR, Y축을 PRR로 놓고 하나의 차트에 각 국가를 표시해보았다. 이를 통해 한국의 부동산 시장이 현재 어느 정도에 위치하고 있는지 파악할 수 있다. 다음 페이지의 차트는 2016년 4분기 데이터를 가지고 만든 차트로 2010년 대비 2016년 4분기의 위치를 알 수 있으며 2010년 대비 각 국가의 상황을 분면에 따라 분류할 수 있다.

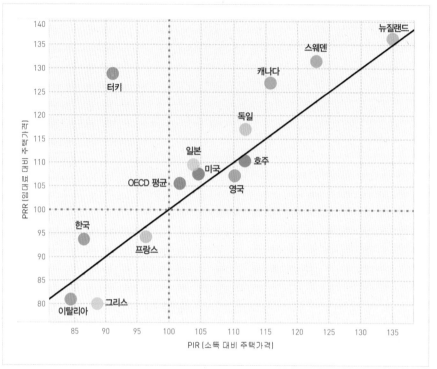

데이터 출처 : OECD 자료

주요 16개국의 PIR&PRR 차트(2016년 4분기)

❶ PIR 상승, PRR 상승 국가

: 소득 대비 주택 가격(PIR)도 오르고 임대료 대비 주택 가격(PRR)도 오른 국가

뉴질랜드, 스웨덴, 캐나다, 독일, 호주, 영국, 일본, 미국, OECD 평균

이 국가들은 소득 증가 속도와 임대료 증가 속도보다 주택 가격 증가 속도가 더 빠른 나라들이다. 주택 가격에 버블이 생겨나고 있다고 해석할 수도 있고, 버블이 생겨날 만큼 인기가 많은 국가들이라고 해석할 수도 있다. 특히 상승 폭이 큰 뉴질랜드, 스웨덴, 캐나다의 버블이 가장 크다.

❷ PIR 하락, PRR 상승 국가

: 소득 대비 주택 가격(PIR)은 내리고, 임대료 대비 주택 가격(PRR)만 오른 국가

터키

주택 임대료 차트에서 보았듯 터키의 임대료는 매우 많이 상승한 편이다. 그런데 PRR이 올랐다면 터키에서는 임대료 상승보다 더 큰 폭의 주택 가격 상승이 있었다는 이야기다.

흥미로운 지점은 그럼에도 불구하고 PIR이 내렸다는 것이다. 큰 폭의 주택 가격 상승을 상쇄시키는 소득 증가가 있었다는 의미다. 터키에서 무슨 일이 일어나고 있기에 이렇게 소득이 증가하는 것일까? 궁금해진다.

❸ PIR 하락, PRR 하락 국가

: 소득 대비 주택 가격(PIR)도 내리고, 임대료 대비 주택 가격(PRR)도 내려간 국가

프랑스, 한국, 그리스, 이탈리아

소득과 임대료 대비 주택 가격이 2010년보다 저렴해진 나라들이다. 주택 가격이 저평가된 나라라고 볼 수 있다.

이 차트에 따르면 전 세계적으로 봤을 때 한국의 주택 가격은 꽤 저평가되었다고 할 수 있다.

❹ PIR 상승, PRR 하락 국가

: 소득 대비 주택 가격(PIR)은 오르고, 임대료 대비 주택 가격(PRR)은 내려간 국가

해당 국가 없음

PIR&PRR 플라워차트

앞에서 살펴본 PIR&PRR 비교 차트는 2016년 4분기의 모습만을 본 것이다. 특정 시점의 데이터를 보는 것도 중요하지만 흐름을 함께 보는 것도 매우 중요하다. 이번에는 2010년부터 2016년까지의 데이터로 만든 PIR&PRR 플라워차트를 통해서 흐름을 확인해보자. **[빅데이터 시각화 4-3]** 차트는 이전 차트들과 달리 2010년을 기준으로 하지 않고 누적 증감률의 변화를 표시했다. 이렇게 하면 대략 몇 퍼센트 정도가 오르고 내렸는지 한눈에 볼 수 있기 때문이다.

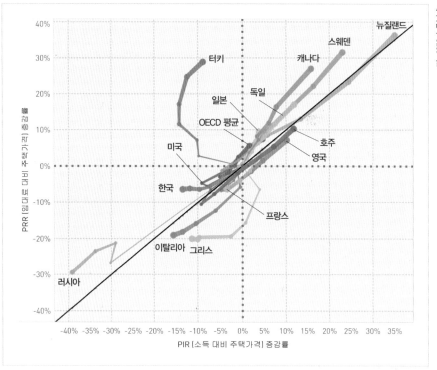

데이터 출처 : OECD 자료

| **빅데이터 시각화 4-3** | 주요 16개국과 OECD 평균 PIR&PRR 플라워차트(2010~2016)

플라워차트를 보는 법은 다음과 같다. 우선 점 하나가 1년이다. X축 0%, Y축 0%에서 출발해서 해가 거듭할수록 점점 선이 두꺼워진다.

우선 오른쪽 상단에 뉴질랜드, 스웨덴, 캐나다를 보면 PIR과 PRR이 지속적으로 함께 오르는 것을 확인할 수 있다. 반면 왼쪽 하단에 러시아의 경우 PIR과 PRR이 지속적으로 함께 떨어지고 있다(2014년까지의 데이터).

한국은 어떤가? 최근에는 아래로 더 떨어지지 않고 왼쪽으로만 조금씩 움직이는 추세다. PRR은 거의 그대로고 PIR만 조금씩 하락하고 있다는 뜻이다. 2010년을 기준으로 한국의 PIR은 15% 정도 하락했고, PRR은 5% 정도 하락했다. 2010년 대비

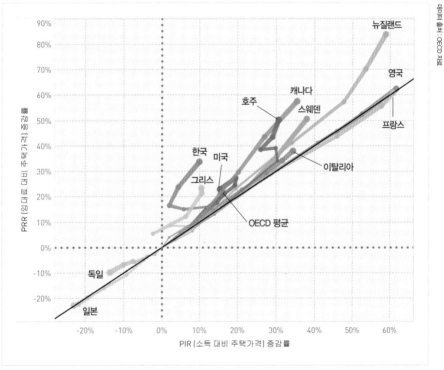

데이터 출처 : OECD 자료

| 빅데이터 시각화 4-4 | 주요 16개국과 OECD 평균 PIR&PRR 플라워차트(2001~2007)

해서 하락한 비율만큼 2016년의 한국 주택 가격은 저평가되어 있다고 할 수 있다.

이번에는 과거로 돌아가보자. [빅데이터 시각화 4-4]는 한국 주택 가격의 상승기였던 2001년부터 2007년까지의 PIR&PRR 차트다. 이 기간 동안에는 어떤 흐름을 보였는지 확인할 수 있을 것이다.

2001년부터 2007년까지 한국의 PRR은 35% 정도 상승했고, PIR은 10% 정도 상승했다. 한국에서는 패 큰 상승의 흐름이 나왔던 시기임에도 불구하고, 같은 기간의 다른 나라들과 비교하면 상승 폭이 상당히 작은 수준이라 할 수 있다. 아마 그 이유는 어느 정도 상승이 본격화되는 시기에 정부에서 각종 부동산 규제정책을 펼쳤기

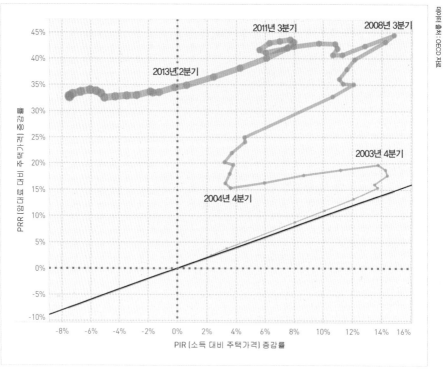

데이터 출처 : OECD 자료

| **빅데이터 시각화 4-5** | 한국의 PIR&PRR 플라워차트(2001~2016)

때문으로 추정된다. 우리나라가 부동산, 특히 주택과 관련해서 상당히 보수적인 정책을 펼치는 나라인 것을 확인할 수 있다. 이 기간 동안 뉴질랜드, 영국, 프랑스의 PIR은 60%, PRR은 60~85% 정도의 상승을 했다. 한국에서는 상상하기 힘든 엄청난 상승 폭이다.

마지막으로 한국의 장기간 PIR&PRR 플라워차트를 확인해보자. **[빅데이터 시각화 4-5]** 차트는 2001년 1분기부터 2016년 4분기까지의 데이터로 만들었으며 흐름이 꺾이는 변곡점마다 해당 날짜를 표시했다.

약간의 변동이 있기는 했지만 2008년 3분기까지 꾸준히 상승했던 PRR과 PIR이 금융위기 이후부터 계속해서 하락하고 있는 중이다. 이 차트를 보면 최근 정부의 부동산 규제정책이 너무 빠르고 강력하지 않았나 하는 생각이 든다. 2003년 하반기부터 본격화된 정부의 부동산 규제정책은 이해가 간다. 왜냐하면 차트에서 볼 수 있듯이 당시 PIR과 PRR이 계속해서 상승했기 때문이다. 어느 정도 속도 조절이 필요했던 때이다. 하지만 최근의 PIR과 PRR은 상승이 아니라 오히려 조금씩 하락하고 있는데 예전보다 더 강력한 규제책을 펼쳤다. 물론 명목 주택 가격이 상승했다는 점에서 이해할 수는 있으나 실질 주택 가격은 몇 년째 정체 중이고 PIR과 PRR이 동반 하락 중인 시점에 강력한 규제정책을 펼친 것에 대해서는 아쉬운 생각이 든다.

이로써 주택과 관련해서 OECD가 발표하는 데이터를 가지고 다양한 분석을 해봤다. 세계 부동산 시장의 흐름 속에서 대한민국 부동산 시장의 현재 위치를 파악하는 데 도움이 되었길 바란다.

가처분소득 & 가계 부채 비율 플라워차트

부동산 시장을 제대로 보기 위해 빼놓아서는 안 되는 데이터가 또 있다. 부동산을 실제로 구입할 개인들의 소득과 부채다. 즉 가처분소득과 가계 부채도 함께 검토해야 한다는 말이다. 그래서 이번에는 OECD에서 발표하는 가처분소득과 가계 부채 데이터를 분석해보려고 한다.

가계 가처분소득(Household disposable income)은 가계 소득 중에서 조세를 공제하고 이전소득을 합친 금액을 뜻한다. 쉽게 말해 소득 중에서 소비나 저축을 자유롭게 할 수 있는 소득을 말한다. 가처분소득 대비 가계 부채 비율(Ratio of Household debt to disposable income)은 가계의 가처분소득으로 금융 부채를 갚는 능력을 나타내는 비율이다. 이 지수가 높을수록 가처분소득 대비 부채가 많다는 뜻으로 이 비율이 상승했

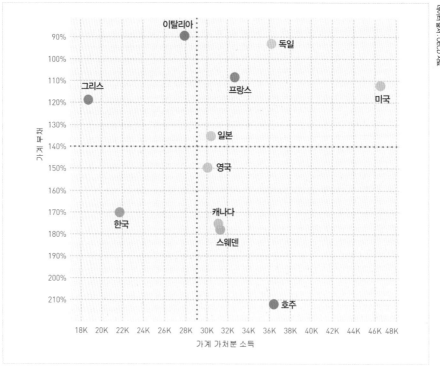

데이터 출처 : OECD 자료

주요 16개국의 가처분 소득과 가계 부채 비율 (2015)

다는 것은 부채가 가처분소득보다 더 빠르게 늘고 있다는 의미다.

먼저 가장 최신 데이터인 2015년 기준 주요 국가들의 가처분소득과 가계 부채 비율 차트를 보자.

가처분소득을 뜻하는 X축에서 오른쪽에 있을수록 가처분소득이 많은 것이고, 왼쪽에 있을수록 적은 것이다. 물론 가처분소득은 많을수록 좋을 것이다. 부채 비율을 보여주는 Y축에서는 위에 있을수록 부채 비율이 높아 위험한 편이고 아래 있을수록 부채 비율이 낮아 안전한 편이다. 이 차트에서도 분면에 따라 성격을 네 가지로 나눌 수 있다.

❶ 가처분소득 평균 이상, 부채 비율 평균 이상인 국가들
스웨덴, 영국, 캐나다, 호주

가처분소득이 높긴 하지만 부채 비율도 높은 나라들이다. 이중에서도 특히 호주는 부채 비율이 210%를 넘어가서 위험하다고 볼 수 있다.

❷ 가처분소득 평균 이하, 부채 비율 평균 이상인 국가들
한국

가처분소득은 낮은 데다가 부채 비율까지 높은 제일 안 좋은 유형이다. 제일 안 좋은 유형에 속한 유일한 나라가 우리나라라니 가슴이 아프다. 한국의 가처분소득은 평균보다 꽤 적은 수준이다. 가장 적은 곳은 그리스인데 우리나라는 그리스보다 조금 많은 수준이다. 한국의 가처분소득이 적다는 것은 다른 나라와 비교했을 때 소비나 저축을 할 수 있는 여력이 부족하다는 뜻이다. 그런데 부채 비율은 170%로 다른 국가와 비교해서 상당히 높은 수준이다.

❸ 가처분소득 평균 이하, 부채 비율 평균 이하인 국가들

그리스, 이탈리아

가처분소득은 낮지만 부채 비율도 낮은 나라들이다. 이탈리아는 가처분소득은 평균보다 약간 낮지만 16개국 중에 부채 비율도 가장 낮아서 주목할 만하다.

❹ 가처분소득 평균 이상, 부채 비율 평균 이하인 국가들

독일, 미국, 일본, 프랑스

가처분소득은 높고 부채 비율은 낮아서 매우 건전한 나라들이다. 특히 미국은 가처분소득이 가장 높은 나라로 부채 비율도 110% 정도로 매우 건전하다고 볼 수 있다. 독일 역시 가처분소득은 높지만 부채 비율은 매우 낮은 좋은 상황이다.

이번에는 2008~2015년 동안의 주요 국가별 가처분소득과 가계 부채 비율의 흐름을 보여주는 [빅데이터 시각화 4-6] 플라워차트를 확인해보자. 최신 데이터가 없는 것이 아쉽지만 이 기간 동안의 데이터로 추세의 흐름을 확인하면 앞으로 상황이 더 좋아질지 나빠질지 가늠할 수 있게 된다. 특정 시점의 데이터를 보는 것도 중요하지만 기간별 데이터를 보는 것도 중요한 이유다.

❶ 추세 우하향 국가들: 가처분소득 증가, 부채 비율 증가

한국, 호주, 캐나다, 스웨덴, 일본, 프랑스

가처분소득과 부채 비율이 같이 증가하는 나라들로 한국도 여기에 속한다. 한국의 경우 2015년에 부채가 많이 증가했지만 가처분소득도 같이 증가하고 있다는 것을 위안으로 삼을 만하다.

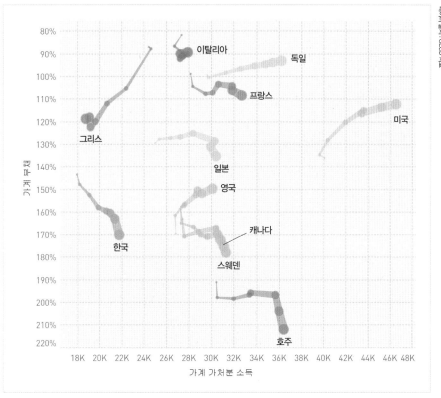

데이터 출처 : OECD 자료

| **빅데이터 시각화 4-6** | 주요 16개국의 가처분 소득과 가계 부채 비율 플라워차트 (2008~2015)

❷ 추세 우상향 국가들 : 가처분소득 증가, 부채 비율 감소

미국, 독일, 영국, 이탈리아

가처분소득은 증가하는데 부채 비율은 감소하는 알짜 국가들이다. 이탈리아는 우상향하다가 2013년 이후부터 작지만 우하향하고 있다. 전부 강대국들로 주요 선진국의 경제가 매우 좋아지고 있다고 볼 수 있다.

❸ 추세 좌하향 국가들 : 가처분소득 감소, 부채 비율 증가
그리스

주요 국가들 중에서 오직 그리스만이 가처분소득은 감소하고 부채 비율은 증가하는 최악의 추세를 보여주고 있다.

❹ 추세 좌상향 국가들 : 가처분소득 감소, 부채 비율 감소
해당 국가 없음

주요 국가의 대부분이 가처분소득이 증가하며 좋은 흐름을 보이고 있다. 2008~2015년까지 전 세계 경제가 상당히 탄탄했다는 것을 알 수 있다. 다만 우리나라의 경우 가처분소득이 증가 추세에 있기는 하지만 부채 비율 역시 증가해 걱정이 된다. 이는 늘어난 가처분소득보다 더 많은 부채가 쌓였다는 뜻인데 향후 상당한 위기의 원인이 될 수도 있기 때문이다. 가처분소득이 증가한다 한들 한국에서 개인들의 삶이 점점 더 팍팍해지고 있는 것은 틀림이 없다.

다음으로 2008~2015년의 주요 국가별 가처분소득과 가계 부채 비율의 누적 증감률 흐름을 보여주는 [빅데이터 시각화 4-7] 플라워차트를 살펴보자. 이 차트를 통해 각 국가별로 시간의 흐름에 따라 어떻게 변화하고 있는지 한눈에 비교할 수 있다.

차트의 Y축은 가계 부채 비율로 가계 부채를 가처분소득(X축)으로 나눈 값이다. 가계 부채가 동일하다고 가정했을 때 X축의 가처분소득이 증가할수록 Y축인 가계 부채 비율은 감소하고, 반대로 X축의 가처분소득이 감소할수록 Y축인 가계 부채 비율은 증가한다. 차트의 사선은 가계 부채가 동일할 때 X축의 증감 비율에 따라 Y

축의 증감 비율을 대략적으로 표시한 것이다. 비율로 계산했기 때문에 완벽한 직선은 아니다.

그럼 이제 사선을 중심으로 이 차트를 분석해보자. 우선 사선의 왼쪽에 위치한 나라부터 확인하려 한다. 사선에서 왼쪽으로 멀어질수록 가계 부채 자체가 감소하는 것을 의미하는데 미국과 영국이 이에 해당한다. 이 두 나라는 앞에서 살펴본 플라워차트에서 가처분소득은 증가하고 부채 비율은 감소한 나라인 것을 확인했다. 그리고 이 차트에서 사선의 왼쪽에 있기 때문에 가계 부채 자체도 감소한 것을 알수 있다. 미국이 영국보다 더 왼쪽에 있는 것은 미국의 가계 부채 감소 폭이 영국보다 더 크기 때문이다.

이번에는 사선의 오른쪽에 있는 나라를 찾아보자. 사선에서 오른쪽으로 멀어질수록 가계 부채 자체가 증가하는 것을 뜻하는데 가장 먼 나라는 한국이다. 한국의

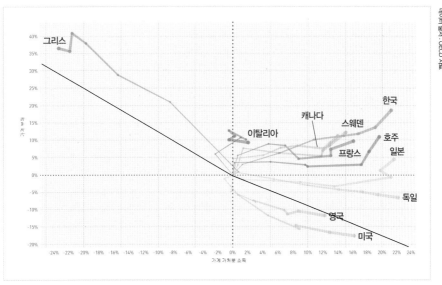

데이터 출처: OECD 자료

| 빅데이터 시각화 4-7 | 주요 16개국의 가처분 소득과 가계 부채 비율 누적 증감률 (2008~2015)

가계 부채 증가율이 주요 국가 중에서 가장 크다는 뜻이다. 대한민국의 가계 부채 상황이 정말 심각한 수준이 아닐 수 없다.

사선이 뜻하는 바가 단번에 이해가 가지 않을 수도 있다. 이해를 돕기 위해 한국을 예로 들어 설명해보겠다. 2008~2015년 동안 한국의 가처분소득은 21% 증가했다. 가처분소득 증가율만 놓고 보면 상당히 좋아 보인다. 그런데 실상은 그렇지가 않다. 가계 부채 자체가 증감이 없이 그대로였다면 가처분소득이 21% 증가하는 동안 가계 부채 비율은 약 17.4%가 감소해야 한다(100(가계 부채) / 121(가처분소득)% - 100%). 이 경우 한국은 X축 21%, Y축 -17.4%에 위치해야 한다. 대략 사선의 위치다. 그런데 차트에서 한국은 실제로 어디에 있는가? 한국의 Y축 좌표는 사선보다 훨씬 위에 있다. 가계 부채가 증가했기 때문이다. 그래서 사선에 있지 않고 위에 있는 것이다.

같은 맥락에서 사선의 왼쪽에 있는 나라가 상황이 호전되는 나라고 오른쪽에 있는 나라가 악화되는 나라라고 볼 수 있다. 위의 차트를 기준으로 주요 16개국의 상황을 줄 세워보면 다음과 같다.

**미국 〉 영국 〉 그리스 〉 이탈리아 〉 독일 〉 일본 〉
프랑스 = 캐나다 〉 스웨덴 〉 호주 〉 한국**

앞에서 살펴본 플라워차트와 비교했을 때 가장 눈에 띄는 것은 그리스다. 그리스의 경우 가처분소득은 23% 정도 감소했고 가계 부채 비율은 35% 이상 올라가서 매우 안 좋아 보일 수 있다. 하지만 실제 가계 부채는 6.1% 정도만 증가했다. 어떻게 이런 결과가 나올까? 가계 부채가 증가하지 않았더라도 가처분소득이 23% 정도 감소하면 가계 부채 비율은 약 29.9%(100/(100-23) % -100%) 정도 올라가기 마련이다. 그리스의 총 가계 부채 비율은 35% 정도이니 실제 가계 부채는 36% − 29.9%로 6.1%만 증가한 것이다.

반대로 한국의 경우 가처분소득은 21% 정도, 가계 부채 비율은 19% 정도 증가했으니 아주 나빠 보이지 않는다. 그러나 앞에서 계산했던 것처럼 가처분소득이 21% 증가하면 가계 부채 비율은 17.4% 감소해야 하는데 오히려 19%가 증가했으니 실제 가계 부채는 36.4%나 증가한 것이다. 그래서 한국이 그리스보다 더 안 좋은 상황이라는 것이다.

최종적으로 위의 차트를 가지고 한국의 상황을 점검해보겠다. 2008~2015년 한국의 가처분소득 증가율은 21% 정도로 주요 국가들 중에서 상당히 높은 편이지만 가계 부채 비율의 증가율이 그리스 다음으로 가장 높은 19%를 기록했고, 가계 부채 자체의 증가율은 36.4%로 전 세계에서 가장 높다. 한국은 부동산 버블도 별로 없고 소득 대비 주택 가격도 높지 않은데 유독 가계 부채 증가율이 높게 나온다. 지난 몇 년 동안 한국과 비교도 안 될 정도로 주택 가격이 폭등한 호주, 캐나다, 스웨덴도 가계 부채 증가율이 높은 편이지만 한국보다는 낮다. 1997년 IMF가 기업의 위기에서, 2008년 금융위기가 미국의 위기에서 시작된 것이라면 앞으로 우리가 맞이하게 될 위기는 가계의 위기에서 시작될지도 모르겠다.

가처분소득 & 명목 주택 가격 누적 증감률 플라워차트

앞에서 가처분소득과 가계 부채를 가지고 주요 국가의 상황을 분석했다면 이번에는 가처분소득과 명목 주택 가격으로 상황을 분석해보려고 한다. [빅데이터 시각화 4-8] 차트는 2000~2015년 데이터이고 뉴질랜드만 2014년까지의 데이터다.

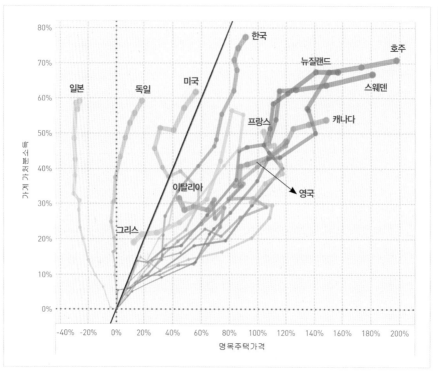

데이터 출처 : OECD 자료

| **빅데이터 시각화 4-8** | 주요 16개국의 가처분 소득과 명목 주택 가격 누적 증감률 (2000~2015)

　　가처분소득과 주택 가격은 대체로 한쪽이 증가하면 다른 한쪽도 증가하는 양의 상관관계에 있다고 볼 수 있다. 가처분소득이 늘어나면 주택 가격이 올라가고, 가처분소득이 줄어들면 주택 가격이 내려가는 것이 자연스럽기 때문이다. 차트에서도 이런 관계를 확인할 수 있다. 위의 차트에서 볼 수 있듯이 대부분의 국가에서 가처분소득이 증가하는 추세고 그에 따라 주택 가격 역시 같이 상승하고 있다. 유일하게 그리스만이 2009년부터 가처분소득이 감소하고 있다. 차트에 있는 선들 중에서 그리스만 왼쪽으로 이동한 것을 볼 수 있다. 좌향할 뿐만 아니라 하향하고 있는데 명목 주택 가격도 하락하고 있기 때문이다.

그러나 모든 국가가 양의 상관관계에 있지는 않다. 이탈리아의 경우 가처분소득은 2008년 이후 약간의 오르내림은 있지만 그래도 꾸준히 증가하는 추세인데 명목 주택 가격은 계속 하락하고 있다. 프랑스도 가처분소득은 증가하고 있지만 주택 가격은 2011년부터 하락세에 접어들었다. 일본도 가처분소득은 꾸준히 상승하는 반면 주택 가격은 계속 하락하다가 2010년대에 들어서야 상승세를 회복한 모습이다.

이번 차트에서도 사선을 볼 수 있다. 이 사선은 가처분소득의 증가율과 명목 주택 가격의 증가율이 동일한 지점들을 이은 것이다. 이 사선을 기준으로 사선의 오른쪽에 있는 국가들은 명목 주택 가격 증가율이 가처분소득 증가율보다 큰 국가들이다. 가처분소득 대비 주택 가격이 고평가되어 있다고 할 수 있는데 사선에서 오른쪽으로 더 멀리 있을수록 더 많이 고평가된 것이다. 반면 사선의 왼쪽에 있는 국가들은 명목 주택 가격 증가율보다 가처분소득 증가율이 더 큰 국가들로 가처분소득 대비 주택 가격이 저평가되었다고 볼 수 있다. 왼쪽에 있을수록 더 저평가 정도가 심할 것이다.

물론 고평가와 저평가는 이것 하나만으로 판단할 수 없다. 누누이 말했던 것처럼 부동산도 여러 요소들을 가지고 종합적으로 분석할 때 더 정확한 판단을 할 수 있다. 또한 같은 요인을 가지고 분석하더라도 기간을 어떻게 설정하느냐에 따라 결과가 다르게 나올 수 있다는 것을 잊지 말길 바란다.

이 책에서는 위의 차트를 기준으로 계속 평가하겠다. 저평가 국가에서 고평가 국가 순으로 정리하면 다음과 같다.

**일본 〉 독일 〉 그리스 〉 미국 〉 이탈리아 〉 한국 〉
프랑스 〉 영국 〉 캐나다 〉 뉴질랜드 〉 스웨덴 〉 호주**

2000~2015년의 가처분소득과 명목 주택 가격으로 보았을 때 일본의 주택 가격
이 가장 저평가되었고 호주의 주택 가격이 가장 고평가되어 있는 것으로 드러났다.
우리나라도 낮게 평가되어 있는 나라 중 하나다. 지난 15년 동안 우리나라의 가처분
소득은 꾸준히 늘어나서 총 77% 정도가 증가했고 명목 주택 가격 역시 꾸준히 올라
91% 정도 상승했다. 진짜 놀랄 만한 사실은 이 기간 동안 주요 국가들 중에서 가처
분소득이 가장 많이 증가한 나라가 바로 우리나라라는 것이다. 정말 놀랍지 않은가?

　추가로 금융위기가 끝난 2009~2015년의 가처분소득과 명목 주택 가격의 차트
를 확인해 보자.

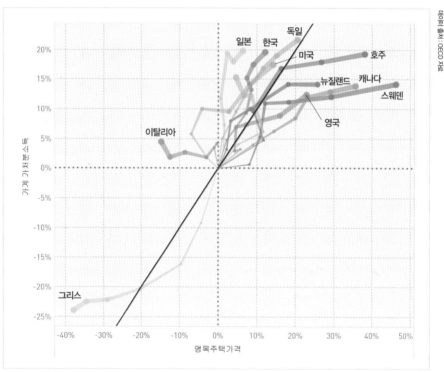

데이터 출처 : OECD 자료

| **빅데이터 시각화 4-9** | 주요 16개국의 가처분 소득과 명목 주택 가격 누적 증감률 (2009~2015)

[빅데이터 시각화 4-9] 차트에서는 두 가지를 확인할 수 있는데 첫 번째는 이 기간으로 잘라서 보면 우리나라도 저평가 국가에 속한다는 것이다. 가처분소득이 증가한 만큼 명목 주택 가격이 상승하지 못했기 때문이다. 두 번째는 가처분소득과 명목 주택 가격이 양의 상관관계를 갖는 것이 흔하다는 것이다.

가계 부채 비율 & 명목 주택 가격 누적 증감률 플라워차트

이번에는 [빅데이터 시각화 4-10] 차트로 가계 부채 비율을 명목 주택 가격과 함께 보려고 한다. 우리나라 데이터가 2008년부터 있어서 2008~2015년 데이터를 바탕으로 했다.

❶ 가계 부채 비율 증가, 명목 주택 가격 상승 국가
스웨덴, 호주, 캐나다, 한국, 일본

여기에 속한 나라들은 정도에는 차이가 있지만 부채 비율도 상승하고 명목 주택 가격도 상승한 나라들이다. 스웨덴, 호주, 캐나다의 경우 부채 비율은 10% 정도 증가했는데 명목 주택 가격은 30~50% 정도 상승했다. 한국은 부채 비율은 19% 정도 증가하고 주택 가격은 13% 정도 올랐다. 일본은 부채 비율은 4.5%, 명목 주택 가격은 0.2% 상승했다.

❷ 가계 부채 비율 감소, 명목 주택 가격 상승 국가
독일, 영국, 미국

주택 가격이 10~20% 정도 올랐지만 부채 비율은 감소한 나라들로 매우 안전한 국가라 할 수 있다. 이들 중에서 미국이 부채 비율도 가장 많이 하락하고 명목 주택

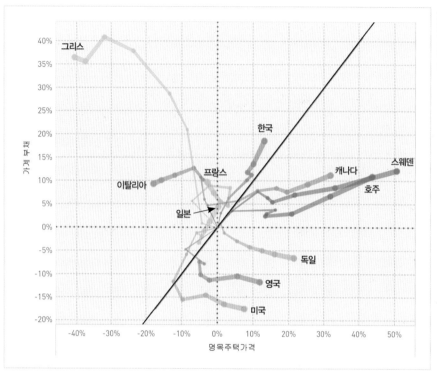

데이터 출처 : OECD 자료

| **빅데이터 시각화 4-10** | 주요 16개국의 가계 부채 비율과 명목 주택 가격 누적 증감률 (2008~2015)

가격도 가장 적게 올라서 제일 좋은 상황이라 할 수 있다.

❸ 가계 부채 비율 감소, 명목 주택 가격 하락 국가

미국과 영국이 한때 속했었지만 2015년 기준으로는 해당 국가 없음

❹ 가계 부채 비율 증가, 명목 주택 가격 하락 국가

그리스, 이탈리아, 프랑스

그리스의 경우 부채 비율은 40% 가까이 증가했는데 명목 주택 가격은 40% 정도

하락했다.

이처럼 세계 주요 국가의 데이터를 비교해서 보면, 현재 한국 부동산 시장을 보다 객관적으로 평가할 수 있다. 지금까지 살펴본 결과를 간단히 요약해보자.

먼저 일본의 주택 시장 버블 붕괴를 따라갈 거라는 공포는 더 이상 안 가져도 될 것 같다. 일본은 물론 세계 그 어느 나라와 비교해도 한국의 주택 시장은 상승 폭도 낮고 속도도 느렸다. 비교적 안정적으로 상승해왔을 뿐인데, 그것도 명목 주택 가격을 봤을 때의 이야기다. 인플레이션을 감안한 실질 주택 가격을 보면 1980~1990년대에 비해 오히려 떨어졌고, 2010년 이후에도 가격 변동이 거의 없었다. 반면 2010년 이후 주택 임대료 상승률은 16개 국가 중 3번째로 높았다.

소득 대비 집값 역시 2010년 이후 계속 하락하고 있다. 이는 세계 다른 국가들에 비해 집값이 저평가됐다고 판단할 수 있는 근거가 된다. 한편 가처분소득과 부채 비율 데이터는 한국의 상황을 좋지 않게 평가한다. 가처분소득은 평균 이하인데, 부채 비율은 평균 이상으로 보인다. 다만 2008년부터 2015년까지 가처분소득이 꾸준히 증가하고 있음은 긍정적인 신호다.

종합적으로 평가하면 한국의 주택 시장에 버블은 없다. 집값에 비해 소득은 많이 올랐고, 가처분소득도 늘고 있으며, 물가 상승률 정도만 집값이 올랐다. 다만 주의해야 할 부분은 가계 부채 리스크이므로, 정부의 대출 규제와 가계 부채 규모의 흐름 등에 대해서는 계속 잘 지켜보는 게 좋겠다.

부동산 시장의 빅 트렌드,
아파트 재건축

　부동산 시장의 단골 이슈 중 하나는 재건축이다. 대한민국 아파트가 급속히 늙어가고 있기 때문이다. 연도별 아파트 개수를 표시한 차트를 통해 아파트 시장에서 진행되고 있는 고령화 추세를 확인해 보자.

　오른쪽 차트에서 확인할 수 있듯이 대한민국 아파트는 1970년대 중반까지 거의 존재하지 않다가 1978년부터 급격히 증가해서 1992년에 폭발적으로 늘어났다. 이 시기에 지은 아파트의 수가 어마어마하다. 이렇게나 많은 아파트들이 늙어가고 있다.

　정부도 이를 알고 있기 때문에 재건축 연한을 기존 40년에서 30년으로 완화했을 것이다. 이에 따라 2017년 기준으로 1987년 이전에 준공된 아파트까지 재건축이 가능하다. 그러나 재건축 연한을 채웠다고, 법적으로 재건축 기준을 통과했다고 모두 재건축을 할 수 있는 것은 아니다. 재건축을 추진하기 위해서는 소위 사업성이

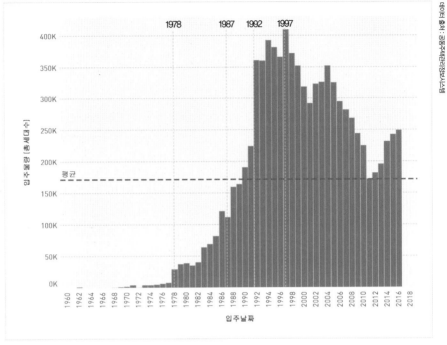

대한민국의 연도별 아파트 입주 물량

라는 것이 있어야 한다. 문제는 오래된 아파트를 허물고 다시 새 아파트를 짓는 수고를 들여도 괜찮을 만큼 사업성이 좋은 곳이 생각보다 많지 않다는 것이다. 즉 오래된 아파트는 갈수록 많아지지만 새 아파트로 다시 태어날 수 있는 아파트는 별로 없다는 뜻이다.

그렇다면 어떤 아파트들이 재건축 대상이 될 수 있을까? 재건축의 사업성을 결정하는 데는 여러 가지 요소들이 있지만 그중에서도 토지 가격, 용적률, 세대당 대지 지분 등이 중요하다. 쉽게 말하자면 토지 가격이 비싼 곳에 위치한 아파트들만이 재건축이 가능하다. 결국 비싼 동네에 위치한 아파트들은 사업성이 좋아 쉽게 재건축될 것이고, 그렇지 않은 동네에 위치한 아파트들은 사업성이 없어서 재건축하기가 거의 불가능할 것이다. 쓸쓸하지만 현실이 그렇다.

강남구, 서초구, 송파구, 용산구 같은 비싼 동네는 상대적으로 재건축 사업성이 좋기 때문에 다수의 아파트들이 새 아파트로 바뀔 것이다. 그리고 새 아파트가 들어섬에 따라 지역 평가는 더욱 좋아질 것이다. 이와 반대로 어떤 지역에 새 아파트는 없고 재건축되지 못한 오래된 아파트들만 많이 있다고 생각해보자. 좋은 환경에서 살고 싶은 것은 누구나 바라는 일이기 때문에 사람들은 군이 이 지역으로 들어오지 않을 것이다. 새로운 인구 유입은 줄어들고 기존 거주자들도 다른 지역으로 이동하기 마련이다. 해당 지역의 사업성이 더 떨어지는 것은 말할 필요가 없다.

지방의 경우에는 재건축할 만큼 사업성이 좋지 않으면 인근에 새로운 택지를 개발해서 신규 주택을 공급할 수가 있다. 그러나 서울과 같은 대도시에서는 새롭게 택지 개발을 할 땅이 별로 없다. 새로운 주택을 공급하려면 재건축이나 재개발밖에는 선택지가 없다고 볼 수 있다. 결국 재건축이 돼서 더 좋아질 지역과 재건축되지 못해 낙후된 상태로 남게 될 지역으로 양분될 것이다. 급격하게 고령화가 진행되고 있는 아파트 시장에서 갈수록 양극화 현상이 심해질 것이라고 예상하는 이유다.

대한민국 아파트의 심각한 고령화 추세

우리나라 아파트의 재건축은 너무 더딘 속도로 진행되고 있다. 최근 언론에서 재건축 이슈와 관련해 자주 언급하는 아파트들의 준공 연도를 확인해보자.

모두 1970년대부터 1980년대 초반에 지어진 아파트들이다. 재건축해야 할 만큼 오래된 아파트들이 계속 늘어나고 있는데 정부는 각종 규제로 재건축을 더 어렵게 만들고 있다. 정말 큰일이 아닐 수 없다. 곧 다가올 아파트 고령화 문제를 정부에

아파트 단지	준공 연도
서울 서초구 반포동 반포주공아파트 1단지	1973년
서울 송파구 잠실동 잠실주공아파트 5단지	1978년
서울 강남구 압구정동 현대아파트 1,2차	1976년
서울 강남구 삼성동 홍실아파트	1981년
서울 강남구 대치동 은마아파트	1979년
서울 강남구 개포동 개포주공아파트 1단지	1982년

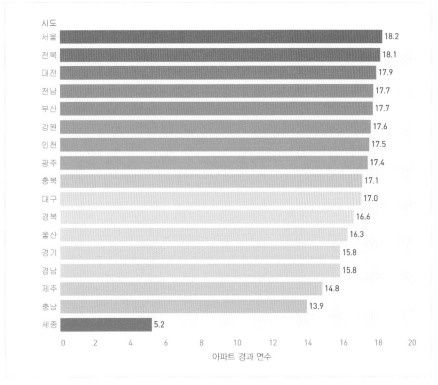

전국 각 시도별 아파트 경과 연수(年數)

서 어떻게 준비하고 있는지 걱정 반, 기대 반이다.

상황을 좀 더 정확하게 확인하기 위해 각 시도별 아파트 경과 연수(年數)를 살펴보겠다. 경과 연수는 실제로 그 건물이 존재한 기간을 말하는 것으로 [**전국 각 시도별 아파트 경과 연수**] 차트에서는 세대수를 감안해 1962~2016년의 아파트들을 대상으로 했다.

아파트 경과 연수가 가장 높은 곳은 18.2년을 기록한 서울이다. 상대적으로 오래된 아파트들이 매우 많다고 볼 수 있다. 전북, 대전, 전남, 부산, 강원, 인천, 광주 등도 경과 연수가 꽤 되지만 이 중에서 사업성이 좋은 아파트들만 재건축이 가능할 것이다. 시도 기준으로 말하자면 당연히 서울은 사업성이 좋은 지역이다. 향후 서울에서 재건축이 큰 트렌드가 될 수밖에 없어 보인다.

각 시도별 아파트 세대수와 연도별 입주 물량 차트를 참고삼아 소개한다.

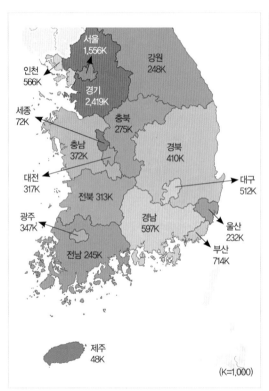

데이터 출처 : 공동주택관리정보시스템

서울 1,556K
강원 248K
인천 566K
경기 2,419K
세종 72K
충북 275K
충남 372K
경북 410K
대전 317K
대구 512K
전북 313K
경남 597K
광주 347K
울산 232K
전남 245K
부산 714K
제주 48K
(K=1,000)

전국 각 시도별 아파트 세대수

전국 시도의 연도별 아파트 입주 물량 데이터 출처 : 공동주택관리정보시스템

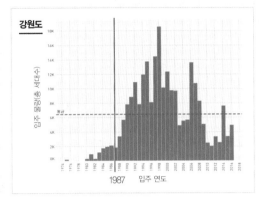

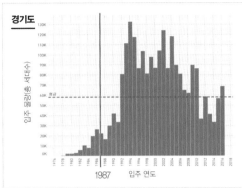

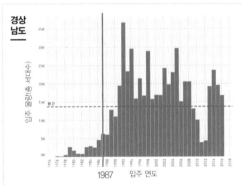

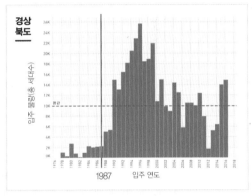

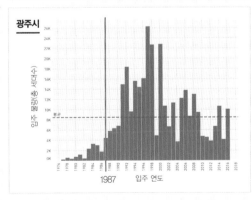

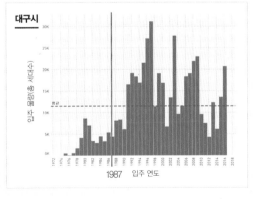

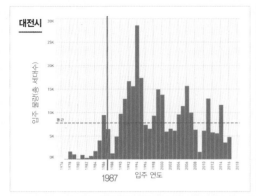

대전시

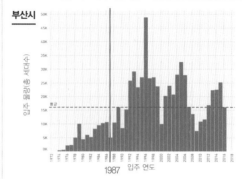

부산시

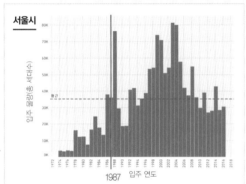

서울시

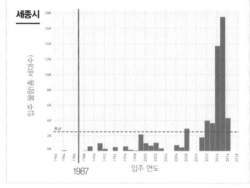

세종시

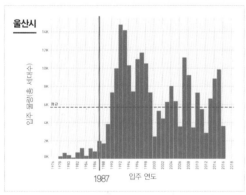

울산시

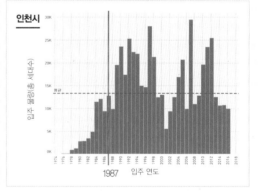

인천시

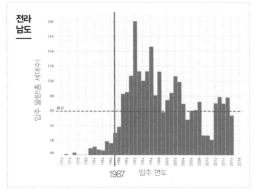

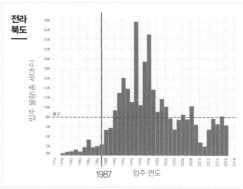

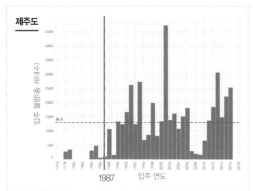

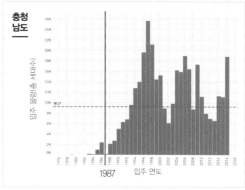

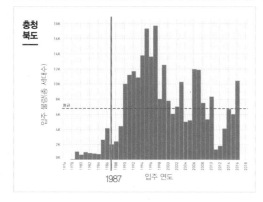

빨간 선으로 표시한 것은 2017년 기준으로 재건축 연한 조건을 만족시킨 1987년이다. 차트를 보면 전국적으로 1987년 이후에 지어진 아파트들이 그 이전과 비교도 못할 정도로 많은 것을 볼 수 있다. 재건축 연한이 도래하는 오래된 아파트들이 갈수록 더 많아진다는 이야기다. 누구나 좋은 곳에서 살고 싶어 하기 때문에 오래된 아파트보다는 새 아파트를 선호한다. 그래서 이렇게 집이 많은데도 꾸준히 신규 주택이 공급되는 것이다. 다만 앞에서 말한 것과 같이 서울이나 광역시 같은 대도시에서는 신규 주택을 지을 땅이 부족하기 때문에 재건축과 재개발로 신규 주택을 공급할 가능성이 높다. 그러나 재건축이나 재개발은 장기적인 사업이고 그 기간 동안 해결해야 할 난관이 많기 때문에 섣불리 시작할 수 없다. 결국 앞에서 이야기했던 사업성이 관건이다.

앞으로 대한민국 부동산 시장에서 아파트 고령화 문제는 매우 심각한 사안 중 하나가 될 것으로 예상한다. 오래된 것만이 문제가 아니라 공격적인 물량 공세를 펼치던 1990년대에 지어진 아파트들 중에서 부실 공사를 한 아파트들이 많은 것도 큰 문제다. 특히 1990년대 초반에 지어진 아파트들 중에는 바닷모래로 지은 아파트들이 꽤 있다. 건축 붐 때문에 모래 부족 현상이 계속되자 바닷모래를 불법으로 채취해 염분도 제거하지 않고 공사장에 넘기는 일이 비일비재했기 때문이다. 그래서 한동안 바닷모래 파동 때문에 시끄러웠던 적도 있다.◆ 콘크리트에 소금기가 많으면 철분의 부식이 빨라져 아파트 수명도 5년 정도 줄어든다고 하는데 이때 지어진 많은 아파트들이 부실 공사에서 자유롭지 못한 것이다.

이런 상황에도 불구하고 현재 대한민국의 부동산 정책은 너무도 보수적으로 운

◆ 「안 씻은 바닷모래 곳곳 말썽」, 동아일보, 1991-06-27.
　「바닷모래도 없어서 못판다」, 경향신문, 1991-06-28.

영되고 있다. 물량이 얼마 되지 않는 현재 시장에서도 이렇게 각종 규제로 재건축 사업에 교통 체증을 유발하고 있으니 답답한 마음이 드는 것이 사실이다. 재건축해야 하는 아파트들은 빠른 의사 결정으로 사업을 추진시키고 앞으로 맞이하게 될 엄청난 물량의 재건축 아파트들에 대해서도 철저한 준비가 필요하다. 정부는 큰 흐름에서 아파트 시장을 관찰하고 재건축과 재개발에 관한 중장기적인 계획을 세워야 할 것이다. 다가올 미래는 생각하지 않고 근시안적인 시각으로 아파트 고령화 문제를 해결하려 한다면 더 심각한 상황을 맞이할 수밖에 없다.

빅데이터
부동산 투자

역전세난과
갭투자의 미래

　　최근 부동산 관련 기사들 중에서 심심치 않게 나오는 단어가 바로 '역전세난'이다. 역전세난은 전셋집 공급은 늘었는데 수요가 줄어들어서 집주인이 세입자를 찾지 못해 겪는 어려움을 말한다. 전세를 끼고 대출을 받아 적은 금액으로 주택을 사는 갭투자를 단행했던 사람들에게 큰 타격이 될 수밖에 없다.

　　예를 들어 매매가 2억인 주택을 전세금 1억 6천만 원을 끼고 갭투자를 했는데 전세 계약이 끝나는 2년 뒤에 전세 공급이 수요보다 많아져서 전세가가 떨어진다고 가정해보자. 공급이 많아져 세입자를 구입하는 일이 하늘에 별 따기가 될 가능성도 높고, 만약 구하더라도 하락한 전세가의 차액을 이전 세입자에게 내주어야 한다. 전세가가 많이 떨어질수록 이전 세입자에게 주어야 할 돈은 더욱 많아질 테고, 최악의 경우 전세금 1억 6천만 원을 모두 내 돈으로 돌려줘야 하는 상황이 올 수도 있다.

　　돈 벌려고 갭투자를 했다가 오히려 쪽박을 차게 되는 경우다. 이러면 집을 가지고 있는 것이 엄청난 고난으로 느껴질 것이다. 매매가라도 상승했다면 위안이 되겠지만 보통 실수요인 전세가가 하락하면 매매가도 하락하는 경우가 많다. 문제는 2015년부터 최근까지 대한민국 부동산 시장에 갭투자 열풍이 불어서 무분별하게 투자한 사람이 적지 않다는 것이다.

이번 장에서는 역전세난과 갭투자에 대해 부동산 빅데이터로 분석해보려고 한다. 앞으로 역전세난이 더 심화될지, 갭투자는 앞으로도 유효한 투자 방법이 될지 등에 대해 함께 전망해보자. 각 시도별로 분석할 수도 있지만 여기서는 대한민국의 전체적인 흐름을 살펴보는 것으로 만족하겠다.

역전세난과 갭투자의 미래를 예측하기 위해서는 두 가지 데이터를 확인해야 한다. 바로 전세 수급과 향후 입주 물량 데이터다. 우선 전세 수급 데이터로는 전세 공급 물량이 수요보다 많아지는지 적어지는지 그 추세를 확인할 수 있다. 전세수급지수가 하락하면 전세 물량이 수요보다 많아지는 것을 의미하며 이는 곧 전세가 하락으로 이어지기 쉽다. 전세가 하락이 매매가에 부정적인 영향을 미치는 것은 예상 가능한 일이다.

전세수급지수가 떨어지고 있는데 입주 물량까지 많아지면 어떻게 될까? 전세수급지수는 더 악화될 것이다. 지금도 전세 공급이 수요보다 많아서 수급지수가 떨어지고 있는데 새로운 공급이 투입되는 것이니 말이다. 결국 전세가는 하락할 것이고 매매가 하락으로까지 이어질 수도 있다. 반대로 전세수급지수가 하락하고 있는데 향후 입주 물량이 별로 없다면 어떻게 될까? 전세수급지수는 반등할 것이고 그러면 전세가와 매매가도 상승할 가능성이 높다. 이처럼 전세수급지수와 향후 입주 물량을 같이 확인하면 어느 정도 미래를 예측할 수가 있다.

그럼 이제 실제 데이터를 한번 확인해보자. 먼저 과거와 현재를 알 수 있는 전세수급지수다.

데이터 출처 : KB부동산

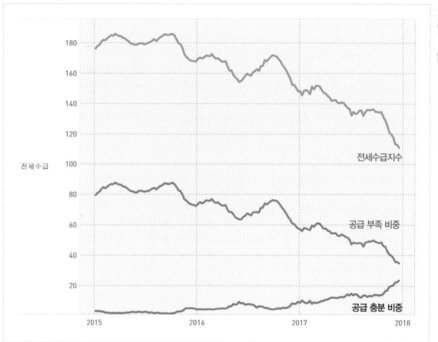

180

160

140

전세수급 100

80

60

40

20

전세수급지수

공급 부족 비중

공급 충분 비중

2015　　　　　2016　　　　　2017　　　　　2018

전세수급지수 차트(2015~2017)

　　일단 전세수급지수는 계속해서 떨어지고 있다. 특히 2017년 6월부터 최저점이
었던 140이하로 내려갔고 최근에도 하락세를 유지하고 있다. 그 이유는 무엇일까?
공급 부족 비중을 나타내는 빨간 선이 하락하고 공급 충분 비중을 나타내는 파란 선
이 상승 중으로 전세 공급이 충분한 지역이 많아진 것이 세부 원인이라 할 수 있겠
다. 상황이 이러하니 당연히 전국 전세수급지수가 떨어질 수밖에 없고 언론에서 보
도하는 것처럼 역전세난이 발생하는 지역이 생기기 마련이다.

　　이 차트에서 또 하나 눈에 띄는 것은 2017년의 전세수급지수다. 2017년에 무슨
일이 있었기에 이렇게 급격하게 떨어졌을까? 그 원인은 입주 물량에 있다. 2000년
부터의 연도별 아파트 입주 물량 데이터를 살펴보자.

데이터 출처 : 공동주택관리정보시스템

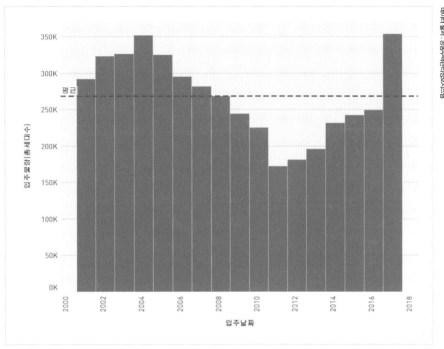

연도별 아파트 입주 물량(2000~2017)

2011년 최저점을 찍은 아파트 입주 물량은 그 이후 계속해서 증가하는 추세다. 2016년까지는 충분히 감당할 수 있는 수준으로 완만하게 증가했지만 2017년에는 13년 만에 가장 많은 입주 물량이 쏟아져 나왔다. 입주 물량이 이렇게나 많으니 당연히 공급 충분으로 이어지고 이는 전세수급지수 하락으로 연결되었다. 그럼 앞으로는 어떻게 될까? 위의 입주 물량 데이터에서 2018년과 2019년의 데이터를 추가해서 살펴보자.

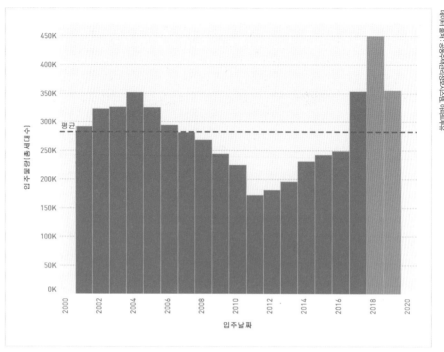

데이터 출처: 공동주택관리정보시스템, 아파트투유

연도별 아파트 입주 물량(2000~2019)

　　2017년에도 엄청난 물량이었는데 2018년에는 그보다 더 많다. 전국 아파트 입주 물량 조사를 시작한 2000년 이후 사상 최대치다. 2019년에는 물량이 좀 줄어들기는 하지만 그래도 2017년과 비슷한 양의 상당한 입주 물량이 대기하고 있다.그렇다면 2018년의 전세수급지수는 어떻게 될까? 지금보다 훨씬 더 떨어질 것이라고 예상하기 어렵지 않다. 결국 역전세난도 심각해질 것이다. 이런 상황에서 무리하게 갭투자를 단행했다가는 정말로 쪽박을 차게 될지도 모른다. 갭투자를 포함해 부동산 투자를 하기 점점 더 어려운 환경으로 가고 있기 때문이다. 그러니 목적이 투자가 되었든, 실거주가 되었든 더 이상 아파트 투자를 주변 사람들의 말이나 공인중개사의 말만 듣고 주먹구구식으로 해서는 안 된다. 앞으로는 정말 조심해야 한다.

　위 데이터는 전국을 대상으로 한 데이터로 대한민국 부동산 시장이 전반적으로 어떻게 흘러가는지를 보여준다. 그러나 전국의 상황이 이렇다고 해서 모든 지역에서 역전세난이 일어난다는 것은 아니다. 분명히 아직 괜찮은 지역도 있다. 결국 아파트 구입과 투자를 현명하게 하기 위해서는 전세 수급도 괜찮고 가까운 미래에 입주 물량도 많지 않은 저평가되어 있는 지역을 찾아야 한다. 정확한 데이터 분석력이 중요한 이유다.

빅데이터
부동산 투자

자산 시장의
다음 위기는 언제일까

2008년 전 세계에 불어닥친 금융위기는 자산 시장에 겨울을 데려왔다. 자산 시장의 겨울은 늘 너무나도 혹독해서 사람들의 마음이 풀리기까지 오랜 시간이 걸린다. 앞에서 말한 것처럼 2009년부터 2017년 초반까지는 사람들의 마음속에 얼음이 녹고 경제가 어느 정도 안정되는 봄이라 할 수 있다. 그리고 2017년 1분기 정도부터 자산 시장의 여름이 본격적으로 시작됐다. 이제 사람들의 마음속에 낙관이 피어나고 앞으로 점점 더 버블에 취하게 될 것이다. 그러나 자산 시장이 여름에 접어들었다는 것은 그만큼 미래의 위기도 가까워졌다는 뜻이다. 그래서 지금부터는 다가올 겨울을 대비하면서 자산을 관리해야 한다.

경제 전망과 투자 전략 분야의 권위자로 손꼽히는 해리 덴트(Harry Dent)는 『2019 부의 대절벽』이란 자신의 저서에서 다음 위기를 2019년으로 전망한다. 일정 부분 동의하는 것도 있고, 생각이 다른 부분도 있다. 리치고의 여러 데이터를 분석하면 위기가 발생하기 약 1~1.5년 선에 알아챌 수 있는데 지금 시점에서는 위기가 오고 있다는 징후가 없다. 다만 그 이후의 미래를 그려보기 위해서 과거의 사이클을 확인하고 앞으로의 상황을 유추할 뿐이다. 그러니 지금 시점에서 다음 위기가 언제 올 것인가에 대한 답은 하나의 시나리오일 뿐이라는 점을 염두에 두고 이 글을 보면 좋겠다.

결론부터 이야기하겠다. 위기가 정말 빨리 온다면 2019년에 올 수도 있다. 그러나 가능성은 상당히 낮다. 확률적으로 봤을 때 다음 위기는 2020년 초반에서 2021년 후반 사이에 올 가능성이 크다.

자산 시장의 흐름을 좌우하는 가장 결정적인 요소는 미국의 기준금리다. 미국은 2004년 8월에 처음으로 금리 인상을 시작했고 인상 정책은 2006년 7월까지 이어졌다. 이후 금리 인상을 멈추고 동결하다가 약 1년이 지난 2007년 9월 금리 인하를 시작했다. 미국 경제에 무언가 이상이 생겼기 때문일 것이다. 그러나 이를 눈치채지 못한 대한민국의 주식시장은 2007년 하반기에도 줄서서 펀드를 가입할 만큼 과열되어 있었고, 부동산 시장에서는 미국 금융위기가 터지기 직전인 2008년 8~9월까지 수도권 지역의 가격이 상승하는 과열된 흐름을 보였다.

이 기간을 계산해보면 미국의 금리 인상 기간은 2004년 8월부터 2006년 7월까지 23개월이고, 금리 횡보 기간은 2006년 8월부터 2007년 9월까지 14개월로 둘을 합해서 총 37개월이다. 그리고 미국의 금융위기가 2008년 10월에 발생했으니 이 기간(13개월)까지 합하면 총 50개월이다. 즉 미국 기준금리 기준으로 2004년 8월부터 약 37개월이 미국 자산 시장의 여름이었고, 2007년 9월 이후부터 약 1년이 가을, 2008년 10월 금융위기 발생부터 추운 겨울이 시작되었다는 것이다.

그럼 이제 이 사이클을 참고해서 앞으로 언제쯤 위기가 발생할 것인지 예측해보자. 이번 자산 시장 사이클에서 미국의 금리 인상은 2015년 12월에 시작되었다. 여기에 37개월을 더하면 2019년 1월이 된다. 2000년대 사이클을 기준으로 보면 2019

년에 경제 이상 신호가 올 수도 있다는 말이다. 이때부터 약 1년 정도 자산 시장의
가을이 지속되고 2020년 초반에 또 한 차례 위기가 와서 추운 겨울이 시작된다고
생각할 수 있다. 해리 덴트가 말하는 2019년 위기설이 아주 틀린 말은 아닌 것이다.
하지만 이번 자산 시장의 사이클은 지난번과 다른 양상을 보이고 있다.

봄, 여름, 가을, 겨울의 사계절은 매년 반복되지만 매번 똑같은 모습을 보이는 경
우는 드물다. 어느 해는 다른 때에 비해서 여름이 매우 덥기도 하고, 어느 해는 겨울
이 유난히 길기도 하고 짧기도 하다. 자산 시장도 이와 마찬가지다. 매 사이클이 똑

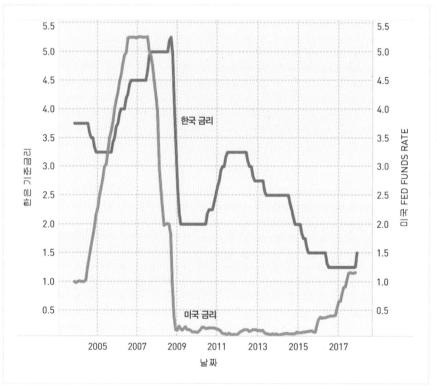

금리 인상 사이클

데이터 출처 : 한국은행, 미국 세인트루이스 연방준비은행

같은 모습으로 반복되지 않는다. 이번에는 지난 사이클보다 여름이 더 길어질 것으로 예상된다.

이렇게 생각하는 가장 큰 이유는 미국의 금리 인상 사이클이 과거와는 완전히 다른 움직임을 보이고 있다는 데 있다. **[금리 인상 사이클]** 차트에서 확인할 수 있듯이 2000년대 중반에는 미국이 매우 급하게 금리를 인상했는데 이번에는 매우 조심스럽게 금리 인상을 하고 있다. 이런 완만한 인상 흐름은 당분간 지속될 것으로 보인다. 그래서 이번 자산 시장의 여름이 이전 사이클보다 길어질 수도 있다고 판단한 것이다.

이전 사이클과 현재 사이클의 차이점이 또 있다. 바로 4차 산업혁명이다. 이번 여름 사이클에는 4차 산업혁명이 최대 변수로 작용할 것이다. 4차 산업혁명은 이전까지와는 완전히 다른 세상을 예고하고 있다. 여러 분야에서 본격적인 변화가 시작되고 있고 이로 인해 IT, 헬스케어, 자동차 등 4차 산업혁명과 관련된 업종에서 상당한 버블이 형성될 수 있는 기반이 조성되는 듯하다. 덕분에 이번 자산 시장의 여름은 상당히 뜨거울 수도 있다.

정리하자면 이번 자산 시장의 여름은 이전 사이클보다 더 길어지고 더 뜨거워질 가능성이 많다. 아마 2019~2020년 사이에 피크를 칠 확률이 높고 1년 정도의 가을을 보낸 뒤 2020~2021년 후반쯤에 위기가 찾아와 정말 추운 겨울을 보내게 될 것으로 예상한다. 이 역시 하나의 시나리오일 뿐이지만 이런 큰 흐름을 생각하면서 자산을 관리하고 사업을 운영하길 바란다. 정확한 예측은 아닐지라도 미래를 대비하면서 준비하는 사람과 그렇지 않은 사람 사이에는 분명한 차이가 있을 것이다. 그리고 여러 가지 중요한 지표들을 계속 지켜보면서 그때그때의 상황을 체크하고 대비한다면 다가올 다음 위기에서도 큰 흔들림이 없을 것이다.

4차 산업혁명이 부동산에 미치는 영향

과학 기술의 발달은 현재까지의 성과만으로도 충분히 놀랄 만하지만 앞으로는 완전히 다른 차원으로 전개될 것으로 보인다. 우리의 삶도 이로부터 자유롭지 못할 것이다. 4차 산업혁명과 관련된 온갖 전망서가 나오는 것만 봐도 사람들이 변화의 흐름을 감지하고 준비하고 싶어 하는 것을 알 수 있다. 부동산도 예외가 아니다. 기술의 발달은 부동산 시장에도 여러 가지 중요한 영향을 미칠 것이다. 그래서 4차 산업혁명으로 인한 변화 중에서 부동산 시장에 영향을 줄 만한 것들을 짚고 넘어가고자 한다.

평균 수명 증가와 건강한 노년층의 증가

많은 전문가가 대한민국이 저출산과 고령화의 늪에 빠져 있다고 진단한다. 이 때문에 저성장과 인구 감소가 야기될 것이고 이 영향으로 부동산도 하락하고 어쩌면 일본처럼 폭락할지도 모른다고 이야기한다. 실물 부동산을 잘 모르는 금융 전문가나 경제이론 전문가들이 이런 이야기를 많이 했다. 아마 경제에 조금이라도 관심이 있는 사람이라면 한 번쯤 들어봤을 것이다. 아주 근거가 없는 이야기가 아니라서 꽤 많은 사람들이 이 이야기를 믿고 보유하고 있던 부동산 자산을 매각하거나 자가가 아닌 전세를 선호했다. 다른 사람 이야기를 할 것도 없다. 나 역시 마찬가지였으니까. 그리고 내 주변에 아직도 이런 믿음을 유지하고 있는 사람이 많다.

그렇다면 기억을 한번 떠올려보자. 과거에는 어땠는가? 자녀를 적게 낳아야 한다고 국가 차원에서 저출산을 장려했던 적도 있다. 그런데 한 세기도 지나지 않아서 이제는 오히려 인구가 줄어들 것을 걱정하고 있다. 물론 저출산 문제가 심각하기는 하다. 생산가능인구의 감소도 염려할 만한 부분이다. 하지만 이제는 건강한 중장년층과 노년층이 계속 늘어가고 있다. 100세 시대에 나이가 들었다고 일을 그만두고 놀고 싶어 하는 사람은 별로 없다. 오히려 다들 아직 일할 수 있고, 또 일을 해야 한다고 생각한다.

그래서 이제는 생산가능인구에 대한 정의도 바뀌어야 하는 것이 아닌가 하는 생각이 든다. 현재는 15~64세까지의 인구를 생산가능인구로 정의하고 있지만 15~69세로 확대하는 것이다. 출산장려정책을 펴는 것도 중요하지만 증가하는 노년층에 대해 적절하게 대처하고 이들이 경제에 미치는 긍정적인 측면도 충분히 고려하는 일이 시급하다. 개인적으로 일하는 노년층의 증가는 부동산 시장에도 꽤 긍정적인 영향을 미칠 것으로 예상한다. 최소한 많은 사람들이 우려하는 것처럼 저출산과 고령화의 흐름이 부동산 폭락을 야기할 것이라는 전망은 수정될 필요가 있다.

자율주행 자동차의 등장

만화에서만 상상하던 자율주행 자동차가 상용화될 날이 얼마 남지 않은 것으로 보인다. 자율주행 자동차 시대가 되면 몸이 불편하거나 운전하기가 힘든 사람도 어디든 편하게 이동할 수 있다. 아마 사람들이 차를 타고 어디론가 이동하는 횟수와 시간이 더 많아지지 않을까 생각한다. 운전을 직접 해야 하는 수고가 없어질 테니 말이다.

자동차에 대한 개념도 상당히 많이 바뀔 것이다. 자율주행 자동차는 밥을 먹는 식당이 될 수도 있고 잠을 자는 공간이 될 수도 있고 일을 하는 사무공간이 될 수도 있다. 운전하는 거리에 대한 부담이 줄어들고 차에 있는 시간이 많아지는 라이프스타일은 부동산 시장에도 새로운 변화의 바람을 일으킬 것이다.

주택 가격 형성에 큰 영향을 미치는 요인 중 하나가 직주근접이다. 직주근접은 집과 직장의 근접성을 말한다. 일자리가 많은 곳 근처는 언제나 수요가 많고 그에 따라 가격도 상대적으로 비싸다. 그런데 자율주행차가 상용화된다고 생각해보자. 아마 직주근접의 힘은 약해질 것이다. 출퇴근 시간이 예전처럼 고생하는 시간이 아니기 때문이다. 그렇게 되면 지금보다 많은 사람이 교외의 저렴한 주택으로 이사 가는 것을 선택할 것이다.

3D 프린팅 기술

3D 프린팅 기술로 건축물을 짓는 것은 먼 미래의 일이 아니다. 이미 우리에게 다가온 미래다. 로이터 통신에 따르면 2016년 5월에 건물 전체가 3D 프린터로 만들어진 사무실이 두바이에서 완공됐다. 위 보도에 따르면 3D 프린팅 기술 덕분에 건축 기간은 50~70% 단축되었고 인건비는 50~80% 줄었다고 한다.

3D 프린팅 기술은 건축물의 시공 시간과 비용을 엄청나게 절약할 것이다. 시간과 비용을 단축시키는 기술이 상용화되면 당연히 주택 가격에도 큰 영향을 미칠 것이다. 당장 상용화되지는 않겠지만 이러한 미래 추세는 피할 수 없을 것으로 보인다.

심화되는 빈부 격차

4차 산업혁명으로 부익부 빈익빈은 더욱 심화될 것으로 예상한다. 지금의 많은 일자리를 기계가 점점 대신하게 될 것이기 때문이다. 2030년까지 현존하는 일자리의 80% 이상이 사라진다는 무서운 예측도 나오는 상황이다. 물론 수많은 예측 중 하나일 뿐이지만 분명한 것은 인간의 노동력은 점점 로봇과 지능화된 기계에 의해 대체될 수밖에 없는 것으로 보인다.

당장 주차장만 봐도 그 흐름을 느낄 수 있다. 이제는 기계가 알아서 차량 번호를 인식하고 주차 시간을 계산해서 주차비 정산을 해내고 있다. 사람을 고용할 이유가 없어졌다. 자율주행차 시대가 되면 버스, 트럭, 택시 등을 운전하는 사람도 일자리를 잃게 될 것이다. 다른 많은 분야도 마찬가지다. 물론 새로운 일자리도 생겨나겠지만 해당 일자리에 대한 기술이 없는 사람은 쉽게 도전할 수 없는 일들일 것이다.

그래서 나오는 이야기가 기본소득이다. 이미 여러 국가에서 기본소득을 실험하거나 준비하고 있다. 4차 산업혁명으로 인한 부의 편중 현상을 기본소득으로 극복할 수 있느냐 아니냐에 따라 향후 우리가 사는 사회의 성격이 정해질 것이다. 물론 기본소득이 도입된다고 해도 부의 쏠림 현상을 피하는 것은 쉽지 않은 일이다. 그리고 심화되는 빈부 격차는 부동산 시장에도 영향을 끼칠 것이다. 아마 부자 동네는 더욱 좋아지고 낙후된 지역은 더 안 좋아지는 양극화 현상이 심화될 것으로 보인다.

　이처럼 4차 산업혁명은 부동산 시장에도 커다란 영향을 미칠 것이다. 현명한 투자자라면 이런 변화에 더 민감하게 반응하고 달라질 세상에 대비해야 한다. 그러나 우리 모두에게 더 중요한 것은 이 같은 기술 혁신이 많은 사람의 이익으로 연결될 수 있도록 하는 것이 아닐까. 이를테면 4차 산업혁명의 기술로 누구나 적은 비용으로 따뜻한 보금자리를 마련할 수도 있다. 기술의 발전을 낯설고 위협적으로 받아들이기보다 더 멋진 세상으로 가기 위한 과정으로 생각하면 좋을 것 같다.

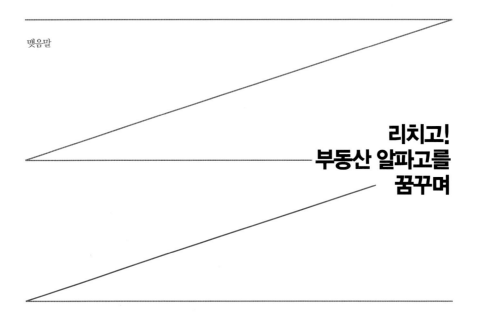

리치고!
부동산 알파고를
꿈꾸며

아직 부족한 것이 많은 저의 첫 책을 끝까지 읽어주셔서 감사드립니다. 책을 마무리하며 부동산에 깊은 관심을 가졌던 지난 몇 년의 시간을 되돌아보았습니다. 말도 많고 이슈도 많은 대한민국 부동산 시장을 객관적인 데이터로 분석하고 싶은 열정으로 가득했던 시간이 주마등처럼 지나가네요. 제가 처음 부동산 공부를 시작하게 된 것은 근무하는 회사에서 남다른 경쟁력을 갖고 싶다는 생각 때문이었습니다. 그리고 그 경쟁력이 기왕이면 저뿐만 아니라 다른 사람들의 자산 관리에도 도움이 될 수 있는 것이면 좋겠다고 생각했지요. 그렇게 부동산 공부를 시작했고 그 과정에서 평범하지만 열정적인 사람들이 부동산으로 개인의 재정 목표를 하나둘씩 이루어나가는 것을 보면서 부동산에 더욱 확신을 갖게 되었습니다.

이 확신은 부동산 관련 통계와 빅데이터를 만나면서 더욱 견고해졌습니다. 이런 저런 데이터를 분석하고 연구하다 보니 대한민국 아파트 시장에 대해 깊이 이해하게 되었고 마침내 리치고(RichGo)라는 부동산 빅데이터 분석 시스템을 만들고 이렇게 책까지 출판하게 되었습니다. 첫 책이다 보니 아직 글로 유려하게 지식을 전달하기에 부족한 면이 없지 않았던 것 같습니다. 부동산 빅데이터 시스템인 리치고도 아직은 초기 버전이기 때문에 보완하고 발전시켜야 할 부분도 많고요. 그렇지만 독자 여러분이 이 책을 통해 대한민국 부동산 시장이 어디쯤 와 있는지, 투자 지역 선정은 어떻게 해야 하는지에 대한 답을 조금이나마 얻었다면 참으로 보람될 것 같습니다. 부동산 빅데이터가 의미 있는 것은 이미 가지고 있는 여러 부동산 정보에 데이터 분석을 더해 미래에 대한 객관적인 통찰을 할 수 있도록 도와주는 데 있기 때문입니다.

오랜 기간 동안 공부하고 준비해왔지만 아직도 갈 길이 멀다고 느낍니다. 여전히 부동산을 각종 통계와 빅데이터로 분석하는 일은 초기 단계에 머물러 있습니다. 그러니 부동산 빅데이터 분석 시스템인 리치고의 현재 수준도 아직은 걸음마 단계라고 볼 수 있죠. 현재 리치고의 데이터 중 대부분은 아파트와 같은 주거용 부동산 데이터지만, 앞으로는 상업용 부동산이나 토지에 대한 분석도 함께할 예정입니다. 향후 데이터는 점점 더 많아질 것이고 그렇다면 주거용이 아닌 다른 부동산 분야도 데이터로 분석하는 일이 어렵지 않을 테니 말입니다.

세상은 엄청난 속도로 변하고 있습니다. 4차 산업혁명이 몰려오고 있고, 과학 기술의 발달로 SF영화에서나 볼 수 있었던 것들이 현실이 될 날도 얼마 남지 않았습니다. 이러한 현상은 거의 모든 분야에서 일어나고 있으며 부동산도 예외는 아닙니다. '집을 사야 할까?', '구입한다면 언제, 어디에 사야 할 것인가?'와 같은 기본적인 질문에서부터 '아파트 분양을 한다면 언제, 어디에, 얼마에 하는 것이 좋은가?'와 같은 질문까지 이제는 데이터로 분석하고 결정해야 하는 시대가 왔습니다.

책을 집필한 시기와 출간하는 시기에 차이가 있어 내용을 최신 데이터로 업데이트하기 위해 1월 초순까지 정신없이 수정 작업을 했습니다. 마찬가지 맥락에서 이 책이 끝이 아니라 앞으로도 계속 부동산 빅데이터를 연구하고 공부해나갈 것을 약속드립니다. 그 결과 언젠가 리치고가 진정한 의미의 부동산 알파고가 되어 개인과 기업에게 도움을 줄 수 있다면 참으로 보람되고 행복할 것 같습니다. 앞으로 계속해서 성장해나갈 리치고에도 많은 관심을 부탁드립니다. 리치고가 만들어나갈 부동산 빅데이터에 관심 있는 부동산 전문가나 IT 개발자들을 위한 협업의 문도 언제나 열려 있습니다.

마지막으로 이 책과 리치고가 나오기까지 지켜봐주시고 응원해주신 많은 분들께 감사의 인사를 드리고 싶습니다. 항상 인생의 모범이 되어주시고 말이 아닌 행동과 실천으로 삶의 등대가 되어주시는 부모님, 그리고 가족들에게 먼저 깊은 감사와 사랑을 전합니다. 또한 제가 본부장으로 근무하고 있는 피플라이프의 현학진 회장님, 임직원분들 그리고 멋진 PB본부 식구들에게도 진심으로 감사드립니다.

상권분석 과정의 최고봉 한양사이버대학교의 김영갑 교수님, 『나는 돈이 없어도 경매를 한다』의 저자 이현정 님, 『아기곰의 재테크 불변의 법칙』의 저자 아기곰

님, 부동산 지역 분석의 대가 골목대장 님, 『나는 상가에서 월급 받는다』의 저자 서울휘 님, 『나는 부동산으로 아이 학비 번다』의 저자 월천대사 님께 부동산에 대해 정말 많이 배웠습니다. 진심으로 감사드립니다. 그리고 이분들 외에도 자신의 노하우를 아낌없이 전수해주신 많은 부동산 고수 분들께 이 자리를 빌려 다시 한 번 진심으로 감사드립니다.

리치고를 업그레이드하고 자동화하는 데 많은 도움을 준 김재구, 박진성 님에게 감사합니다. 그리고 오랜 기간 저를 응원해주신 문우옥 선배님, 권오운 사장님, 이현수 님, 상권분석 동문들, '즐거운 경매' 전문가반 분들에게도 감사의 마음을 전합니다.

앞으로 다가올 5년은 상당한 격동의 시기가 될 것 같습니다. 여러분 모두 잘 대비하여 각자가 원하는 행복한 인생을 만들어나가기를 진심으로 기원합니다.

2018년 1월

리치톡톡 김기원

이 책에서 사용한 데이터 출처

◆ 공동주택관리정보시스템
http://www.k-apt.go.kr

◆ 미국 연방준비제도 이사회
www.federalreserve.gov

◆ 미국 세인트루이스 연방준비은행
https://research.stlouisfed.org

◆ 아파트투유
https://www.apt2you.com

◆ OECD 자료
https://data.oecd.org

◆ KB부동산
http://nland.kbstar.com

◆ 통계청
http://kostat.go.kr

◆ 한국감정원
www.kab.co.kr

◆ 한국은행
www.bok.or.kr

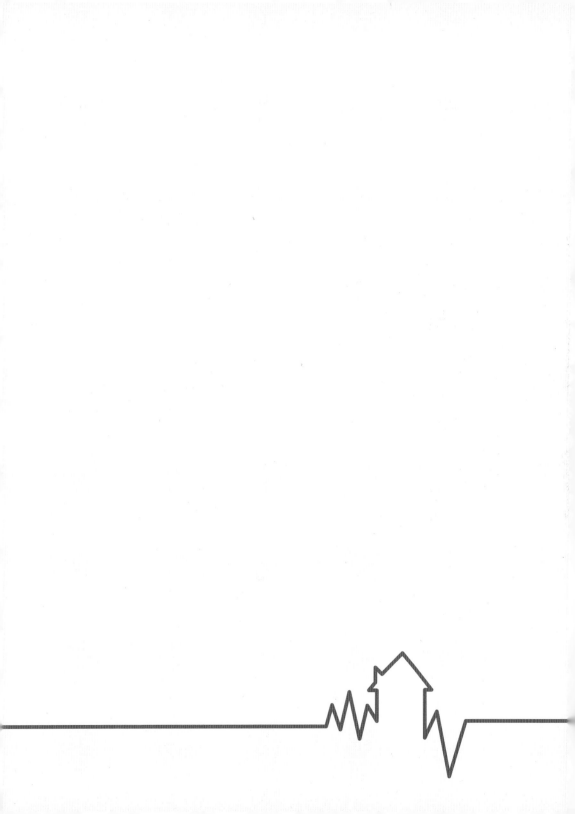

현명한 투자자를 위한 대한민국 부동산 팩트 체크

빅데이터 부동산 투자

초판 1쇄 발행 2018년 2월 1일
초판 3쇄 발행 2018년 3월 15일

지은이 김기원
펴낸이 김선식

경영총괄 김은영
책임편집 임경진 **책임마케터** 최혜령, 이승민
콘텐츠개발4팀장 윤성훈 **콘텐츠개발4팀** 황정민, 양예주, 임경진, 김대한, 임소연
마케팅본부 이주화, 정명찬, 최혜령, 이고은, 이승민, 김은지, 유미정, 배시영, 기명리
전략기획팀 김상윤
저작권팀 최하나, 추숙영
경영관리팀 허대우, 권송이, 윤이경, 임해랑, 김재경, 한유현
외부 스태프 디자인 디박스

펴낸곳 다산북스 **출판등록** 2005년 12월 23일 제313-2005-00277호
주소 경기도 파주시 회동길 357, 3층
전화 02-702-1724(기획편집) 02-6217-1726(마케팅) 02-704-1724(경영지원)
팩스 02-703-2219 **이메일** dasanbooks@dasanbooks.com
홈페이지 www.dasanbooks.com **블로그** blog.naver.com/dasan_books
출력·인쇄 민언프린텍 **후가공** 평창P&G **제본** 정문바인텍

ISBN 979-11-306-1585-1 (03320)